Tilo Köhler

Comedian Harmonists

atb aufbau taschenbuch

TILO KÖHLER, 1955 in Babelsberg geboren, wuchs in Brandenburg auf, lernte Hochseefischer, holte auf dem zweiten Bildungsweg sein Abitur nach, studierte Germanistik, war als wissenschaftlicher Assistent an der Humboldt-Universität Berlin, Verlagslektor und freier Journalist. Er lebt als freier Autor in Berlin.

Bislang erschien von ihm außer dem Roman »Comedian Harmonists« die Trilogie »Unser die Straße – unser der Sieg« (1993), »Kohle zu Eisen – Eisen zu Brot« (1994) und »Lust am Schaffen – Freude am Leben« (1995), ein Buch über Täve Schur und die Friedensfahrt, »Der Favorit fuhr Kowalit« (1997), sowie »Sie werden platziert! Die Geschichte der Mitropa« (2002) und »Das abgefahrene Tablett« (2006).

Wer kennt nicht ihre beschwingten Ohrwürmer »Veronika, der Lenz ist da«, »Mein kleiner grüner Kaktus« oder »Wochenend und Sonnenschein«? Zusammengefunden hatten die jungen Männer – fünf Sänger und ein Pianist – im Berlin des Jahres 1927 durch eine Zeitungsannonce. Schon die ersten Varieté-Auftritte waren große Erfolge. Gastspiele in Paris, Amsterdam, New York, Kapstadt und Sydney machten das Sextett weltberühmt. Doch nach dem Machtantritt der Nazis 1933 änderte sich alles rasch und radikal. Allein der englische Name erregte Argwohn bei den Machthabern. Drei der Ensemblemitglieder waren Juden und wurden nicht in die Reichsmusikkammer aufgenommen – und das bedeutete Auftrittsverbot auf deutschen Bühnen. Oder – wie in diesem Falle ihrer Prominenz wegen – nur noch mit Ausnahmeregelungen, Schikanen, Störungen während der Konzerte. Eine Zeitlang hoffte das Ensemble, dass alles wie ein böser Spuk vorübergehen möge, aber 1935 war endgültig Schluss. Die drei jüdischen Sänger konnten sich ins Exil retten, doch man trat nie wieder gemeinsam auf.

Tilo Köhler

Comedian Harmonists

Roman

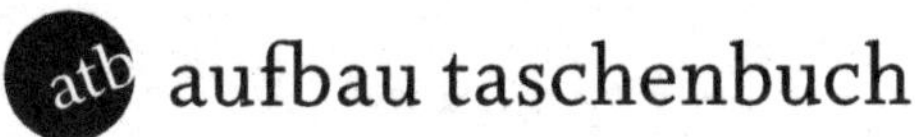

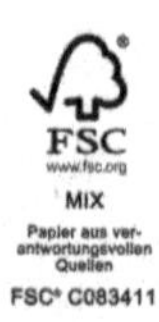

ISBN 978-3-7466-2818-9

Aufbau Taschenbuch ist eine Marke
der Aufbau Verlag GmbH & Co. KG

1. Auflage 2012

Die Originalausgabe erschien 1997 bei Gustav Kiepenheuer;
Gustav Kiepenheuer ist eine Marke
der Aufbau Verlag GmbH & Co. KG
Umschlaggestaltung capa, Anke Fesel
unter Verwendung eines Motivs von akg-images
Druck und Binden CPI – Clausen & Bosse, Leck
Printed in Germany

www.aufbau-verlag.de

Am Morgen ist der Papagei ganz still geworden.

Also hat sich Harry wieder aufgerappelt und sieht lieber nach. Die Kammer ist zu dieser frühen Stunde wirklich eisig, und so legt er sich die dünne Decke um die Schultern und schlurft ungläubig zum Fenster. Schon seit Tagen pustet die Berliner Luft ziemlich winterlich für einen Spätherbst durch Harrys Rumpelbude, und er fühlt sich nach der durchfrorenen Nacht natürlich völlig übermüdet. Bis zur Dämmerung hat er wieder an dem abgewetzten Küchentisch gehockt und stoßweise Papier bekritzelt. Das geht nun schon seit Wochen, und dabei schreibt er auch noch so enge Zeilen, daß man sie sogar bei Tageslicht kaum lesen kann.

»Hunderttausendmal hab ich's dir schon gesagt: Schreib bloß mal ordentlich, wer soll denn das entziffern?«

Immer wieder hat die Mutter ihn gemahnt, doch Harry hat ihr jedesmal ganz selbstbewußt geantwortet.

»Auch Beethoven hat so geschrieben, Mama – immer«, und dann hat die Mutter meist den Kopf geschüttelt und ihm sachte übers Haar gestrichen.

Nun aber schiebt Harry sich behutsam an dem jammerkalten Ofen vorbei und greift sich seinen schäbigen Pullover von der Lehne. Mit Gepolter fällt der Stuhl zu Boden, Harry fährt zusammen, und der

Papagei, der eben noch gespenstisch still war, hebt zu einem teuflischen Gezeter an.

»Na, Paganini, halt man durch, ich komme ja!« sagt Harry und tritt ans Klavier, auf dem der Käfig steht. Er nimmt den Vogel heraus, begräbt ihn einen Augenblick lang unter seiner Decke und beruhigt ihn.

»Es ist längst noch keine Frühstückszeit, du kleiner, Promenadengeier. Erst den grauen Schnabel überhaupt nicht aufkriegen, daß man schon Angst bekommt, und dann so'n Benefizkonzert. Putz dich erst mal, und dann sehen wir, was auf den Tisch kommt. Nicht zu schwer, verstehst du – schließlich wollen wir ja heute abend weiter völlern.«

Harry tritt vor den beschlagenen Spiegel und beginnt sein morgendliches Lieblingsspiel: Wer hat heut mehr Stellen?

Harry sieht ein bläßliches Gesicht und träumt von südlichen Gestaden, Wärme und Duke Ellington. Er sieht die Ränder unter seinen Augen und den abgerissenen Vogel auf dem Ring. Zu schade, daß es nicht Verlobungsanker sind, die eine heiße Nacht in mein Gesicht gegraben hat, denkt Harry bekümmert; wie viele Tage und vor allem Nächte hat er Elsa eigentlich nicht mehr gesehen? Nun ja, da muß er sich nicht wundern, wenn sie mißtrauisch und zänkisch wird. Aber so ist es eben, Kunst braucht Opfer, c'est la vie.

Er brabbelt weiter vor sich hin, beginnt zu pfeifen und zu summen, und dann macht er ein paar Instrumente nach, das Da-da-di schwillt allmählich zum Falsett, das jäh verstummt, als an die Wand gehämmert wird und, schon gewohntes Spiel, die Stimme seines Nachbarn kräht.

»He, Frommermann, wohl wieder mal verrückt geworden, was? Sie wissen scheinbar nich, wie det so is, wenn man die janze Nacht jearbeitet hat, he? Ach wat, die janze Nacht, ick meen, wenn eener überhaupt jearbeitet hat, wa? Wann jaulen Se denn endlich mal woanders, Sie kaputta Vogel?«

Harry steigt in die zerknautschte Hose, hämmert freundschaftlich zurück und ruft: »Ich habe einen Vogel, wollen Sie sicher sagen, aber mittlerweile weiß ich das nun wirklich. Guten Morgen, und wie immer einen angenehmen Tag!«

Dann kramt er in seinen ausgebeulten Buchsen, findet tatsächlich noch ein paar Groschen und sieht auf die alte Taschenuhr.

»Oh, Mann, muß sowieso schon wieder los, mein kleiner Hungerleider. Nix für ungut, dafür reicht es sogar noch zu deinem Futternapf, mein Lieber. Möcht auch sein, denn einen Bierseidel hat jeder auf dem Deckel stehen, aber – keinen Käfig.« Harry grinst und plappert selbstvergessen vor sich hin. »Und weißt du«, Harry wird jetzt philosophisch, das passiert ihm manchmal, wenn er übernächtigt ist, »sogar ein goldener Käfig bleibt ein Käfig. Also, sei nicht traurig, ich bin bald zurück.«

Der Vogel scheint ihn zu verstehen, denn er bläst zum letzten Sturm.

»Ich weiß, du hast den Swing im Papageienblut; mach's gut, mein bunter Esel, bis heut abend.«

Harry langt nach seinem fadenscheinigen, verwaschenen Mantel, wirft ihn über, zwitschert »Guck ich weg von dem Fleck, ist der Überzieher weg«, und schließlich findet er sogar noch ein paar Körner in den Taschen.

»Da, sollst auch nicht leben wie ein Hund im Zwinger«, sagt er und steckt seine letzten Krümel durch das Gitter, und der Vogel hackt entschlossen nach der Hand, die ihn so kärglich füttert.

»O, du krummer Vogel, undankbares Vieh!«

Zum vorerst letzten Mal kreischt Paganini auf, und Harry stopft gehetzt die Berge seiner hüpfenden Notizen in die abgewetzte Aktentasche. Mindestens drei Pfund an Partituren für fünf Stimmen hat er in den letzten Nächten wieder zu Papier gebracht. Das Jahr geht bald zur Neige, und ich bin tatsächlich fertig, denkt er noch, bevor er aus dem Treppenflur und direkt in die Tür des Doppeldeckers springt, der gerade um die Kurve biegt.

Harry steigt ins Oberdeck und läßt sich auf die Sitze fallen. Draußen trudeln die Berliner durcheinander. Zeit ist Geld, und Geld gilt nichts in dieser Zeit, da werden beide knapp und schlendernde Passanten selten. Nur die Sinfonie der Großstadt dröhnt in die verhetzten Ohren, Litfaßsäulen schreien ihre bunten Attraktionen von den runden Wänden, die Plakate rufen zum Sechstagerennen 1927, und der Herbst malt, wie in jedem Jahr, die Blätter an.

Die Straßen werden größer und die Menschen eleganter; Harry sieht die Kleider der verhuschten Cityangestellten, er sieht seinen Mantel, er sieht auf die Uhr – oje! Er schleicht die Wendeltreppe so hinunter, daß der Schaffner ihn im Rückspiegel nicht sieht, der Bus hält, Harry ist mit einem Wupps schon in der Friedrichstraße und will sich in die Oranienburger schlagen.

»Wenn ick dir erwische, du Kanaille, du! Denn prügel ick dit Fahrjeld wieder aus dir raus, da kannst dir druff valassen, du!«

Aus einer Toreinfahrt sieht Harry seinen schwitzenden Verfolger näher kommen, Achselflecken, groß wie Untertassen, Harry drückt sich tiefer in den Hauseingang hinein. Die Tür gibt nach und so den Blick auf einen großen Hof frei; der Flüchtende läuft nach hinten, schließt behutsam auch die zweite Tür und sucht nun einen schnellen Schlupf. Er kneift die Augen, rot und müde immer noch, zusammen, irgend etwas blendet ihn, er schließt sie und verschnauft für einen Augenblick. Als er sie wieder öffnet, sieht er, wie sich die Berliner Morgensonne in der Synagogenkuppel spiegelt. Harry nimmt es für ein gutes Zeichen und beginnt schon wieder, vor sich hin zu dämmern. Doch – der Schlag ans Hoftor reißt ihn aus der unachtsamen Träumerei – schon hängt die dicke Schaffnermütze in der Haustür. Harry läuft auf eine mittelhohe Mauer zu, das Schnaufen hinter ihm wird lauter, neunzig Kilo gegen sechzig, fünfzig Jahre gegen zwanzig, blaue Schaffnermütze gegen schwarzgefahrenen volljährigen Chorknaben. Doch Harrys Anlauf reicht gerade noch für einen Sprung ins Ungewisse und für eine weiche Landung. Fliehen oder bleiben, bange Frage, Harry horcht zurück zum Mauersims, die Flüche werden leiser, bis sie schließlich ganz verstummen und das Hoftor endgültig mit einem lauten Knall ins Schloß fällt.

Harry atmet durch, ein Fenster über ihm geht auf.

»Was machen Sie denn da, Sie altes Ferkel!« schnarrt die Stimme.

Harry springt mit einem großen Satz aus dem Gebüsch und läuft ein Stück am Haus entlang, dann wendet er sich um und schnarrt zurück: »Sie klingen ja wie aus dem Grab gehustet, Bester. Schonen Sie sich bloß ein bißchen, weiß der Himmel, ob Sie es noch lange machen.«

Hastig rechnet er sich aus, wie schnell es ein erregter Pladderkopp vom vierten Stock bis ins Parterre bringen mag, und dann geht Harry ganz gemessenen

Schrittes auf das andere Hoftor zu und winkt zum Abschied noch einmal zurück.

Jetzt huscht er durch die Tür, tritt in den Flur und öffnet schließlich das Portal des Vorderhauses, das von einer jungen, hübschen Frau, mit einer Zigarettenspitze in der Hand und einer Wolke um den Hals, verstellt ist.

Harry prallt zurück, und auch die Frau ist erst einmal ein bißchen irritiert, doch dann sagt sie, mit einem unglaublichen Lächeln: »Hallo, Kleiner, willst du dich denn wirklich schon so früh unter die arbeitenden Schwestern mischen? Donnerwetter! Na, wie wär's denn mit uns beiden, sieh doch mal herein.«

Und schon hat sie den Mantel aufgeknöpft, und Harry starrt ihr ungläubig ins tiefste Menschenleben.

»Tja, da legste glatt die Ohren an, mein Junge, was ...«, sagt sie und geht den ersten Schritt auf Harry zu, um ihm, noch scheinbar unverfänglich, etwas zuzuflüstern. Aber Harry ist vollkommen schreckenssteif und stammelt nur etwas von Probe und von Pünktlichkeit, so daß sie schnell verächtlich und mit einem Blick auf seine abstehenden Löffel sagt: »Schon gut, mein Junge, sone Ohren kriege nicht mal ich ganz einfach angelegt, zisch jetzt mal hurtig ab, bevor der Herr da drüben dich zu Mutti bringt – ist doch nich wahr, daß ick schon morjens unterm Strich nur Miese mache.«

Dann wendet sie sich augenblicklich wieder ihrer Straße zu, und Harry, doppelt hochgenommen, kommt sich wirklich vor wie ein ertappter Sünder. Ja, Verbrechen lohnt sich eben nicht, denn hätte er bezahlt, dann wäre er nicht auf der Flucht gewesen, wäre nicht in dem vertrackten Hauseingang gelandet, und dann hätte niemand ihn an seine Ohren erinnert – doch, verdammt noch eins: Wie hätte er denn zahlen sollen? Greif doch einem nackten Mann mal in die Tasche, denkt er, auch wenn ihm das Bild nicht gerade passend scheint. Denn schließlich hat er beinahe sowenig Knöpfe an der Hose wie die Lady da an ihrem Mantel. Also, wenn es nach den Knöpfen ginge, hätte es durchaus was werden können mit den beiden, ja, da hätten sie sich eigentlich sogar zusammentun müssen. Harry grinst ein wenig, längst gibt er sich wieder obenauf; pikant, pikant, so ohne jeden Pfennig hier von einer unbekannten Dame einfach so den Hof gemacht zu kriegen – na, jetzt weiß er endlich, wie das mit dem Hof gemeint ist, hat ihn doch schon immer interessiert: nicht schlecht, so für den Anfang. Schließlich hat die aufgetakelte Fregatte sogar recht, es ist doch noch verdammt früh, dieser Tag ist absolut geräumig und für einen, der so viel wie Harry vorhat, gerade wie geschaffen.

Der betritt nun, zwischen Trams und Autos, die belebte Sündenmeile und springt auf die andere Seite. Er summt ein paar Melodien vor sich hin, dann wieder bläst er durch die Zähne ein paar Takte Jazz – auf einmal bleibt er stehen wie angewurzelt, wuselt einen Zettel aus der Aktentasche, senkt den Kopf und macht sich ein paar kraklige Notizen. Als er wieder aufblickt, sieht er sich vor einem noblen Haus stehen, zwanzig Meter Gründerjahre in der Höhe und die gute Hälfte in der Breite; an der Vorderfront prangt mehr als auffällig ein Schild, das golden glänzt, und nun ist Harry angekommen: Bruno Levy, Künstleragentur.

An den Wänden hängen Fotos, Zettel, Schreiben jeder Art und – Filmplakate; »Faust« von Murnau und »Metropolis« von Lang, er kennt die Streifen alle, liebt sie, Harry weiß von Otto Reuter jede Zeile, Claire Waldoff hat er neulich singen hören, und von Josephine Baker hat er sogar ein Autogramm auf einem Bild, das sie im »Showboat« in Paris zeigt. An der Stirnseite des Agenturbüros prangt eine riesige Revuereklame: »Tausend süße Beinchen« heißt sie, und Hans Albers holt sich nasse Füße, weil er auf der Leinwand vom gezinkten Deckenleuchter geradeaus ins Wasser springen muß. Auch Asta Nielsen ist zu sehen, wie sie die freudlos abgefilmte Gasse unter ihre Füße nimmt, und noch auf einem anderen Bild, wie sie den Film-Pabst bei der Hand hält. Unter ihnen, oder besser, zwischen, wenn nicht über allen, thront hier Bruno Levy, immer seinen kalten Stummel mitten im verwesenden Gebiß – nimm doch den Zigarillo aus dem Maul, du Hund –, sein Herz indes, ein warmes Pendel, hat schon öfter auch für Harry ausgeschlagen. Levy, dieser rauhe Schnodderich gönnt sich vom Honorar der Großen seine Zuwendung für scheinbar hoffnungslose Fälle, eben für die Harrys dieser Stadt und dieser Zeit.

Levy blickt ein bißchen amüsiert auf den Besucher, der mit wirrem Blick, gekämmt und ungewaschen, vor ihm steht und so, wie meistens, unruhig von einem Bein aufs andere tritt; er nimmt für einen Augenblick den Stummel aus dem Mund und nuschelt, mit dem Hörer hinterm Ohr.

»Nun hören Sie doch endlich auf, mir hier was vorzuwackeln; wenn Se müssen, könn' Se, denn jeht's so lang, und wenn nicht, dann setzen Se sich erst mal hin!«

Harry nimmt, indem er sich mit einem Nicken umständlich bedankt, in dem zerschlissenen Sessel Platz und ist ganz froh, daß Levy viel zu tun hat und ihn nicht gleich ganz nach draußen wedelt.

»Also, nee, ick hab nich Sie jemeint, mein Bester, trotzdem: dat verbummeln Se man gleich, dit Anjebot, für so 'ne Gage tritt die Claire nicht mal mit 'm Liedchen bei der Wohlfahrt auf, vastehen Se? Dafür steckt die ihren linken Hacken gar nich aus die Federn ...«

Levy hält den Hörer in die Luft und wendet sich an Harry: »Na, wat soll ick denn nu bloß mit Ihnen machen, Frommermann?«

»Das frag ich Sie, Herr Levy, eigentlich hab ich gedacht, daß Sie mir vielleicht ...«

Levy legt den Finger auf die Lippen. Pst!

»Na klar, ick hab Sie een Moment nicht janz verstanden, sicher, jut, dann jehen wa eben zu Charell, wenn Se nich woll'n, wer kann für Unglück, schönen Tach ooch, Wiederhör'n!«

Er legt den Hörer auf und seufzt dann theatralisch, wie es sich gehört.

»Tja, lieber Frommermann, wo war'n wir gerade stehenjeblieben? Jeht et jut, na klar, wie sonst, wat kann ick Ihnen also antun?«

Levy lacht, erprobter Witz, schon tausendmal bewährt, doch Harry schält sich aus dem tiefen Möbel, kneift die Augen zu, um seine Aufregung ein bißchen zu verbergen, und tritt nun auf den Agenten und den überbreiten Sekretär zu. Levy, unwillkürlich, weicht ein Stück zurück.

»Na, also, Frommermann, jetzt machen Se mal keenen Quatsch, i c h kann doch wirklich nicht dafür, daß Sie nicht mehr so doll jefracht sind, alter Komiker. Nachdem Se neulich fast die ›Tell‹-Aufführung ruiniert ham, will Sie erst mal keener mieten. Wat ham Se sich eijentlich dabei jedacht, so im Alleinjang aus 'm Trauerspiel 'n Schwank zu machen, alte Ulknudel? Dat wird mit Ihnen noch mal böse enden, weil, det läßt sich keener bieten, ooch in Zukunft nich, det können

Se mir ruhig glooben, ick bin lang jenug dabei. Wie soll denn da die Szene schillern, wenn Sie plötzlich schreien: ›Oh, meine Lämmer!‹ und dann noch der Länge lang auf Ihre große Klappe fallen? Da wird doch jeeede Uffführung zum Tribunal.«

Dann schüttelt Levy ungläubig den Kopf.

Harry aber hält sich schüchtern noch einmal zugute: »Stürzen Sie doch mal ›davon‹, wie es bei Schiller heißt, wenn irgendeiner vorher die gesamte Bühne glatt wie Schmierseife gewienert hat!«

»Mensch, Frommermann«, wiegelt Levy freundlich ab, »nun denken Se mal bloß nich, daß ick Ihr Problem nich sehe, dat is nämlich dieset: eigentlich fühl'n Sie sich für 'n Kleendarsteller einfach mal zu groß, und für 'ne große Rolle sind Se einfach mal zu kleen, stimmt's? Oder is es das nicht?«

»Nein Herr Levy, das ist es bestimmt nicht, eher ...«

Levy ist jetzt hinter seiner Theke wieder vorgekommen und sieht Harry an.

»Ick weeß schon, Bester: Is ja wirklich nich so leicht, gleich uff 'nander beede Elternteile, aber trotzdem sag ick Ihnen – Ohr'n hoch und durch, mein Lieber, vom Zuhausesitzen is noch niemals wat dazujekomm', vastehen Se mir?«

Da hat er Harry allerdings am wirklich falschen Ende aufgespießt, der ist jetzt echt geknickt.

»Ach, wissen Sie, Herr Levy, das hat überhaupt gar nix damit zu tun. Ich weiß nur wirklich nicht mehr, wie es weitergehen soll.«

Das wiederum trifft Levy ganz genau am rechten Ende, und er geht gerührt auf Harry zu.

»Frommermann, Sie wissen, daß Sie immer auf mich zählen können, aber sehen Sie doch mal selber ein – Sie sind nun mal keen toller Mime, und schon jar keen Klassiker. Als Hirtenjunge Seppi ham Se mir jefall'n, saukomisch tun Se da agier'n, ooch, wenn dit nich so vorjesehen ist. Vielleicht wird ja so wat Ihre Strecke: Komiker vom Dienst, aber denn alleene, ohne andere mit rinzureißen.«

Harry fühlt sich ernsthaft mißverstanden.

»Ja, Herr Levy, ganz bestimmt, ich glaub, Sie haben völlig recht, ich weiß doch selber, daß ich eigentlich kein Schauspieler bin, weil – ich bin doch viel mehr Musiker!«

Na, da huscht erst recht ein mitleidiges Lächeln über das Gesicht des milden Levy.

»Musiker, so, so, da gratuliere ich auch schön, Herr Frommermann. Wat sind Se denn so für 'n Fach: Cellist, Trompeter, erste Geige oder schon Kapellmeister? Sie können doch nicht mal ein Instrument vernünftig spielen, und 'ne Ausbildung ham Se wohl ooch nich vorzuweisen, oder irr ick mir da völlig?«

Offenbar, denn jetzt baut Harry sich zu einer Pose auf, die Schauspiel und Musik vereint, kein Meistersinger ist je würdiger ins Rampenlicht getreten: »Ich bin nur ein kleiner Arrangeur, Herr Levy, allerdings – ein ziemlich guter ...«

»Hör'n Se uff mit Arrangeur, Mensch, Frommermann, Sie müssen endlich mal die Oogen uffmachen, Berlin, dit wimmelt doch von sojenannte Arrangeure; arrangieren Se sich doch erstmal selber, Harry, müssen wa ja schließlich alle heutzutage.« Levy gaukelt jetzt nicht mehr, er scheint im Ernst vergrätzt, auch wenn er Harry immer noch gewogen ist. »Nix gegen stille Einfalt, edle Größe, kleener, frommer Mann, Sie sollten sich mal umsehen, drei Millionen rennen da nach Arbeit rum, Sie Träumer, den millionsten Teil davon kenn ick privat, die hatten bis vor kurzem noch 'n eigenes Theater und waren stolz auf ihren Direktorentitel, wenn Se wissen, wat ick meine. Drei Konkurse in nur eenem Monat, und Sie woll'n mir wat von Arrangeur und so erzählen, also, meine Herren ...«

Das Telefon schellt.

»Ja, verdammt! Hier Levy! Was? Ach so, na bitte sehr, warum nich gleich so! Zweehundert pro Abend, allet klar, denn tritt dit Klärchen also gleich ab nächste Woche in der Haller-Revue an, natürlich – auf! Muß nur noch den Charell abwimmeln, der kommt jeden Augenblick vorbei ...«, er zwinkert Harry mit Verschwörermiene zu, »... aber det macht der alte Levy schon, da könn' Se sich wie immer druff verlassen. Also, Wiederhör'n!«

Und peng! Mit großem Schwung kracht Levy den Hörer auf die Gabel, triumphierend wendet er sich wieder Harry zu, der sitzt, wie das berühmte Häufchen Elend und wie zu Beginn, in Levys Sessel.

»Ach, Mensch, Frommermännchen, müssen Se entschuldigen, dit paßt jetzt sicher nich in Ihre Stimmung, also nehm' Se mir dit mal nich übel, dat ick den Moment nicht an Ihre Malade denken konnte. Also, Harry, hör'n Se zu: der Reinhardt macht grad wieder so een Riesending, 'ne wahre Mammutinszenierung, Dutzende Statisten komm' da unter, kümmer ick mir, und wenn eener ausfällt, ruf ick Sie sofort zurück, versprochen. Aber jetzt schmeiß ick Sie raus, so jern mir't leid tut, Harry, nehm' Se mir's nich krumm, ick bin ja ooch in Ihre Dinge unterwegs, nun kieken Se ma nich so!«

Harry schraubt sich hoch: »Die Telefonnummer, die haben Sie ja sicher noch, nicht wahr?«

»Natürlich, Maestro«, drängelt Levy, »also, bis demnächst, mein Lieber!«

Harry steht ein wenig unbeholfen, aber auch ein bißchen absichtsvoll im Weg.

»Sie wissen doch genau, Herr Levy, daß ich gar kein Telefon besitze.«

Harry schleicht zur Tür, und Levy donnert mit gespielter Fröhlichkeit: »Ick sach doch, Harry, Sie sind der jeborene Komiker, ein Späßchen jagt bei Ihnen schon das nächste, also seien Se nu mal ooch nich noch empfindlich, jetzt ist's aber wirklich jut; denn schick ich Ihnen halt een Telegramm, verlassen Se sich druff: An Herrn Kapellmeister Mimose! Himmelherrgott, Frommermann, verdammt – ick mag Ihnen doch, wie der Berliner sagt!«

Nur, Harry ist nicht mehr zum Spaßen aufgelegt, und außerdem – Berliner ist er wenigstens genausogut wie Levy.

»Also, nochmals vielen Dank, Herr Levy; aber eines will ich Ihnen doch noch sagen: solche Lieder ...«, Harry weist auf das Porträt der Baker, »... solche Lieder schreib ich Ihnen drei am Tag, wenn's sein muß. So etwas wie *Ol' Man River* habe ich schon hundertmal auf dem Klavier erfunden, und daß Sie mir das nicht glauben, wird Sie irgendwann noch mal sehr ärgern. Und dann müssen Sie mich auch als Musiker beachten, und dann können Sie nicht mehr, apropos, wie der Berliner, sagen: Ach, den injoriern wir einfach nich! Auf Wiedersehen, Herr Levy.«

Harry geht langsam aus der Tür, und nun ist's plötzlich mit der Traurigkeit an Levy, der verunsichert zurückbleibt und in Richtung des davongegangenen Harry grummelt: »Also, komisch is er scheinbar doch nicht. Is er denn nun bloß empfindlich, oder is er wirklich größenwahnsinnig geworden?«

Kopfschüttelnd tritt Levy an das hohe Fenster seines Zimmers und sieht gerade noch, wie Harry, teilnahmslos und ohne einen Blick nach links und rechts zu wenden, die Oranienburger überquert. Zum zweiten Mal an diesem Morgen zieht sich Frommermann den Zorn der reichshauptstädtischen Verkehrsbetriebe zu: dem Tramfahrer ist beim abrupten Halt die Mütze vom Beamtenhaupt geflogen, und er macht verdammte Anstalten, den Harry nach der Rettung doch noch, mittels eines ordentlichen Trittes, in den Orkus zu befördern – aber der geht, vom Lärm der Fuhrwelt unberührt, entschlossen seinen Weg.

Inzwischen nun ist Harry, glücklich aus dem Gleis geworfen, weiter unterwegs, und das Gewissen plagt ihn. Nein, nicht dieses dummen Schaffners wegen, oder weil er glaubt, es wäre mit der Tram recht knapp gewesen; vielmehr schiebt sich Harry eine Handvoll neuen Vogelfutters aus der Manteltasche in den Mund: »Entschuldige, mein grauer Papagei, doch wenn du wüßtest, was ich für 'nen Kohldampf habe, würdest du mich ganz bestimmt verstehen.« Harry schleicht fast auf die Musikalienhandlung zu, er blickt ins Schaufenster des ruhigen Geschäfts der Grünbaums und beginnt, ein Lied zu pfeifen, so, wie eben kleine Jungs im Wald, wenn ihnen langsam mulmig wird. Denn auf der Leiter sieht er Erna stehen: Scheitel bis zur Decke, Beine bis zur letzten Sprosse, kramt sie in den Fächern mit den Schellack-Platten. Hübsch ist sie und weiß es ebenso, wie sie den Harry längst im Spiegelbild gesehen hat; jetzt reckt sie sich erst recht noch einmal nach der Platte, irgendwo ganz oben in der hintersten Regalecke, bevor die Ladenglocke schellt. Betreten steht der Kunde vor der Kasse, dann erst wendet Erna sich mit schlecht gespielter Tüchtigkeit ihm zu.

»Tach, Fräulein Erna«, Harry räuspert sich verlegen und bringt keinen weiteren Ton heraus.

»Ach Sie, Herr Frommermann«, sagt Erna ebenso

kokett wie unsicher und ohne sich direkt nach Harry umzudrehen. »Na, so ein Zufall, gerade habe ich die neueste Platte der Revellers hier hereinbekommen, wenn Sie sie mal sehen wollen, bitte.«

Harry nimmt die Platte aus der Hülle und gibt sie zurück, nicht, ohne flüchtig Ernas Hand, wie unabsichtlich, zu berühren. Erna legt die Platte auf das Grammophon und dreht den Trichter, dann setzt sie die Nadel auf.

»Ihnen imponiert die Negermusik wohl ganz schön, was?«

Erna wiegt sich leise in den schmalen Hüften, aus dem Lautsprecher trällert »I'm gonna Charleston, back to Charleston«.

»Wieso Negermusik?« wundert sich, mit seinen Fingern fahrig schnipsend, Harry.

»Steht doch sogar vorne drauf«, sagt Erna.

»Ach was, das sind lauter Weiße, und die sind genial! Völlig locker, so authentisch, ganz das Gegenteil von mir, wenn Sie verstehen, was ich meine.«

Erna schwingt noch immer vor dem Grammophon.

»Klar authentisch, steht doch auf der Hülle. Na, die Hauptsache, man kann danach schön tanzen. Tanzen Sie auch ab und zu, Herr Frommermann?!«

Und Harry knickt, wie ein getroffener Rehbock, in den Beinen ein, mitten ins ungeschützte Herz hinein hat Erna scheinheilig gezielt und ihn getroffen.

»Wissen Sie«, sagt er verlegen, »Tanzen ist wohl eher was für Frauen, daher kommt ja auch der Name: Tanzmaus. Meinetwegen auch etwas für Mücken. Haben Sie schon einmal Mücken tanzen sehen? Nicht, im Sonnenlicht, so abends? Na, dann haben Sie doch wirklich was verpaßt, das ist ein echter Reigen, draußen an der Havel könnte ich es Ihnen ja mal zeigen, wenn Sie Feierabend haben. Glauben Sie mir ruhig, es ist unvergleichlich. Von Natur aus liegt das ja nicht auf der Hand, aber ...«

Und schon hat Erna Harry bei der Hand genommen.

»Ach, Herr Frommermann, Sie finden wirklich jederzeit das rechte Wort, wie machen Sie das bloß?« sagt sie lachend und zieht Harry in die Mitte des Geschäfts. »Nun kommen Sie, es ist ganz einfach. Gukken Sie doch nicht so tranig, Harry. Spannen kostet, Machen ist umsonst, na los, nun seien Sie mal kein Frosch, Sie Ungeküßter.«

Harry schaut ihr fasziniert zu – Elsa hat sich aus dem Staub gemacht und ist jetzt Herzenslichtjahre entfernt – nur Erna tanzt auf Harry zu. Sie hilft ihm aus dem offenen Mantel, der zu Boden gleitet, Harrys Vogelfuttervorrat fällt heraus, ergießt sich auf den Boden.

»Hör'n Sie, wie es knistert?« flüstert Erna, sichtlich amüsiert von Harrys Schüchternheit. Sie schiebt ihn durch den Laden, Harry, unbeholfen, spürt ihr Keuchen. Himmel, denkt er, alles dreht sich – da sieht er Frau Grünbaum auf den Laden zugehen.

»Vielleicht knirscht es eher«, sagt er und zieht Erna übermütig an sich. »Schade, daß ich aufhör'n muß, ich wurde gerade warm.«

Frau Grünbaum tritt entgeistert in den Laden.

»Ja, was ist denn hier los?! Julius, komm doch mal!«

Die beiden hören ruckartig zu tanzen auf.

»Entschuldigen Sie bitte«, Erna hebt die Nadel von der Platte, »ich hab nur dem Kunden zeigen wollen ...«

»Was, Verehrteste, ham Sie ihm zeigen wollen?« fragt Frau Grünbaum scharf und sittenwachsam.

»Nun, daß man auf diese Platte tanzen kann«, springt Harry ein, ganz Chevalier und nur noch auf das Wohl seines bedrohten Tanzmäuschens bedacht,

»ich kaufe nämlich nur die Platten, auf die man auch tanzen kann, so ist das nämlich. Tanzen, wissen Sie, das ist mein ganzes Leben, fragen Sie das Fräulein Erna, eben habe ich ihr ein paar neue Schritte beigebracht, auch für die anderen Kunden, also, Ihre Angestellte trifft da keine Schuld.«

Und während Harry in der letzten Viertelstunde ganz bestimmt dreimal errötet war, so ist es nun an Erna, ihr Gesicht hinter den langen Haaren zu verbergen.

»Also, junger Mann! Jetzt halten Sie gefälligst mal die Luft an. So etwas ist mir in meinen siebzig Jahren nicht passiert, sag doch auch mal endlich was!« schimpft die Besitzerin des Ladens jetzt zu ihrem Mann hinüber und weist auf den Mantel. »Ob der das zu Hause auch so macht, die Sachen einfach auf den Boden schmeißen?«

Julius Grünbaum amüsiert sich still, denn unter den geschwollenen Füßen der Gemahlin knirscht es jetzt vernehmlich.

»Oh, mein Gott, was ist denn das?« ruft sie entsetzt, »Sie haben mir den ganzen Laden voller Sand geschleppt!«

»Gnädige Frau«, sagt Harry, »das ist doch nur Papageienfutter, weil, ich habe nämlich einen Vogel, wissen Sie! Ich ruf ihn Paganini, weil er so ein kleiner Teufel ist.«

Frau Grünbaum fühlt sich endgültig veralbert.

»Da scher'n Sie sich schleunigst selber hin, hochnehmen kann ich mich allein. Und vorher fegen Sie das schön zusammen!«

Harry sackt blitzschnell zu Boden, um die Krümel einzusammeln, und dreht sich mit seinem Rücken dabei vor der Chefin hin und her.

»Jetzt reicht es aber wirklich«, schimpft Frau Grünbaum, »daß Sie einen Vogel haben, glaub ich Ihnen gern. Jetzt stehen Se endlich wieder auf, Sie wollen mich doch hoffentlich nicht noch 'ne halbe Stunde mit dem Hintern unterhalten?!«

Volltreffer, Harry wird, zum wievielten Mal heute morgen schon, knallrot – und das vor Erna – meine Herren. Die Geschäftsinhaberin zieht triumphierend ihre Augenbraue hoch, jetzt endlich schiebt sich Julius durch die Tür.

»Nun laß sie mal, was willste, die sind jung, du hast dit nur verjessen. Is doch bloß so een Kommilitone, Mutter, der kooft seine janzen Schularbeiten hier, stimmt's, Fräulein Erna?«

Die eifrige Kommilitonin nickt verlegen, ganz, wie eben eine akademische Novizin es gelernt hat.

»Wiedersehen«, Harry schnappt sich seinen Mantel, eh' Betretenheit im durchgetanzten Saale aufkommt, und ist schon davon; nur ein verlegenes Grinsen bleibt von ihm zurück. Frau Grünbaum sieht erst Harry nach, dann wendet sie sich Julius zu:

»Du kennst den jungen Mann ja sicher schon sehr lange, nicht? Macht wirklich einen ordentlichen Eindruck, nicht so ein Hallodri wie die meisten aus diesem Musikzirkus. Hält auch das Geld zusammen, tüchtig, dieser Junge. Oder – hat er etwa irgendwas gekauft, he?!«

Julius ist geschlagen, Erna überrumpelt, und Frau Grünbaum – ist gerührt.

»Ach nee, ist das schon alles lange her, nun tu ma bloß nich so, du alter Zausel«, sagt sie und zieht Julius unbeholfen an den dünnen Haaren, »jeh'n Se ihm ma hinterher und sagen Sie ihm, daß der alte Julius det nich so jemeint hat. Na, wat warten Se denn noch, nun hauen Se doch schon ab; in eene viertel Stunde sind Se wieder hier, sonst könn' Se gleich für immer zu dem

Paganini ziehen – Kommilitone, warte nur, dir werd ick helfen, Grünbaum.«

Dann schiebt sie Erna sanft zur Ladentür hinaus.

Inzwischen ist der Winter eingezogen, dicke Flocken tauen auf Harrys dünnem Mantel und den Friedhofswegen. Wie ein kugelrunder, schwarz bemooster Findling wirkt die Kippah auf dem zugeschneiten Hinterkopf von Harry, und als er sich nach dem großen Kiesel bückt, fällt sie herab. Er hebt sie auf und blickt sich um, ob irgend jemand das Malheur vielleicht gesehen hat, und dreht den Stein ein Weilchen in der Hand, dann tut ihn Harry schließlich zu den übrigen, die er bereits am Grab der Eltern abgelegt hat. Er wischt den Schnee von ihrem Bild und von den Namenszügen, »Leonie und Alexander Frommermann«, geboren, gestorben, unvergessen wie auf allen Friedhöfen der Welt.

»Ich werde heiraten, hört ihr, heiraten. Sie hat die schönsten Haare und die längsten Beine von Berlin; und wenn ihr euch im Grabe umdreht, ist es noch genauso – aber eben umgekehrt.« Er grinst ein bißchen. »Ihr müßt mir das nachsehen, aber ich bin so verliebt, entschuldigt. Wißt ihr, sie ist nämlich nicht so irgendeine Schrulle, sie ist was Besonderes. Sicher, Elsa ist mir auch ans Herz gewachsen, aber sie ist wie ein Muff für kalte Tage, zuverlässig, kuschlig, nur ein bißchen sehr gefüttert, und wenn's plötzlich warm wird, ziemlich überflüssig. Erna ist was Besseres, sie studiert sogar.«

Für einen Augenblick hält Harry jetzt mit dem Geplapper ein, dann seufzt er. »Tja, das war die gute Nachricht! Und nun muß ich leider noch das andere erzählen: daß ich wieder einmal keine Arbeit habe, daß ich aus dem Chor geflogen bin. Ja, ja, Papa, ich weiß, das ist schon starker Tobak, aber irgendwie flieg ich da sicher in den nächsten Tagen wieder rein. Dafür gibt aber Paganini wahrscheinlich demnächst das Singen auf, wenn ich ihm weiterhin die Körner aus dem Käfig fresse. Ja, so sieht es aus, ihr Lieben, leider hab ich niemanden, dem ich das sonst erzählen könnte. Elsa würde sofort wieder anfangen, mich irgendwohin einzuladen, aber ich will weder ihr Geld noch die ewig gleichen Schlemmerein. Ich will Erna, aber der kann ich doch nicht erzählen, wie es wirklich aussieht, dann bin ich sie im Handumdrehen wieder los, so, wie sie aussieht. Ihr versteht vielleicht, wie ich das meine; und so richtig habe ich sie ja auch noch nicht, aber bald, und dann, dann ...« Harry überlegt für einen Augenblick, ob er sich seinen Eltern weiter anvertrauen soll, nach einer Weile hat er sich entschlossen und ruft: »Mama, ach, du fehlst mir so! Wenn du doch da wärst und sie einmal sehen könntest, dann wäre der ganze Quatsch mit dem Gesinge und der Arbeit nicht mehr wichtig! Weißt du noch, Papa, wie du mir diesen Witz erzählt hast, den ich damals überhaupt nicht komisch fand? Zwei Juden treffen sich: Wo arbeitest du denn so, fragt der eine. Nirgends, sagt der andere. Und was tust du sonst so, fragt der erste: Nichts, sagt da der andere. Und: Bist du mit der Beschäftigung zufrieden? fragt der erste wieder. Freilich, sagt der andere, nur: Die Konkurrenz ist riesengroß, ha, ha! Inzwischen, weißt du, könnt ich heulen, weil, na, weil ich ihn doch jetzt so gut verstehe, Paps!«

Dann dreht sich Harry langsam um und sieht nach oben: »Gib mir noch ein wenig Zeit, Papa, selbst Gott wird mir verzeihen – ist doch schließlich sein Beruf.« Dann blickt er wieder auf das Grabmal und besinnt sich, plötzlich gibt er sich noch einmal einen Ruck: »Ach so, das hätte ich beinah vergessen, ich hab große Pläne, nein, nicht nur die Hochzeit – ich will die Arrangements, die ich seit Wochen schreibe, jetzt mit echten Sängern ausprobieren, was sagt ihr dazu? Ich weiß auch schon, wie, denn wenn der Berg nicht zum Propheten kommt ... mein lieber Herr Gesangsverein! Das ist es doch! Eine Annonce geb ich auf, in irgendeiner Zeitung, oder nein, in irgendeiner nicht, viel besser gleich mal in der größten. Weißt ja, Paps, am Anfang war das Wort, es hieß nur damals noch nicht Anzeige, bis bald – ich liebe euch!«

Oje, du Heiliger, wo kommen die drei her, denkt ungläubig der Zeitungshändler: leibhaftige Mönche, direkt vor der Oper, und jetzt steuern die auch noch auf ihn zu, sicher sammeln die mal wieder für die armen Weltverbesserer, um sich hinterher mit Meßwein zuzuschütten.

»Der Lokalanzeiger! Der Lokalanzeiger! Gaunertrio brachte Millionärssohn in seine Gewalt! Lokalanzeiger! Der Lokalanzeiger! Arbeitsloser sprang von der Gertraudenbrücke in die Spree! Weit über zwei Millionen Arbeitslose im gesamten Reich! Lokalanzeiger! Der Lokalanzeiger! Brauner siegt auf ›Lanzelot‹ beim Großen Preis von Potsdam! Der Lokalanzeiger! Der Lokalanzeiger!«

Bob zieht die Kapuze ins Gesicht und geht auf den Krakeeler zu.

»Dat ist jetzt ooch een Überfall, du lärmige Trompete! Sofort den Lokalanzeiger her, sonst knallt's!«

Er faßt demonstrativ in seine Kuttentasche, der Verkäufer sieht die Kragenecken unter Bobs Gewand, die

Hosen und die Straßenschuhe, auch die anderen beiden sehen nicht besser aus. Er weicht mit seinem Bauchladen zurück, und Bob genießt den Schreck des kleinen Krämers, kostet den Moment noch einen Augenblick lang aus, dann steckt er ihm die Münzen zu, nimmt seine Zeitung, dreht sich amüsiert zu seinen beiden Brüdern um und witzelt: »Na, da wollen wir uns mal kümmern, daß du morgen nicht noch drei Mann mehr in deiner Zweemillionenzeitung stehen hast, was?«

Dann legt er Roman seinen linken, Erich seinen rechten Arm um die geweihten Taillen, ein ganz tolles Bild geben sie ab, fast wie drei zeitgemäße Dirnen, bis sie eingehakt und vor sich hin kichernd durch den Kantineneingang in die Oper huschen und nicht mehr zu sehen sind. Erst als ihnen nun auch noch ein paar Soldaten, buntbetreßte Uniformen auf dem Leibe und mit spitzen, dreizackigen Hüten auf den Köpfen, folgen und, gleich ihnen, in die Opernklause stolpern, wagt sich der Gefoppte wieder auf die Straße. Blödes Schmierenvolk, denkt er und nimmt den obersten Lokalanzeiger von dem Stapel, auf den ein paar Schweißperlen getröpfelt sind, verarschen kann ich mich alleene. Nächstes Mal verkoof ick dir die durchjeschwitzte Nummer, blöde Operntunte!

Und dann hat ihn der Alltag wieder.

»Der Lokalanzeiger! Der Lokalanzeiger! Mehr als zwei Millionen Arbeitslose bis zum Jahresende! Arbeitsloser sprang von der Gertraudenbrücke! Der Lokalanzeiger! Der Lokalanzeiger! Potsdam-Derby endete mit Sieg für ›Lanzelot‹ auf Brauner, äh ...!«

Ach wat, ick gloob, ick muß jetzt ooch erst mal ‘ne Molle zischen, so wat ist mir ja in meine janze langjährije Loofbahn nich passiert.

Auf dem Kantinentisch liegt der Lokalanzeiger ausgebreitet, Bob fährt, wie ein Generalstäbler auf seiner Karte Frontverläufe, Anzeigenrubriken ab.

»Bis hierher und nicht weiter«, mosert Erich und stellt unwirsch seinen Teller auf die Zeitungsecke, mit der Bob ihm nun zum wiederholten Mal durch die Kartoffeln fährt. »Ich bin zum Essen hier: das ist eine Kantine, nicht die Klosterbibliothek, Bruder Biberti« – und schon hat er einen halben Tisch vom Feind zurückerobert.

»Was für Essen, Erich, meinst du das hier auf dem Teller, diese Wickel mit Öl da?« Roman schnuppert längst schon mißtrauisch an seinem Tellerrand herum. »Riecht nicht ganz koscher«, sagt er, »könnt ihr sagen vielleicht, was das sein soll?«

»Echte deutsche Krautwickel, Mensch, Pan Cycowski, Kohl-rou-la-den gegen Kohl-dampf, alemannisch durch und durch, das Schmackhafteste, was es hier noch gibt, verstehste?«

Roman schüttelt nachdrücklich den Kopf.

»Was, glaubste nicht? Probier sie doch erst mal«, sagt Bob, doch Roman ziert sich immer noch.

»Wieso Roulade! Wo ist da Roulade? Ich sehe nur Kohl.«

Bob wird allmählich ungeduldig: »Dann mußt du den Kohl mal hochheben, vielleicht hast du sie da ja selbst versteckt. Dat lieb ick gerade, aus der Wallachei kommen und über unser Essen meckern. Sicher wollte dir der Koch bloß een Jefallen tun und dir dein Essen mal so anrichten, wie du det von zu Hause kennst, Mensch.«

»Duuu hast doch gerade selbst geschimpft, daß es nicht gut aussieht«, setzt Roman ein bißchen unsicher dagegen.

Biberti grient: »Tja, Bauer, das is ganz was anderes!

Kennste nicht, wa, hast halt nie een echten Bürger kennjelernt, macht nischt, außerdem, man kann doch seine Meinung ooch mal ändern, kurzfristig. Nun sei mal froh mit deiner unsichtbaren Kohlroulade, dann ist se doch fast wie koscher, oder – bringe ick da schon wieder wat durcheinander? Na ja, überall kann man sich ja nicht gleich auskennen, überhaupt gibt es vielleicht ooch noch was Wichtigeres als das blöde Happa, Happa, Donnerwetter!«

Bob haut mit gespielter Rage auf den Tisch, daß sich die Soße auf den Tellern kringelt, aber Roman setzt sich auf und sagt sehr ernst: »Du weißt wahrscheinlich nicht, was Hunger wirklich ist, Bob. Als wir damals eingeschlossen waren, während der Besetzung, haben wir nicht einmal ...«

»Also, jetzt hör aber endlich uff, Cycowski, mit dem ewigen moralischen Getue, dann werd lieber doch noch Rabbi, das kann ja keen Mensch mehr hören, Krieg, Besetzung, dit is hundert Jahre her und kommt sowenig wie der Kaiser wieder!« Bob scheint echt entrüstet über so viel Einfalt.

»Komm, laß ihn«, mischt sich wieder Erich ein, »du mußt ihn auch verstehen, nicht jeder geht so leicht mit manchen Sachen um wie du.«

»Also, jetzt reicht's mir aber wirklich langsam,» zetert Bob, »gerade du mit deiner parfümierten Tour hast's nötig, spielst hier den Verständigen. Ich möchte, einmal nur, die Mädels so behandeln, wie du das tagtäglich machst, du scheinheiliger Schürzenjäger. Du bringst mir gerade bei, was Anstand ist, daß ich nicht kich're. Wie viele beglückst du denn zur Zeit so, kannst du ja mal unserem verkappten Rabbi beichten, wenn du willst.«

Cycowski hat nicht jedes Wort verstanden, doch ein bißchen fühlt er sich an dem so plötzlich aufgekommenen Streit beteiligt und versucht zu schlichten.

»Bitte, Freunde, hört doch auf zu streiten, es ist dumm von mir gewesen. Hauptsache, wir arbeiten zusammen und sind gute Kameraden.«

»Gute Kameraden«, näselt Bob mit nachgemachter Kinderstimme, »wenn ich das schon höre. Hättest du doch bloß bei den Ulanen weiter angeheuert und wärst nicht bei Nacht und Nebel abgehauen, dann hättest du jetzt Kameraden!« Und mit einem Blick zu Collin lenkt er ein: »Na, ist doch wahr, da renn ick Tach und Nacht herum, bloß daß wir endlich ooch mal een paar Kröten mehr jebunkert kriegen, und denn schwatzt ihr wat von Kameradschaft und Verständnis. So wat kommt nich von alleene, eener muß sich schließlich kümmern, ich hab ooch 'ne Menge um die Ohren, aber keener dankt dit eenem. So, jetzt nehmt mal die Tabletts von det Tableau, oder habt ihr schon die Annoncen durchjeblättert, he? Na bitte, warum denn ooch, vornehm jeht die Welt zugrunde, Hauptsache, mit Anstand durch die Jejend kieken, allet andere kommt denn schon von selbst, nicht? Meine Herren, kaum dit erste, mickrige Engagement, und schon mit großen Vorstellungen angeben – habt ihr een Glück, daß ick so een Gemütspferd bin. Ihr werdet mir det eenes Tages danken, na ja, und wenn nich, denn bin ick et inzwischen wenigstens gewöhnt. Ende des Vortrags!«

Bob muß selber grinsen, wie betreten ihm die beiden zuhören, wahrscheinlich denken sie: Klar, eigentlich hat der Biberti ja sogar ein bißchen recht, er ist wohl kein so schlechter Kerl und hat zum Beispiel auch schon wieder das vertrackte Käseblatt gekauft, mit dem er hier das kleine Ungemach am Mittagstisch verursacht. Bob schiebt nun den beiden eine Seite vor die Nase.

»Da, das ist es!« ruft er selbstbewußt und zeigt auf

eine in Fraktur gedruckte Anzeige, um die er schon mit dicker Linie einen Kreis gezogen hat. »Jetzt hört mal einen Augenblick lang zu, ihr matten Mimen, und schreit nicht sofort gleich wieder Mordio und Gezeter! Also: ›Achtung. Selten. Tenor, Baß‹, jetzt Klammer auf, ›Berufsanfänger und nicht über fünfundzwanzig‹, Klammer zu, ›sehr musikalisch, schönklingende Stimmen‹« – Bob hält kurz die Zeitung vor die Augen –, »Donnerwetter, vielleicht ooch noch singen können, was, na weiter – ›für ein einzig dastehendes Ensemble gesucht.‹ Na, ist doch selber schon eene ganz schönklingende Anzeige für so ein Blatt, oder? Was haltet ihr davon?«

Bob sieht die beiden siegessicher und ein bißchen beifallheischend an, doch Roman hat längst das Gesicht verzogen.

»Einzig dastehend, das ist doch Humbug, nix Seriöses«, mäkelt er sofort, »ich will zur Oper und nicht in einen Gesangsverein.«

»Hört, hört, der Rabbi hat gesprochen, Mensch, ich könnte ...«

Bob krallt sich an den Tisch, er will auffahren, aber er beherrscht sich und spricht weiter, wie zu einem uneinsichtigen, verzogenen Kind: »Jetzt paß mal auf, Cycowski. Kommt ein Ungläubiger in die Synagoge, zündet eine Kerze an und murmelt: Schaden kann's wohl nischt, verstehst du, alter K*a*ntorist? Vielleicht schaffst du es so ooch mal zum K*o*ntoristen, Mann, wir müssen erst mal hingehen, kann doch irgendwie noch drin sein, oder haste heimlich in der Lotterie gewonnen? Vielleicht willste ja ooch ewig noch als Chorknabe im Bühnenhintergrund herumstehen, bitte schön, dann mach doch weiter so, ich meine, dann mach weiter nischt. Als Kleindarsteller unentbehrlich, tolles Leben; kleines Fach für große, unerkannte Mimen, was für 'ne

Tragödie!« Nun hat er sich doch wieder aufgeregt, und wenn er diesen Erich sieht, wie der mit spitzen Fingern sein Monokel aufsetzt, wird ihm auch nicht gerade besser.

»Ruhig Blut, Bruder Biberti«, sagt Collin, »doch dafür mußt du, glaub ich, eher aufstehen, das ist nämlich heute schon, genauer, jetzt. – Vielleicht schaffst du dir lieber auch so eine feine Sehhilfe an, statt nur immer über meine rumzulästern.« Erich lehnt sich selbstzufrieden in den Stuhl zurück, Biberti reißt ihm die Gazette aus der Hand und nimmt sie vor die Augen.

»Und? Von zwei bis fünf Uhr nachmittags. Das schaff ich doch noch lässig! Na, dann singt mal schön für mich mit, sonst geht euch das piekfeine Engagement in eurem Sängerkreis noch flöten, ich empfehle mich, so long!«

Cycowski und Collin sehen ihn entgeistert an.

»Bist du verrückt?« fragt Roman.

»Lange genug gewesen«, ruft Biberti übermütig und ist längst aufgesprungen, doch dann schiebt er wirklich noch etwas Entschuldigendes hinterher: »Nun macht mal nicht so ein Theater, auf ein Mönchlein mehr kommt es vielleicht mal heute nicht so an, singt ihr eben etwas inbrünstiger.«

Und schon ist er, immer noch in seinem Aufzug, durch die Tür und bringt sich glücklich um den Anblick, wie Collin die Zigarettenspitze in die Zähne schiebt.

Nun steht Biberti doch noch glücklich vor dem Haus, die Odyssee hat ihm beinahe den Verstand geraubt; das ist keine Stadt mehr, das ist Sodom, hier muß endlich einmal Ordnung rein in diesen Moloch, schwadroniert er vor sich hin und sieht noch einmal auf die angegebene Nummer in der Zeitung. Dann rafft er die Kutte mit der Hand zusammen und betritt den Hof – das heißt, er würde gern den Hof betreten, doch das Tor nach hinten ist verstellt. Biberti klopft dem Schatten in den Rücken, bis der sich allmählich von der Scheibe löst, und nun drängt Bob mit Mühe seinen stattlichen, doch heute um sein Mittagsmahl gebrachten Leib durch den entstandenen Spalt. Verblüfft steht er vor einer Riesenschlange junger Männer, die sich um den ganzen Hof geringelt hat und nicht bewegt. Sie reicht vom Hoftor durch das ganze Hinterhausgeviert bis zu einem Anbau, der nur über eine freie Treppe zu erreichen ist. Auch die ist vollgestopft mit blassen Jünglingen, die meisten ungefähr in seinem Alter, und verliert sich irgendwo an einem unsichtbaren Ende. Um so hörbarer klingt das Geschehen aus dem Gebäude, unter dessen Dach sich Harry nun schon seit geraumer Zeit zu Hause fühlt und das man eigentlich so recht gar nicht als Haus bezeichnen möchte, eher noch als einen komfortablen Schuppen, als Remise für gelegentliche, unverhoffte Gäste, die man lieber ziehen als kommen sieht. Aus Harrys Fenster läßt sich ein Piano – oder etwas Ähnliches, vernehmen; eine Männerstimme – wenn man sie einmal so nennen will – kreischt, und – wenn man das auch noch einmal zugestehen will – sie trällert etwas wie ein Liedchen. Nichts von alledem ist angetan, Biberti zu beruhigen, im Gegenteil: er sieht Cycowskis und Collins verblasene Warnungen in schlimmster Art bestätigt, und er könnte sich jetzt ohrfeigen, daß er für diese Kasperei die Probe sausen lassen hat, das gibt bestimmt ein Nachspiel, wenn nicht sogar einen – allerletzten – Auftritt bei Charell. Bob ist also schon wieder wütend, diesmal sogar richtig, daß er sich umsonst für einen solchen Unsinn abgehetzt hat. ›Schönklingende Stimmen‹, dem werd ich jetzt schnell mal ein paar Takte sagen, denkt sich unser falscher Mönch und drängelt sich entschlossen in der Kutte am Geländer an den anderen vorbei. Fast bis zur Tür von Harrys Zimmer kommt er unbehelligt, doch zu guter Letzt merkt ein besonders Ausgeschlafener in der Schlange, daß der dicke Wanst da offenbar ein unverfrorenes Manöver starten will.

»He, Sie da, hinten ist das Ende«, tönt es aus der Reihe.

»Schnauze!« grüßt Biberti gönnerhaft zurück. »Ich muß hier jemandem die Letzte Ölung geben. Oder will da vielleicht einer mitgehen – ist ein Aufwasch, Freiwillige vor!«

Spricht's und rollt so ein bißchen drohend, wie leicht angetrunken, mit den Augen, niemand meldet sich. Entschlossen dreht Biberti sich auf seinem Hacken um und ist bereits geschwinde um die Ecke, hinter der das Murren der Kollegen rasch verebbt.

Harry sitzt auf seinem Hocker, mehr als schlecht gelaunt, und klimpert zum Gefiepe eines Milchbarts, der versucht, »Ich küsse Ihre Hand, Madame» zu trällern, die Begleitung. Er stöhnt unüberhörbar auf, nach kurzer Zeit beginnt auch Paganini jammervoll zu krächzen, holdes Vogelglück, denkt Harry und könnt' ihn für die willkommene Unterbrechung küssen.

»Danke«, sagt er, »das war sehr schön, aber ich brauch doch noch etwas anderes.«

»Gerne«, antwortet der triefnasige Jüngling, »was darf es denn sein?«

»Nein, nein, Sie mißverstehen mich, mir genügt Ihr Vortrag, weiter brauche ich nichts.«

Doch der Jüngling gockelt ein paar Schritte aufs Klavier und Harry zu: »Na, nun singen Sie mal selbst, Verehrtester, und spannen Sie mich nicht so lange auf die Folter. Also, an was dachten Sie denn so? Ich kenne mich mit solchen Anzeigen verdammt gut aus, mir machen Sie nichts vor, von wegen – ›einzig dastehendes Herrenensemble‹ und so weiter, ist schon klar, mein Bester» – er klappt seine Mantelschöße auf. Im Futter hängen Döschen, Fläschchen, Tüten. »Alles Sonderangebote«, raunt er, während er sich nach der Tür umdreht. »Englische Zigaretten, Opium, Kokain, natürlich alles reine Ware. Und in den Phiolen hab ich etwas für die Damen.«

Harry schluckt.

»Ach so, verstehe, sind nicht Ihr Pläsier. Meins auch nicht, Teuerster. Kein Problem, da hätte ich dann noch naturnahe Photographien von Halbwüchsigen, Leibesübungen am Wannsee, alles original, auf Postkarten, kaum retuschiert. Wenn Sie mal sehen wollen?«

Harry ist am Ende: »Bitte, lassen Sie mich mit dem Quatsch in Ruhe, gehen Sie jetzt, bevor ich jemand rufen muß ...«

Es klopft sehr kurz und heftig an der Tür, und ehe Harry noch »Moment bitte!« gerufen hat, steht Bob schon in der offenen Tür, durch die der falsche Sängerknabe flink das Weite sucht.

Sekundenlang schlägt Harry erst einmal die Augen nieder, und als er sie wieder öffnet, ist Biberti über ihm und fragt besorgt: »Sind Sie in Ordnung, Sie sehen schlecht aus – brauchen Sie vielleicht etwas?«

»Oh, danke, nein, bloß nicht schon wieder«, flüstert Harry beinah flehentlich, »ich hab gerade einen weggeschickt, mir fehlt bestimmt nichts.« Und dann setzt er schnell hinzu: »Sie kommen doch zum Vortrag, oder führt Sie etwas anderes zu mir?« Er blickt halb amüsiert und halb verwundert auf Bibertis Garderobe. »Also, sagen Sie es lieber gleich: Aus welcher lüsternen Abtei sind Sie entsprungen, Bruder?«

Bob hat einen unsicheren Augenblick – davon gibt es nicht viele –, dann sieht er nur kurz an sich herab.

»Ach Gott, entschuldigen Sie bitte, ich komme gerade von der Probe, mir blieb keine Zeit zum Umziehen mehr. Biberti ist mein Name, Robert.«

»Frommermann«, stellt sich Harry vor, und als ihn Bob ein bißchen skeptisch mustert, sagt er schnell und noch einmal mit Nachdruck: »Ernsthaft, Frommermann, auch wenn ich nicht mit einer echten Mönchskutte empfange.«

Gar kein schlechter Anfang, denkt Biberti, der mit seiner Bulligkeit beinah die ganze Stube ausfüllt, doch noch ist das Eis längst nicht gebrochen. Bob spürt aber, daß es sich vielleicht bei dem verstörten Harry doch noch lohnen könnte, wenn der offenkundig heute auch schon eine Menge hinter sich zu haben scheint. Was Tröstliches, denkt Bob, ist immer gut, und schon hört er sich sagen: »Recht gemütlich haben Sie's hier, dagegen kommt einem Spitzwegs Kammer richtig überladen vor, was?«

Aber Harry blickt nur müde auf und grummelt: »Wollen Sie mir gleich das Zimmer einrichten oder vielleicht erst lieber vorsingen?«

Ach, doch zu forsch gewesen, denkt Biberti, schöner Menschenkenner bist du, na, dann besser Disziplin, Zurückhaltung und gute Miene zu dem bösen Vorspiel machen.

»Ja, gut, bring ich eben erst mal etwas ...«

Harry bittet ihn herüber.

»Das Klavier ist leider absolut verstimmt«, entschuldigt er sich.

»Macht nichts«, sagt Biberti, »auf dem Hof hab ich bestimmt schon ein viel schlimmeres gehört.«

Halt, Vorsicht, Bob, das ist die Rückfallfalle, bring dich doch nicht selbst um deine Chance – doch schon ist es erneut passiert: »Na, lieber das Klavier verstimmt als Sie«, er kann es eben nicht lassen und gibt gleich noch einen drauf: »Wahrscheinlich brauch ich Ihren Kummerkasten sowieso nicht.«

Harry geht zum Glück genauso lustlos darüber hinweg, wie er es auch den ganzen Nachmittag bereits, gewissermaßen lebensrettend, gehalten hat. Mal sehen, ob der Gesang hält, was der große Rand verspricht, denkt er, die Stimme klingt nicht schlecht; wenn er an all die anderen Kastraten denkt, die ihm heut schon die Ohren vollgejault haben, dann soll der Dicke da zum Abschluß eine faire Chance bekommen. Harry schlägt zur Probe aufs bibertische Exempel jetzt den ersten Ton an, so daß der zur Vortragsordnung übergehen kann.

»Ein Volkslied, einen Schlager, ein Couplet vielleicht, da habe ich es heut schon zu einer gewissen Meisterschaft in der Begleitung bringen dürfen«, nörgelt Harry und knackt hörbar mit den Fingern.

Na, so kommt man allerdings Biberti auch nicht ungestraft, der jetzt den Bauch reinnimmt, die Brust herausstreckt.

»Ach, wissen Sie, ich hatte eher an etwas Gediegenes gedacht, die ›Zauberflöte‹ meinetwegen oder Ähnliches«, Bob tut, als könne er in einen brunnentiefen Fundus greifen. Doch bevor sich Harry noch nach weiteren Partien aus seinem Repertoire erkundigen kann, sagt Biberti: »Also gut, am Anfang die Sarastro-Arie vielleicht: ›Oh, Isis und Osiris!‹«

Nun muß Harry kichern, Bob ist jetzt zum zweiten Mal in kurzer Zeit verunsichert.

»Was ist an meinem Vorschlag derart töricht?« fragt er, leicht gereizt, denn nun ist er doch tatsächlich verlegen.

»Nein, nein, bitte sehr, entschuldigen Sie vielmals«, Harry grient noch immer, »es ist nur, ich denke gerade an den Text: ›Oh, Isis und Osiris, welche Wonne! Die düstere Nacht verscheucht den Glanz der Sonne‹, na, das ist wohl noch kein böses Omen, oder? Also, nichts für ungut, fangen Sie doch einfach an.«

Und nun muß Bob schon selber schmunzeln, guck mal an, der ist ja richtig witzig, denkt er und beginnt entspannt zu singen, einfühlsam: »Der Weisheit Geist ...«, sentimental, wie man es auf den ersten Eindruck nicht für möglich hält, »... dort sollten sie zu Grabe gehen. So nimmt die Jugend ihren Lauf, nehmt sie in euren Wohnsitz auf.«

Bobs samtener Baß erfüllt die Kammer. Harry ist längst ernst geworden, selbst der Papagei ist völlig still, ein seltsames Behagen breitet sich in der gesamten Stube aus, das beiden erst so recht bewußt wird, als Biberti plötzlich abbricht und, ein bißchen fordernd, Harry fragt: »Na – reicht das?!«

Harry mustert Bob: »Dies Bildnis ist bezaubernd schön«, und schon nimmt Bob den Faden auf: »Oh, zitt're nicht, mein lieber Sohn!« Harry zieht die nächste Zeile aus dem Hemdsärmel: »Bei Männern, welche Liebe fühlen«, plötzlich blickt er Bob gerade an.

»Mozartarien scheinen Sie ja gut zu kennen. Aber haben Sie vielleicht sogar mal was gehört – von den Revellers?!«

Bob steht, wie vom Blitz getroffen, in der Zimmermitte.

»Ob ich die Revellers kenne?! Junger Freund, die hab ich schon bewundert, als Sie mit der Trommel noch um Mutters Weihnachtsbaum gerannt sind!

Nein, im Ernst, ich höre öfters ihre Platten – die sind grandios!«

Verrückt, denkt Harry, vollkommen verrückt, ein solches Schwein, nach diesem ganz und gar verkorksten Nachmittag, das gibt's doch nicht, bei so viel Glück, hat immer Paps gesagt, da muß man auf der Hut sein.

»Ich habe nämlich etwas Ähnliches im Sinn, nur ganz was anderes, etwas Eigenes ...«

»Ist ja verrückt«, sagt nun auch Bob, »das gibt's doch gar nicht. Das ist die Idee, 'n richtiger Jahrhunderteinfall, hatt' ich übrigens schon selber mal, bin aber dann nicht drangeblieben, keene Leute, kennen Sie ja!«

Harry ärgert sich nun doch ein wenig, daß er auf die innere Stimme nicht gehört hat, Nachtigall, denkt er, kann ich dem Dicken trauen? Aber andererseits kann er ihn jetzt nicht einfach ziehen lassen, der geht glatt davon, steckt die Idee ein, und dann sieht ihn Harry eines Tages mit ein paar versammelten Eunuchen, die ihn vom Plakat herunter angrinsen. Also, dann lieber gleich das volle Risiko, denkt Harry, geradeso, als hätte er noch eine Wahl – er kann die Worte schließlich nicht zurückholen. Vielleicht ist es ja auch ganz gut, wie's nun gekommen ist. Und so springt der Pianist jetzt von seinem Hocker, läuft zum Bett und zieht einen Stapel Notenblätter unterm Kissen vor.

»Mein Sparstrumpf, einen anderen hab ich leider nicht – noch nicht«, sagt Harry lächelnd, und dann breitet er die Partituren vor dem staunenden Biberti aus. »Ich habe schon seit Wochen alles ausgeschrieben, nächtelang, tagein, tagaus, und alles für fünf Stimmen. Können Sie vom Blatt?«

Bob hat die ersten Seiten schon überflogen: »Na, Mensch, hören Sie mal! Aha, ich sehe schon, das ist der Baß, nicht wahr ... Bom bom, bom bom, bom bom, bom bom. Und das? Tenor?«

Er fährt über die Notenlinien.

»Ja«, sagt Harry, »beide. Erster, zweiter, und das bin ich selbst, so ’ne Art Buffo; zwischendurch mach ich noch ein paar Instrumente nach, spontan meist, steht da noch nicht drin.«

Biberti läuft jetzt auf und ab, ein Panther hinter seinen Gitterstäben, der schon von der weiten Welt träumt; aber erst einmal sieht er aus Harrys Zimmer nur den unverändert langen Zug da auf der Treppe. Irgendwann wird der die Tür eindrücken, denkt sich Bob.

»Völlig irre, wirklich, absolut verrückt. Ich weiß, was wir jetzt machen. Erst mal schicken wir die abgerissenen Gestalten da nach Haus, die kann man ja nicht mal zum Karneval ertragen. Das muß man professionell aufziehen! Ich bring beim nächsten Mal zwei Leute mit, die stecken die da gleich mal alle weg. Ein Pole und ein schneidiger Bulgare!« Bob grinst, als er Harrys unverständiges Gesicht sieht. »Nein, nein, nicht, wie Sie vermuten – aus dem Chor! Cycowski ist ein toller Opernbariton, und Leschnikoff hat eine Stimme, so was von Tenor, das haben Sie noch nie gehört. Der singt das hohe C noch dreimal höher als Caruso, wirklich, wie ein Engel, mädchenhaft, fast märchenhaft.«

Und in der unverhofften Zuversicht fällt Harry ihm, fast ungestüm, ins Wort: »Na, Ihr Baß ist ja auch nicht gerade von Pappe, mit dem können Sie wahrscheinlich dreimal tiefer in die Hölle steigen als der Luzifer persönlich.«

»Da könnten Sie direkt mal recht behalten«, retourniert der hochgelobte Baß, »also, wenn ich will, dann singe ich so tief, daß ich glatt auf der anderen Seite unserer Erde wieder rauskomme. Doch nun mal ganz im Ernst: mit Deutsch, da stehen die beiden noch auf Kriegsfuß, immerhin, der Pole übt zumindest. Aber der Bulgare, wissen Sie, na gut; mit dem kann man ja sowieso kaum über irgend etwas reden, außerdem soll der ja auch bloß singen, und das macht er wie kein anderer! Lassen Sie uns morgen doch nachmittags einfach mal ins ›Sofia‹ gehen, das ist so ein bulgarisches Lokal, da singt er manchmal, aber nur, wenn man ihm ordentlich einen ausgibt, diesem alten Knicker. Bringe ich die anderen Chorknaben gleich mit, was meinen Sie dazu?«

Harry bleibt bei so viel Schwung die Luft weg und wohl gar nichts anderes übrig. »Einverstanden«, sagt er überrumpelt.

»Übrigens, ich heiße Robert«, grunzt Biberti, »aber alle meine Freunde sagen Bob zu mir. Und du, wie darf ich dich in Zukunft nennen?«

»Harry«, murmelt Frommermann, »ich habe es noch nicht zu einem Spitznamen gebracht.«

Bob haut ihm übermütig auf die Schulter: »Dauert keine sieben Tage, und schon hast du einen, den du nie mehr los wirst. Also dann, ich muß zur Vorstellung, bis morgen.«

Und schon ist er auf der Treppe, rennt den ersten besten Jüngling in der Schlange um, der fällt dem nächsten vor die Füße, der sich nicht mehr halten kann und schon dem Hintermann eins vor die Hühnerbrust verpaßt – ein Domino gefallener junger Männer poltert an dem hölzernen Geländer in den Hof hinab, und in das fluchende Gerumple wispert Harry folgsam: »Gut, bis morgen dann.«

Verlassen hocken schnauzbärtige Müßiggänger hinter ihren Tischen; denn die gut geschnürten Damen haben ihre Gläser abgestellt und sind ihren spendablen Balkanesen von den Knien gerutscht: sie haben sich in die Lokalmitte begeben, wo sie Ari, den verschmierten Aushilfskellner mit der blütenreinen Stimme, noch begeisterter begleiten als der junge Stehgeiger, der den Gesang betörend untermalt.

Melancholie erfüllt den Gastraum, und die Damen schieben sich jetzt unaufhaltsam auf die Tanzfläche, nur eine – wirklich – Schöne bleibt auf ihrem Platz und hält sich, unnachahmlich schluchzend, ein gesticktes Tüchlein vors Gesicht. Ari gibt eben etwas Russisches zum besten, sieht nun überall ringsum die Tränchen fließen. Noch weiß niemand, ob die traurigen Gefährtinnen vom Kokain so mitgenommen sind oder von Harrys Vortrag.

»Sing's noch mal, Ari, sing's noch einmal!«

Der Applaus gilt Leschnikoff, nur ihm allein, das wäscht kein noch so kollektiver Tränenregen ab. Und jetzt steht die absinthene Schönheit sogar auf, geht tippelnd auf den beifallstrunkenen Ari zu, sie nimmt ihn theatralisch in die Arme.

»Danke, danke, junger Freund, den allergrößten Dank, Sie haben mir die Kindheit, mein Zuhaus zurückgegeben. Ich bin Russin, Olga, seine Nichte, Olga Tschechowa.« Dann küßt sie Ari mitten auf den Mund und stakst an ihren Tisch zurück.

»Was für 'ne Nichte?« Ari läuft ihr hinterher und kann die Aufregung nur mühsam niederhalten, die sich seiner, durch den unverhofften Auftritt der Verehrerin, bemächtigt hat. »Vielleicht noch eine kleine Zugabe?« fragt er, und die anderen Mädels grinsen, doch die Dame lächelt nur verträumt zurück und gießt erneut ihr Glas voll.

Ari wendet sich enttäuscht von seinem nebelhaften, neuen Schwarm ab – aufgegeben, eh' erobert – und sucht unter seinen anderen Verehrerinnen eine etwas leichtere Freundin für den Abend. Aus der Küche schellt die Klingel, der Sänger stürzt zum Schalterbrett, drei Herren stehen im Gang, versperren Ari, nach der Aussicht auf ein großes Abenteuer, nun auch noch die, seinen kleinen Job auf weiteres zu behalten.

»Jehen Sie bitte mal een Stickchen riber, meine Herren!« bittet er die drei, die drehen sich, scheinbar drohend, zu ihm um.

»Wie bitte?!« fragen sie mit ins Gesicht gezogenen Hüten.

»Bitt'schön«, Ari hat sich schon aufs Flehen verlegt. Biberti stolpert, und ihm rutscht die Kopfbedeckung auf die Nase.

»Meine Freiinde«, Ari ist erleichtert, »gerade wollte ich euch eine richtige Lektion verpassen«, sagt er, »habt ihr Glick, daß ich so viel zu tun hab«, und will in die Küche, aber Bob hält ihn zurück.

»Ari, komm mal kurz mit an den Tisch. Ich will dich mit Herrn Frommermann bekannt machen. Das ist ein toller Arrangeur, und der braucht genau so einen tollen Sänger, einen wie dich eben. Und morgen ist die erste Probe.«

»Bob, ich hab jetzt wirklich keine Zeit, wenn so wichtig iist, kannst du mich holen morgen. So, und jetzt laß mich endlich in die Kiiche.«

»Na, langsam, langsam, machen Sie mal halblang, Herr Quartiermeister. So toll sieht die Beschäftigung ja auch nicht aus – wie lange woll'n Se sich denn noch nach solchen kleenen Mäusen Ihre Hacken rundloofen? Vielleicht können es irgendwann ja auch mal ein paar größere sein, nicht wahr?«

Biberti lacht, und Ari, der nicht gleich versteht,

stimmt erst einmal mit ein, und dann verschwindet er im Küchengang.

»Das ist es, seht ihr«, wendet Bob sich jetzt an Collin und Cycowski, »kriegt nicht eine Silbe mit und grinst wie so een Honigkuchenpferd. Na ja, ist eben doch so 'n halber Türke, stimmt schon, Honigkuchen auf dem Teller, Hafer im Gehirn.«

Jetzt freut Biberti sich und hält den eigenen Witz für höchst gelungen.

»Laß ihn doch in Ruhe, warum machst du das nur immer, ihn so zu veralbern?« wendet Roman ein.

Doch Biberti zieht gelangweilt einen Flunsch und antwortet lakonisch: »Weil er blöd ist und das ab und zu vergißt. Er soll nur singen, weiter nichts als singen und mir sonst nicht auf den Wecker gehen.«

Roman schüttelt schwer den Kopf: »Ach Bob, du bist kein guter Mensch, du bleibst ein kleiner Pascha.«

»Besser ein kleiner Pascha als ein Riesentrottel«, gibt Biberti kühl zurück – da fliegt Ari wieder aus der Küchentür heraus und rennt beinahe Erich um, der sich den unschönen Disput erspart hat und betreten nach den anwesenden Frauenzimmern Ausschau hält. Meist machen ihn Bibertis Ausfälle verlegen, Bob hat ihn schon selbst des öfteren hochgenommen. »Du mit deiner gut geheizten Kinderstube, Erich«, lästert er weit öfter als gelegentlich, »verstehst ganz einfach keinen Spaß«; und in so mancher stillen Stunde überlegt sich Erich, ob Biberti damit nicht sogar der Wahrheit ziemlich nahe kommt. Jetzt hält er sich jedoch erst mal den Ellenbogen, aber Ari schenkt ihm keinen Blick und redet überschwenglich auf Biberti ein.

»Na freiilich weiß ich, was du meinst mit – Mäuse: Kohle, dicke Berta, stimmt's? Marie!«

»Der nimmt da drinnen heimlich Stunden«, sagt Biberti zu den beiden anderen, »auf den muß man ja richtig uffpassen.« Und schließlich wird er fast ein bißchen rührselig, wischt Ari mit dem Zipfel seines Kellnerkittels über seinen dünnen Schnurrbart und sagt dann, begütigend und beinah väterlich: »Wenn du die anderen Sachen auch so schnell lernst, könnte bald der Schornstein rauchen, Kleiner.« Ari sieht erschrokken nach der Küchentür, und Bob verdreht erneut die Augen. »Nicht da drinnen, du beklappster Schwachkopf. In der Börse, Mensch, verstehste endlich? Kennst du die Bewegung wenigstens?«

Biberti reibt den Daumen und den Mittelfinger aneinander, Aris Augen leuchten auf.

»Klar, Bob, weiß ich, viel Bewegung, vieles Geld, hopp, hopp und dalli, dalli, viel verdienen.«

Sogar Biberti hat nun keine Lust mehr, Ari aufzuziehen.

»Jetzt paß mal auf, Herr Leutnant! Heute gehst du mal nicht ganz so spät ins Bett und läßt die Rothaarige da für deine Kumpels, klar. Und morgen früh um neune holen wir dich ab, da singst du mal mit uns bei einem Arrangeur vor, und dann sehen wir weiter mit Marie, in Ordnung?«

Ari ist entzückt, er nickt, daß ihm fast das Genick weh tut, und drückt Biberti überschwenglich an sich.

»Also«, Bob macht der Gefühlsausbruch verlegen, er schiebt Ari weg, und dann befiehlt er leutselig: »Nun, wiederhol noch mal, was sollst du dir bis morgen merken?!«

»Ar-rang-schör«, sagt Ari stolz.

»Genau«, bestätigt Bob, »ich gloobe, ick brauch jetzt erst mal ein Bier, also: bis moorgen früüh um neuheune! Vergiß es nicht, mein kleines Sprachgenie, sonst wird das mit dem Mammon schwierig, tschüß!«

Cycowski sieht Biberti durchdringend und auch ein bißchen böse an, dann sagt er leise: »Trink dein Bier mal heut' alleine, Bob, wir haben noch zu tun.« Dann zieht er Erich mit hinaus und dreht sich noch einmal kurz herum: »Glaub mir, Bob, eines Tages zahlt er dir das heim – und zwar mit Recht!«

Roman, Erich, Bob und Ari treten in den Hinterhof; für einen Augenblick verharrt Bob an der Tür und überlegt, ob es sich wirklich um das Haus von Harry handelt. Hinterhöfe sind nicht gerade seine Lieblingsorte, da guckt er ohnehin nicht gern genau rein, meistens nur nach oben, ob von da was Gutes kommt in Form von ein paar Groschen. Er haßt die Singerei in diesen düsteren Gevierten, die, wenn man's ehrlich nimmt, nichts anderes ist als Bettelei. Hoffentlich ist damit bald Schluß, wenn sich der Frommermann als anstellig erweist.

Als falscher Mönch hat Bob noch vorgestern der vielen Menschen wegen von dem Hof kaum etwas sehen können, überdies hat es nachts geschneit, und er erkennt erst spät die Treppe. Allerdings, die hatte doch noch ein Geländer, daran glaubt sich Bob dunkel zu erinnern. Und so abenteuerlich und baufällig wie diese sah die Stiege, die zu Harrys Wohnung führte, eigentlich nicht aus. Die anderen sehen Bob erwartungsvoll an, der geht nun zögernd auf die Treppe zu und winkt die anderen hinterher, die unsicher den Schuppen mustern.

»Ah, sehe ich sofort«, sagt Ari, »hier wohnt reiche Arrangeur mit seine dicke Berta«; doch bevor Bob etwas erwidern kann, hört man Klaviergeklimper aus dem oberen Fenster. Endlich grient Bob erleichtert und schiebt Erich vor sich her die Treppe hoch.

»Du siehst am besten aus, mein eleganter Bruder.

Kiek mal nicht so müde, schieb dir unbedingt noch dein Monokel ruff, du weeßt ja, wie ick das bewundere, im Ernst, Erich: ick schätze deine Eleganz und die geschliffenen Manieren. Deine Zigarettenspitze läßt du erst mal weg, 'ne Steigerung muß auch noch drin sein, außerdem weiß ich nicht, ob der Meister oben raucht.«

Dann zupft er spielerisch von Erichs Anzug einen Fussel, Ari tritt hinzu und steckt die angegrauten Kragenecken in den Mantel.

»Wunderbar, Effektenputzer, das muß reichen; und ihr beiden könnt euch ja zum mindesten verbeugen, mehr ist nun mal nicht drin, wir können ja dem Roman nicht die Ohren abschneiden, nicht wahr, Herr Kantor?« Bob ist obenauf und freut sich ernsthaft, das kommode Trio ungestüm und lärmend zu traktieren.

Harry wartet fröstelnd in der Tür und sieht das seltsame Quartett heraufkommen; er gibt sich unbefangen, doch auch er ist aufgeregt – zu viel hängt davon ab, ob ihm Bibertis Mitbringsel auch noch vor dem Klavier gefallen. Obwohl: der hat ihm bei dem ersten Auftritt schon ganz mächtig imponiert, er traut ihm ohne weiteres eine sichere Hand zu.

Bob ist mit den anderen oben angelangt, er weiß, sie sind ein wenig spät dran.

»Ach, entschuldigen Sie bitte, Harry«, sagt er mit einem Blick auf Ari wie zu einem uralten Bekannten, »unser goldener Tenor aus Sofia, Herr Leschnikoff, kommt mit der Zeitverschiebung manchmal nicht zurecht.«

Und Harry, froh, daß Bob die anfängliche Hemmung so geschickt beiseite wischt, sieht mit gespielter Strenge auf die Taschenuhr: »Guten Morgen, Hauptsache, er hat die ›Abendzeitung‹ mitgebracht.«

Vergeblich müht sich Ari, irgend etwas zu verstehen,

was die beiden offenbar in seinem Namen zu besprechen haben, aber Bob sagt schon: »Ich darf Sie mit den Herren dann noch einmal förmlich und der Reihe nach bekannt machen ...«

»Nein, lassen Sie uns erst einmal um Himmels willen in die warme Stube huschen«, bittet Harry, und dann schiebt er förmlich hinterher: »Wenn Sie gestatten, gehe ich voran – der letzte macht dann, bitte schön, die Tür zu« – und so stehen sie schließlich, dicht gedrängt, in Harrys Kammer. »Bitte, legen Sie nicht ab, erstens könnten Sie dabei den Nebenmann erschlagen, zweitens selbst erfrieren. Aufs Verbeugen sollten wir aus Platzgründen verzichten, neulich hat sich jemand dabei eine böse Beule an der Wand geholt.«

Bob grinst: »Na, hab ich zuviel versprochen?«

Die Versammelten taxieren einander; Harry grübelt, ob Biberti seine mitgebrachten Freunde meint, die drei Kollegen überlegen, ob sie Bob zu Harry gratulieren sollen.

»Tja, nun«, leitet Bob das Ritual ein, um es schnell zu absolvieren, »das sind also die getreuen Chorknaben, die ich beim letzten Mal versprochen habe. Erich Collin, unser Schönster und Gepflegtester, ich meine, er pflegt zweifellos die schönsten Techtelmechtel von uns allen, absoluter Liebling aller Frauen. Das ist Pan Cycowski, Roman, höchst seriös dagegen und nicht so ein Luftikus wie Collin, ehrenhafter Oberkantor aus dem Polnischen. Und unsere kleine Nachtigall, die kennen sie ja schon, Herrn Leschnikoff aus Sofia, mit der Zeitverschiebung, aber man muß ihm fast alles nachsehen, denn so eine Stimme haben Sie wahrscheinlich bis gestern nie gehört.«

Bob macht nun eine erste Pause, um die Wirkung seiner Hudelei auf Frommermann zu prüfen, und auch Harry macht gerade einen nachdenklichen Eindruck.

Nachtigall, korrekt, denkt er, ick hör dir trapsen, könnte sein, daß der Biberti denkt, mit seinen Lobgesängen könnte er vielleicht die Gage höher drücken, na, den Zahn muß ich ihm gleich mal ziehen.

»Sehr angenehm, schön, meine Herren, allerdings, ich muß Sie da von vornherein aufklären: Ich kann Sie – vorerst – nicht bezahlen, alle Proben müßten Sie noch ohne jede Gage absolvieren. Und wir werden laaange proben müssen, Wochen, Monate wahrscheinlich.« Und nach einer kurzen Pause sagt er noch: »Ich habe Verständnis dafür, wenn Sie jetzt sofort wieder davongehen, ich kann's Ihnen nicht verargen.«

So, nun ist es raus, und Harry blickt erleichtert, aber auch gespannt in die Gesichter der Besucher, die ein wenig überfahren wirken, dann aber meldet Roman sich zu Wort.

»Nein, das klingt seriös. Ich habe schon für einen Teller frische Fleckensuppe ganze, eigene Konzerte in der Synagoge singen müssen, damals, weil uns die Polacken alles andere weggestohlen hatten.«

Bob verdreht die Augen, jetzt geht diese Leier wieder los, denkt er und schiebt Cycowski eine Partitur hin, die auf Harrys Tisch liegt.

Roman führt sie näher an die Augen, überfliegt sie.

»Oh, das sieht allerdings sehr kompliziert aus!«

Harry weiß nicht, wie er reagieren soll, beruhigend oder bestätigend, und schließlich wählt er gleich die triumphierendste Variante.

»Ist es auch! Das Komplizierteste, das denkbar ist. Und das muß auch noch völlig simpel klingen.«

Ari hat die ganze Zeit die Rede Harrys aufmerksam verfolgt, jetzt scheint die wichtigste Information auch ihn erreicht zu haben.

»Erich, habe ich gehört das richtig? Keeiine Gage?«

Collin legt ihm seinen Arm um. »Richtig, Ari, ich

hab selbst bis jetzt gebraucht, es zu kapieren. Nix mit dicker Berta, keinerlei Marie«, sagt Erich und sieht zu Biberti, Ari aber macht sich los, da hat er endlich einmal etwas selbst verstanden, und dann gleich sooo eine Hiobsbotschaft.

»Was ist los, Bob, nix mit dicke Berta, keinerlei Materie?«

»Aber freilich, Kleiner, nur nicht gleich. Erst später, wenn du groß bist und berühmt, dann rollt die dicke Marie bei dir an«, spricht Bob auf Ari ein, doch der bleibt bockig.

»Ich will keine Dicke, ich brauch Geld«, schimpft Ari weiter und hebt ein Papier auf, engzeilig mit Noten vollgekritzelt, das ihm gerade vor die Füße segelt. Er sieht auf die Partitur, beginnt die Lippen zu bewegen und sagt übergangslos: »Hm, ist scheen, sogar sehr scheen. Sieht raffiniert aus wie der Teifel, aber ist egal. Bin ich ein Sänger, sing ich.«

Roman wiegt den Kopf, wie sonst, bedenklich hin und her.

»Vielleicht ist es zu kompliziert, für mich zumindest«, sagt er skeptisch, aber Harry schlägt im Stehen schon ein paar verstimmte Takte an.

»Ach was, das sieht nur auf den ersten Blick so schwierig aus; vielleicht versuchen wir zusammen gleich mal, einen klassischen Akkord zu singen, schlicht und einfach, jeder eine saubere Kadenz.« Er deutet mit dem Finger auf den Part, den er der jeweiligen Stimme zuweist: »Tonika, hier Dominante, hier Subdominante, eins, zwei, eins, zwei und so weiter.«

Sie versuchen es, den vorgegebenen Akkord zu singen, er klingt laut, beinahe scheppernd, Harry hält sich mit gespielter Ungeduld die Ohren zu, dann schüttelt er den Kopf.

»Leiser, viel, viel leiser treten. Und so lange aushalten, daß jeder auf den Ton des anderen hören kann. Am Anfang sind die Lauscher fast noch wichtiger als eure Stimmen«, Harry hat sich warm geredet, »kommt, wir machen es gleich noch einmal.«

Sie singen ihren Part zum zweiten Mal und jetzt mit der geforderten Zurückhaltung, und Harry lobt mit pädagogischem Geschick: »Das war schon viieel, viel besser, klingt natürlich noch nicht annähernd so, wie ich es mir vorstelle, vor allem – nicht so originell.«

Collin verzieht ein bißchen ungeduldig das Gesicht.

»Könnte ja vielleicht auch sein, daß nur Ihr Plan so originell klingt, die ›Revellers‹ irgendwie auf deutsch zu bringen, aber das ist sicher hier so gut wie nicht zu machen. Stellen Sie sich bloß mal einen deutschen Ärmelschoner vor, der nach den deutschen Liedern vor dem deutschen Grammophon mit seinem deutschen Mägdelein durch seine deutsche Stube swingt? Das ist doch so wahrscheinlich wie ein blonder Neger, oder? Ungefähr so, als ob Sie Othello ›Heidenröslein‹ singen lassen.«

Erich freut sich über den gelungenen Vergleich, und Harry blickt ein wenig ratlos.

Doch Cycowski, der die ganze Zeit geschwiegen hat, sagt plötzlich lakonisch: »Warum nicht? Ein scheener Einfall. In der Synagoge haben wir sogar einmal ...«

»... dem Herren das lange Haar zu Locken aufgedreht, ich weiß«, fährt ihm Biberti ungehalten in die Rede. »Meine Herren, ist denn das so schwer in eure engen Rüben reinzukriegen, daß das ein total geniales Unternehmen werden kann? Ein klein bißchen Geduld und ein paar Wochen Übung, und das wird ein Riesending, ein absoluter Kracher. Klar, da liegt 'ne Heidenarbeit vor uns, aber endlich auch mal eine, die sich lohnt – dann werden wir mit goldener Nase durch die Welt spazieren.«

Ari hat etwas von Geld verstanden und ist wieder hellhörig geworden.

»Wann, Bob, wann wächst Goldnase? Wie Kindernase? Ein Jahr? Drei Jahr? Zehn Jahr? Ich kann nicht auf Nase warten, ich brauch Geld!«

Nein, womit hab ich das verdient, denkt Bob, daß ich auch noch die Amme geben muß, ach, segne ihn, o Herr, mit einem Schnipselchen Verstand, ich brauche diesen Dummkopf.

»Also, Ari, jetzt paß noch mal auf, ich mach es auch ganz langsam: Du hast goldene Kehle, hat dir Mama mit ins Bett gelegt, und zwar, damit du goldene Nase kriegst, und nicht, damit du Stimme ruinierst mit ewiges Herumgemeckere, klar? Du hast nur diese eine Gabe, und den Rest besorgt der liebe Onkel Bob für dich, kapierst du das jetzt endlich?«

Gut gebrüllt, Biberti, Ari senkt den Kopf: »Ja, Bob, ist gut; wenn du besorgst, ich mache mit.«

Die anderen sehen der Szene mit gespaltenen Gefühlen zu, Biberti hat bei seinem Auftritt Roman vorsorglich den Rücken zugedreht, um ihn nicht anblicken zu müssen. Der fällt auch noch mal von seinem hohen Roß, ganz tief sogar, warum macht er nicht selbst den Hofhund, unser feiner Opernstar, Provinzsolist, verdammter – Himmelarschundzwirn, es muß doch schließlich einer sagen, wo es lang zu gehen hat, denkt Bob und sieht zu Harry.

Im Gesicht von Frommermann steht Bobs verdienter Lohn geschrieben: maßlose Erleichterung. Denn Harry hat sofort gemerkt, was ihm mit Ari zugeflogen ist, viel mehr als eine kleine Nachtigall, wie ihn Biberti bei der Vorstellung genannt hatte. Und dieser Bob ist ein gewiefter Typ, der kann genau das, was mir abgeht. Wenn der wüßte, was ich meistens für ein Umstandspinsel bin – der würde mich sofort zu seinem zweiten Ari machen.

»Manchmal muß man regelrecht ein Machtwort sprechen«, murmelt Bob entschuldigend zu Harry, aber es ist nur eine geschenkte Geste an Cycowski und den unbeteiligten Collin, die immer noch betreten aus dem Fenster starren.

»Ja, da braucht man wohl auch diesen Baß, doch heben Sie sich noch ein bißchen davon für die Arbeit auf«, sagt Harry diplomatisch, und dann wendet er sich Roman zu und lobt ihn so ausführlich, daß es dem schon wieder beinah peinlich ist, ein Seelchen ist der eben, wirklich, aber Harry läßt nicht nach. »Solch einen Bariton hab ich noch nie gehört, im Ernst, so kultiviert, den muß man sicher selbst an großen Häusern lange suchen, woher haben Sie den denn?«

Roman strafft sich kurz und sagt nicht ohne Stolz: »Nun, wissen Sie, ich bin seit meine sechste Lebensjahr schon Sänger, seit ich damals eines Tages aus der Synagoge kam und auf dem Weg nach Hause ...«

Erich sieht gewohnheitsmäßig zu Biberti, läßt noch gerade rechtzeitig die Partitur zu Boden fallen, bückt sich und hat so den nächsten Sturm geschickt vermieden. Harry ist in seiner Freude auch schon mit dem nächsten Kompliment zu Collin unterwegs.

»Es klingt vielleicht ein wenig anzüglich, doch glauben Sie mir, es ist nett gemeint. Genau wie eben stelle ich mir Ihren Part vor, Ihr behutsamer Tenor soll nur ein wenig unterstützen, aufheben gewissermaßen, hin und wieder ausputzen, was die Kollegen manchmal überdeutlich auch an Schnitzern von sich geben, wissen Sie?«

»Nun brechen Sie sich hier mal keinen ab, Herr Frommermann«, antwortet Erich, kummervoll belustigt, »für mich zumindest nicht, ich weiß schon, daß ich kein Caruso bin ...«

»Nein, nein, Herr Collin«, Harry ist jetzt wieder förmlich, »sehen Sie, jetzt haben Sie mich doch gleich mißverstanden, sagen wollte ich damit nur, ich bin sicher, daß Sie ideal zu dem Herrn Ari passen ...«, »Leschnikoff«, knurrt Ari kurz dazwischen, »Ari Leschnikoff!«, »... ja, also, daß Sie den Herrn Leschnikoff und auch den Bariton von Herrn Cycowski wunderbar ergänzen, so etwas ist fast noch seltener als eine große Stimme.«

Harry beißt sich auf die Zunge, aber Erich hat ihn längst verstanden.

»Wie gesagt, Sie brauchen sich für mich nicht umzubringen, ich bin nicht so empfindlich wie manch andere«, sagt er genüßlich.

Er wirft einen Blick auf seine Freunde und steckt sich doch noch die Zigarettenspitze in die Lippen, um zu zeigen, daß er sich von solchen Kleinigkeiten nicht die Contenance vermasseln läßt.

Ein schwerer Schatten löst sich von der Wand, Bob fühlt, daß ihm die Initiative aus den Händen gleitet, wenn er nach der Einlassung von Collin nicht das letzte Wort behält, er geht auf Harry zu und wispert leicht gekränkt: »Na, Mensch, dann haben wir uns wohl auf wunderbare Weise hier gefunden, da hätte ich ja gar nichts unternehmen müssen, sicher wären die begnadeten Kollegen ohnehin in Kürze ganz groß rausgekommen, so, wie die zusammenpassen, hoffentlich stör ich da nicht noch? So, nun aber mal im Ernst, wir werden uns doch nicht von Zickigkeiten oder solchem Kinderkram ins Bockshorn jagen lassen – los jetzt, Harry, nun mal Klartext, oder ooch, wie die Pariser sagen, Sense Phrase, also noch mal: Was muß ich als erstes managen, und wat kann ick sofort in unseren Angelegenheiten machen?!«

Bob klatscht theatralisch in die Hände und mimt

den geborenen Durchreißer. Doch Harry druckst mit einemmal herum.

»Na, was denn, was denn«, rattert Bob, »gerade noch so unternehmungslustig, und jetzt ist der janze Schwung dahin, oh, Mann, ick sehe schon, um Sie muß ich mich also ooch noch kümmern.« Bob will keine Leere nach dem hoffnungsvollen Auftakt zulassen, er schubst die anderen drei ein bißchen rum: »Mensch, keene Müdigkeit, ihr Saftnasen, es geht um höhere Beträge!« Und zu Frommermann gewandt, fragt er noch einmal: »Also, Harry, ran an 'n Feind und uff ihn mit Gebrüll, was? Oder, wie der Hugenotte gern sagt – wo steht dat Klavier?!«

Und Harry antwortet mit Leichenbittermiene: »Voll ins Schwarze. Uns fehlt noch ein Pianist. Ich bin nämlich kein echter, ich kann nur ein bißchen klimpern und ein bißchen komponieren, reichen wird das nicht für unser Vorhaben.«

Doch Bob läßt sich jetzt nicht mehr einfach bremsen, er wähnt sich wieder im Besitz der Führungsrolle.

»Mensch, das fällt dir aber zeitig ein, vielleicht versuchst du es mal über 'ne Annonce«, Bob grinst gönnerhaft, »allerdings würde ich die nicht wieder alle herbestellen, das Geländer hast du schon beim letzten Mal verbummelt. Wenn die Treppe einstürzt, kannste ganz und gar dichtmachen.«

Amüsiert sieht Bob auf Harry, der nur stammeln kann: »Ich wollte eben eines nach dem andern machen, ist doch nicht soo unvernünftig.«

So, nun ist es doch noch klar Bibertis Tag geworden.

»Tja, da kannste sehen, daß man nicht immer nur akkurat sein muß, ein paar Tricks kennen eben nur die wenigsten. Na, laß dir darüber mal keine grauen Haare wachsen, Harry! Bob, der macht das schon.« Und dann sagt er zu Leschnikoff: »He, Ari, sag mal, kanntest du nicht diesen Klimperfritzen aus der Bar, ›Tapetenwechsel‹ oder wie die hieß? Da könntest du dich doch mal gleich verdient um unser junges Unternehmen machen, wie hieß der doch gleich?«

»Ach, Erwinchen«, sagt Leschnikoff, »ja, ja, verdient gut, viel Marie, der kommt aus reicher Stall.«

»Seht ihr«, sagt Biberti, »so lernt der bald besser Deutsch als wir, man muß es unserem kleinen Goldesel nur gut verklickern, etwa: ›Kommt aus reicher Stall‹, hat Geld wie Heu, Geld stinkt nicht und all so was.« Und dann sagt er noch zu Ari: »Na, Dragoner, warum reitest du denn noch nicht vom Kasernenhof, wie lange sollen wir noch auf deinen Tambour warten?«

Bob grinst Harry an; sieh hin, so muß man mit den Jungen umgehen, wenn man was erreichen will, Gefühle kann man sich da selten leisten.

»Und sag deinem gutbetuchten Freund auch gleich, daß wir uns sehr auf seinen freien Vortrag freuen – ich meine, daß er die paar ersten Male für umsonst vorbeikommt, sonst erwartet er vielleicht auch so 'ne Berta wie du selber.«

Ari ist schon an der Tür, ganz aufgekratzt ist er mit einemmal. Er spürt genau, daß Bob ihn vor den anderen herunterspielen will, gerade jetzt, wo es doch richtig auf ihn ankommt, und so ruft er im Hinausgehen noch übermütig: »Ach, das Erwinchen, das Erwinchen, ja, ja – für mich singt das sogar für nix Marie, Bob, wenn ich will! Obwohl der könnte in die besten Bühnen spielen, der ist ein Genie auf das Pianoforte, also, geh ich los und hole ihn, bis bald.«

Und trällernd wie einen frischverliebten Backfisch hören ihn die anderen die Treppe runterhüpfen. Harry ist erleichtert und denkt hoffnungsfroh, daß es bisher nicht hätte besser gehen können. Jetzt hör dir die kleine Ratte an, wird langsam aufmüpfig, der Kümmeltürke, denkt dagegen Bob. Für Erich ist das Ganze immer noch ein bißchen weder Fisch noch Fleisch, mit anderen Worten: wie als Sänger bei Charell. Und Roman denkt: Ist interessante Sache, aber jede Sache immer hat zwei Seiten, wie die Deutschen sagen; sing ich hier, ist nix mit großer Oper, sing ich große Oper, ist nix mit Marie – jetzt schmunzelt er ein bißchen und muß an das Schlitzohr Ari denken und den Pascha Bob. Tja, und dann freut er sich halt doch ein bißchen, wie der große Wicht dem kleinen Imperator da zu guter Letzt noch übers Maul gefahren ist.

Ari läuft den großen Straßenzug hinunter, zügig und entschlossen wirken die Bewegungen des jungen Mannes; schwerfällig und unsicher dagegen sind die Schritte, die sein Kopf versucht – ein Offizier vom Scheitel bis zur Sohle eben, würde Bob wahrscheinlich sagen. Der bulgarische Tenor schwankt noch immer zwischen Resten seines gestrigen Triumphes und der Angst, sich mit Biberti vielleicht doch zu heftig angelegt zu haben, als er in die Nebenstraße einbiegt. Erwins Haus steht etwas fremd in der sonst ordentlichen Gegend mit den kleinen Vorgärten. Durch einen solchen springt jetzt Ari, denn die Wohnung, in der Bootz sich eingerichtet hat, liegt im fast zugewachsenen Souterrain. Er schiebt das Kraut vor Erwins dunklem Fenster auseinander und klopft vorsichtig – erfolglos.

Ari hämmert etwas stärker an die Scheibe und erschrickt ein bißchen vor dem Lärm, den er an diesem stillen Vormittag in der verschlafenen Ecke macht; vorsichtig sieht er an den anderen Fenstern hoch, ob nicht ein aufmerksamer Mieter nach dem Rechten sieht. Der

Krach jedoch scheint unbemerkt zu bleiben, und Ari drückt das Fenster auf und schlüpft hindurch.

Er steigt ins »Kellerloch« hinab – zumindest nennt es Bootz nie anders – und tapst durch die Finsternis, nur langsam kann er Umrisse erkennen. Ari geht behutsam auf das Röcheln zu, das von der Wand herüberschnorchelt, stolpert über einen Schuh und fällt geradewegs ins Bett von Bootz, der sich nur ungerührt zur Seite dreht und weiter vor sich hin schnarcht. Donnerwetter, der muß sich ja wieder rumgetrieben haben, denkt sich Ari. Er rüttelt Bootz jetzt kräftig an der Schulter, der nur langsam wach wird, Leschnikoff erkennt und unwillig, doch kaum erschrocken, geradeso, als sei das die normalste Art, ihn in den Tag zu holen, belfert: »Mensch, bist du verrückt geworden, Ari, mich so mitten in der Nacht zu Tode zu erschrecken, ich hab heute eigentlich für einen anderen Schlafgast meine anspruchslose Kammer reserviert; ich war mehr auf ein Frauenzimmer eingerichtet, falls du das verstehst, und nicht auf einen jungen Mann mit Damenbart.«

Natürlich ist das alles Kauderwelsch für Ari, der so gut wie nichts verstanden hat und überdies verdammt in Eile ist.

»Mußt aufstehen, Erwinchen, sofort! Ist wichtig, ganz wichtig, Erwinchen! Sollst Pianist werden bei tolle Truppe, und ich erste Sänger!«

Bootz zieht an einem Schalter, und im Schummerlicht sieht er verkniffen auf die Standuhr.

»Sag mal, Ari, was ist los mit dir? Du hast wohl eine Schraube locker, es ist doch noch nicht mal Mittag! Wieso gehst du mir so zeitig aufs Gemüt?«

Doch Aris Augen betteln, Aris Hände ringen, Aris Füße trampeln.

»Erwinchen, bald ist schon Mittag. Du mußt kommen, unbedingt! Ganz schnell auf Probe mit die

Neuensemble. Große Sache, ehrlich, kannst du alten Freund vertrauen.«

»Wie groß denn, alter Freund?« fragt Bootz, schon aufgeräumter. »Fünf Mark, zehn Mark, zwanzig Mark pro Abend, na? Vertrag gleich mitgebracht, wo soll ich unterschreiben?«

Ari sieht gehetzt zur Uhr: »Wir müssen, Erwinchen, komm. Erstmal ist es noch umsonst, doch bald kommt dicke Berta angefahren, ehrlich.«

Klar, denkt Bootz und ist nun fast gerührt: »Ich weiß schon, Ari, außerdem, meinen verdienten Schlaf kann sowieso kein Mensch bezahlen, was soll's also, ich zieh mich nur an, und schon geht's los.« Dann dreht er sich noch mal zu Ari um und knarrt ihn, scheinbar unwirsch, an: »Sag mal, wie sieht das überhaupt hier aus? Warum hast du die ganzen Sachen so verstreut und meinen Sessel umgeschmissen, und ein Schuh ist auch verschwunden, man kann denken, es ist jemand eingestiegen!«

Bootz ist langsam aufgetaut und hat jetzt richtig gute Laune, aber Ari zittert nur nervös.

»Nix eingestiegen, bin gelaufen, hab doch gar kein Geld gehabt fir Fahrschein, bitte, Erwinchen, mach noch ein bißchen schneller, ja, wir missen pünktlich sein«, fleht er im Wimmerton.

»Na, wird wohl doch die Katz' den Schuh gefressen haben«, plaudert Erwin weiter auf den völlig aufgelösten Ari ein, dann aber schlüpft er endlich in die Sachen und mit Ari aus der Wohnung.

»Schöner Gigolo, armer Gigolo« – noch immer leicht zerknautscht gibt Erwin musikalisch seinen Einstand auf dem rumpelnden Klavier von Harry. »Eigenwillig, ausgesprochen eigenwillig die Akkorde, die der Kasten von sich gibt. Na, macht nichts«, sagt er gönnerhaft, »Sie wollen ja sicher damit nicht nur einen Pianistenwettbewerb gewinnen, wenn ich mir das Aufgebot Ihrer Kollegen ansehe.«

Dann läßt er seine Finger mit geläufiger Brillanz über die Tasten hüpfen, von Jazz- und Swingetüden bis zur »Ungarischen Rhapsodie«, schlägt ein paar Ouvertürenklänge an, die er sofort verhackstückt, bietet ein Operettenpotpourri und persifliert es, parodiert ein donnerndes Finale und – klappt souverän den Deckel zu.

»So, meine Herren, damit stehe ich zur freundlichen Verfügung. Und was haben Sie zu bieten – außer keiner Gage, wenn ich Ari, ausnahmsweise einmal, recht verstanden habe?«

Sogar Bob fühlt sich ein wenig unwohl, Harry steht noch ganz unter dem Eindruck des Gehörten, Collin und Cycowski üben sich, wie immer, erst einmal in vornehmer Zurückhaltung – nur Aris Augen leuchten kindlich; stolz wie ein Galan nach einer unerwarteten Eroberung blickt er die Runde an.

»Na, Bob, hab ich nicht zuviel versprochen, nich?«

Biberti tut, als hätte er den kleinen Seitenhieb gar nicht gespürt, und blickt zu Frommermann, der muß ja schließlich etwas sagen.

»Also«, räuspert Harry sich, »das ist ganz zweifellos beeindruckend, vielleicht sogar zu eindrucksvoll für unsere Zwecke.«

Aber nun versteht natürlich Bootz kein Wort.

»Was meinen Sie, Herr Frommermann, was soll das heißen – zu gekonnt? Das gibt's doch nicht, das ist doch Quatsch – zu eindrucksvoll!«

»Doch, Herr Kollege, so was kann es unter Umständen schon geben«, antwortet ihm Harry höflich, aber sehr bestimmt. »Ihr Spiel ist ausgesprochen imponierend, nur, wir wollen einen völlig neuen Stil probieren, bei dem keiner das Ensemble dominiert, einen bisher noch nie gelungenen Zusammenklang verschiedener Stimmen, bislang einzigartig in Europa.«

Harry spult nun auch vor Bootz noch einmal seine neue Klanglehre herunter: »Das heißt, jeder muß wie nebenher erscheinen, sich zurücknehmen, selbst wenn er eine Stimme wie Caruso hat oder spielt wie Paganini.«

Aus dem Vogelkäfig krächzt zum Glück der Papagei bestätigend, denn bis zu diesem Augenblick fand Bootz die ganze Angelegenheit nicht gerade komisch, schließlich wollen die doch was von ihm, nicht umgekehrt. So aber ist die Spannung plötzlich aufgelöst, und er sagt gutmütig: »Verstehe, ist schon klar, Herr Frommermann, ich habe auch gar nichts gegen Europa, sehr im Gegenteil, denn nirgends stehen die Leute da so früh auf wie in Deutschland. Also, spiele ich halt wie auf Katzenpfoten, kein Problem, da, hören Sie mal«, und schon schlägt er den Deckel wieder hoch und spielt mit unglaublichem Sanftmut, beinah unhörbar, ein Medley rauf und runter.

»Wunderbar, genau, das ist die Tonlage, die stimmt«, schwärmt Harry sofort, denn jetzt fühlt er sich von Bootz verstanden, »nur, was war denn das für eine läppische Musik?«

»Wieso denn läppisch?« Bootz schwenkt eine Mappe. »Hier, ich hab noch ein paar mehr davon in petto, deutsche Schlager, kommen immer wunderbar an.«

Harry ist nicht sicher, ob ihn Bootz veralbern will oder es wirklich ernst meint, unsicher blickt er die anderen an.

»Warum denn nicht, klingt doch gefällig«, läßt sich Erich endlich wieder mal vernehmen.

Auch Roman steuert einen Kommentar bei und doziert: »Natirlich, kommt wohl immer auch noch darauf an, w i e man sie bringt.«

Nun kann natürlich Biberti nicht mehr länger hintenanstehen und sagt, ganz wieder ein Mann der Tat: »Völlig korrekt. Probieren wir doch einfach mal den einen oder anderen von Ihren Schlagern, ehe Sie es noch bedauern, daß ich Sie so früh bestellt hab.«

Dann blickt Bob zu Ari, aber Harry ist schon im Begriff, sie alle ans Klavier zu bitten: »Also schön, Herr Bootz, dann lassen Sie mal sehen. Welchen wollen wir vielleicht zuerst versuchen, den da?«

Bootz legt eins der Notenblätter auf den Ständer, alle schauen hinein und fangen leise an, »Veronika, der Lenz ist da« zu trällern, auch der Papagei tut wieder mit, doch Harry bricht die Übung sofort wieder ab.

»Um Gottes willen, das klingt ja so wie ›Wer hat dich, du schöner deutscher Wald ...‹, da lassen wir den Papagei gleich lieber selber singen, das hat mehr an Kunstsinn. Nein, nein, es klingt eher so, als müßte man das alles wahrscheinlich neu arrangieren, völlig anders. Singt doch spaßeshalber mal eine Synkope rein, ›Vero-nika, der-Lenz-ist-*tock*-da, die Vög-lein sin-gen trala-*tock*-la ...‹«

Sie wiederholen das Ganze, und es klingt kaum weniger gefährlich, aber immerhin sagt Bootz: »Das ist ein überlegenswerter Einfall – vielleicht machen wir für heute erst mal Schluß an dieser Stelle und verabreden uns für später wieder. Ist wohl auch ein bißchen viel auf einmal, für uns alle, glaub' ich – also, neues Spiel heißt neues Glück, was meinen Sie?« Er blickt zu Harry.

»Nun ja, wissen Sie, Herr Bootz«, sagt der mit grottentiefem Ernst, »in der Musik gibt's leider keinen schönen Zufall wie im Spiel, sondern nur Disziplin und harte Arbeit, wenn man etwas Großes schaffen will.«

Fast feierlich hat er das aufgesagt, wie einen Schwur, und Bootz will gerade etwas Angemessenes erwidern, als es an die Wand bumst und die Nachbarsstimme wieder einmal ruft:

»He, Frommermann, sind Se jetzt vollkommen verrückt jeworden, gleich een janzen Haufen von Ihre Beschnittnen hochzuschleppen, jetzt schlägt's aber langsam dreizehn!«

»Stimmt«, sagt Harry und muß nach dem ersten Schreck nun doch ein bißchen lächeln, »stell ich jeden Tag die Uhr nach – zuverlässig! Apropos«, er wendet sich noch mal an Erwin: »Toll, Herr Bootz, Ihr Spiel hat mir den größten Eindruck hinterlassen, aber – ohne Zuverlässigkeit geht leider nichts. Ich sitze selbst die Nächte durch, und die Kollegen wissen auch noch nicht, wie sie die Proben am Theater, ihre Auftritte und unsere Arbeit unter einen Hut bekommen, also, kann ich mich auf Sie verlassen?«

Ari hüstelt in der Ecke, und auch Bob scharrt mit den Füßen. »Glauben Sie, Herr Frommermann«, entgegnet Bootz, »ich hätte kein Gespür für Dinge, die es wert sind, sich auch mal ein bißchen abzustrampeln? Trotzdem, warten Sie bis nächste Woche, lassen Sie das alles ruhig noch ein bißchen abhängen; ich denk inzwischen über ein paar ihrer Neuarrangements nach – was ich so gesehen hab, da scheint mir noch 'ne Menge Wasser drin zu sein, na ja, das kriegen wir wohl schnell raus.« Dann verabschiedet er sich mit einem kurzen Schwenk über die anderen Gesichter: »Wo Sie mich finden, wissen Sie ja nun, vor allem – wann! Sie können wirklich auf mich zählen. Wiedersehen.«

Und weg ist er, Collin und Cycowski stehen, nicht gerade unfroh, aber doch ein bißchen irritiert, vor dem

Piano, Ari strahlt still vor sich hin, und Bob ruft in das Schweigen: »Na, was habe ich von Anfang an gesagt? Genau das ist er, unser Mann, hab ich sofort gesehen. Ein Musenkind, so leicht, so elegant, den muß man eben auch nur richtig führen, dann ist der Gold wert, keine Sorge, Harry, Bob, der macht das wieder. Hab ich ihn herangeschleppt, dann mach ich ihm auch Dampf, dem Schlafmütz.« So, denkt er, das muß fürs erste zur Erbauung ooch für heute reichen, aber Harry sieht noch immer etwas miesepetrig drein. Daher setzt Bob hinzu: »Ist ja hoffentlich nicht wegen dieser Partituren? Freu dich doch, daß der mit drauf guckt, vier verträumte Augen sehen mehr als zwei.«

Harry schüttelt nur den Kopf und deutet auf die Nachbarswand.

»Hier werden wir nicht bleiben können«, sagt er deprimiert, »der Bootz denkt doch nach diesem Auftritt sicher, daß ich einen Vogel habe.«

»Haste doch auch«, meldet sich Biberti. »Na ja, die Bude ist natürlich nicht gerade der ideale Probenraum, doch wegen dem da ziehen wir nicht gleich um.« Und dann geht Bob mit vorgeschobener Brust auf Harrys Nachbarswand zu, schlägt so drei- bis siebenmal dagegen und dröhnt mit dem tiefsten Baß: »Hat da vielleicht ein Floh gehustet, ich kann gerne rüberkommen und ihn knacken helfen!«

Ruhe auf der anderen Seite, sogar Roman blinzelt Erich an und grinst.

»Daß mir das nicht noch mal vorkommt«, brummt Bob ein furchterweckendes Dacapo, dann sagt er zu seinen drei Kollegen: »So, ihr Lebenskünstler, raus mit euch und rin in die Kantine, unsere Pflicht ruft. Sonst fall ich demnächst total vom Fleisch, wenn ick vielleicht jetzt wegen euch auch noch aus unserem wunderbaren Chor geschmissen werde.«

Er schiebt alle drei in Richtung Tür und muntert Harry auf: »Nun machen Sie's mal gut bis nächste Woche, Harry, Kopf hoch, hören Sie auf einen alten Hasen: Lassen Sie det allet erst mal so een bißchen abhängen, im Ernst, mein ältestes Rezept – so, Tempo jetzt, bis später, Tschüß.«

Und schon schubst er die anderen auf die Treppe, Harry schließt die Tür und ist allein wie immer.

Elsa, denkt er, könnte vielleicht helfen. Ihre Mutter ist oft Monate in allen möglichen Gefilden unterwegs, und dann steht die ganze Bude Tag und Nacht leer, eine wahre Schande, ein Verbrechen an der Kunst, an meiner ganz besonders. Während andere sich mit bekloppten Nachbarn ärgern müssen und sich an der Decke fast die Stirn einrennen, gruselt sich der Diener im verwaisten Heim. Ich werd sie fragen, muß ich ihr halt noch ein bißchen was von Liebe flunkern. Gott sei Dank wohnt sie am anderen Ende, gar nicht auszudenken, wenn sie mich mal zufällig mit Erna sehen würde! Oder umgekehrt, noch schlimmer! Immerhin, der Erna könnt' ich es erklären, die versteht was von Musik und ist gebildet – die würde wahrscheinlich sogar mit mir um die Sache kämpfen.

Schon steht er in der Tür und seinem Mantel, kehrt noch einmal um, steckt dem Papagei, wie immer, ein paar Krümel in den Käfig und macht sich auf in Richtung Musikalienhandlung.

So spontan, wie Harry losgelaufen ist, um Erna wieder einmal seine Aufwartung zu machen, so geschwind verläßt ihn die Courage, als er einen Umriß durch die Schaufenster erblickt, der ihm bekannt vorkommt. Eine Erscheinung, die sich leider schnell als imponierend echt erweist und grinst, als Harry nun beklommen in den Laden tritt.

»Na, Harry, was hab ich gesagt, ich bin schon viel, viel länger hinterher – ich meine, hinter ihren Platten«, trötet Bob ihm, etwas laut, eine verräterische Spur zu unbeschwingt vielleicht, entgegen.

Auf dem Plattenteller dreht sich *Dinah*, eine langsame, besonders eingängige Nummer der Revellers, und Biberti greift, nachdem er sich in aller Form verbeugt hat, Erna stürmisch um die Hüften und schiebt sie im Wiegeschritt zur Ladenmitte.

»Kommen Sie nur, Frollein Erna, keine Müdigkeit, wir machen das gleich noch mal«, einmal hin- und einmal hergebalzt, und Bob hebt Erna übermütig einen Augenblick auf seinen Arm. »Schwebende Jungfrau«, sagt er, »hoffe ich zumindest«, oh, frivol ist mir am Mittag, und das Frollein Erna bettelt in gespielter Ausweglosigkeit: »Ich will sofort wieder herunter, Bob, Sie Wüstling, wenn das die Frau Grünbaum sähe, wäre ich noch heut entlassen.«

Harry steht verlegen in der Tür, er ist natürlich überrascht, Biberti hier zu treffen, noch mehr allerdings, daß Erna sich mit Bob, wie's scheint, aufs beste amüsiert.

Nun macht ihr Bob gar noch ein anzügliches Angebot: »Dann nehme ich Sie auf, und meine Mama kocht für Sie so lange, bis Frau Grünbaum Sie auf Knien bittet, wieder reihenweise junge Plattenkäufer vor den Ladentisch zu locken«, er hat jetzt beinah schon etwas Wieherndes, er tänzelt, bläht die Nüstern wie ein junger Hengst und schlägt nach seinem Konkurrenten aus: »Ach, traumhaft, Frollein Erna, ihr Musikempfinden. So verständig, locker, ja, so elegant, die blanke Anmut. Ach, wir sollten weiter üben, eines Tages ...«

Knacks, die Platte ist zu Ende, Erna löst sich aus der heftigen Umarmung Bobs.

»Nun, das glaub' ich auch, Sie Draufgänger, Sie sollten tatsächlich noch ein paar Stunden nehmen, wenn Sie wirklich mal mit Eleganz zum Ziele kommen wollen – vielleicht gehen Sie bei Harry in die Schule, der weiß, wie man Frauen nehmen muß, der hat mich neulich sogar bei der Chefin rausgehauen, als sie uns beim ...«

Erna unterbricht sich kichernd und gickst zum Regal zurück – jetzt guck dir dieses Früchtchen an, denkt Bob für einen Augenblick gekränkt, die hat es doch tatsächlich faustdick hinter ihren grünen Löffeln und macht einen auf Studentin, kleines Biest, von wegen Erna Rührmichnichan, niederstes Semester, ich durchschaue dich.

»Sehr gern«, sagt Bob gequält, »ich schätze jede Schule. Übrigens, bei welcher Fakultät studieren Sie denn eigentlich, ich meine, im Moment so, weil, Sie sind ja ganz bestimmt sehr vielseitig, nicht wahr?« ätzt er ein bißchen.

Hat ihn Erna also tatsächlich getroffen – doch die lächelt nur und sagt ganz unbekümmert: »Wie es kommt, Herr Robert, mal das Leben, manchmal die Musik, dann wieder Kunst ...«

»Auch Männer?« fragt Biberti.

»Sicher doch. Auch Männer. Das kommt sogar oft vor!«

Und Biberti, längst schon wieder routinierter Kleindarsteller, spielt den überraschten Sittenwächter: »Hoffentlich doch nur als Kunstobjekte, Frollein Erna, oder fällt etwa ein Mann wie Harry schon in die Abteilung Leben?«

Erna, nun ganz wohlerzogene Seminaristin, antwortet: »Mein lieber Bob, Herr Frommermann ist ungefähr dem Leben und der Kunst um so viel näher, wie Sie offenbar von beiden noch entfernt sind.«

Bob, wie ein begossener Pudel, oder, sollte man in seinem Falle besser sagen, wie ein durchgeschwitzter Wallach, wendet sich mißmutig Harry zu: »Das traut sie sich halt nur bei Licht. Am Abend, unten auf den Havelwiesen, würde sie bestimmt nicht so ...«

Nun ist es allerdings an Harry, kurz zu grienen, und Erna springt ihm bei: »Ach, wissen Sie, am Abend widme ich mich lieber einem Buch, Bob, falls Sie wissen, was das ist!«

»Sicher, jedenfalls die Bücher, die Sie meinen: so papierne Langweiler mit sieben Siegeln, wie Harry beispielsweise, oder? Sehen Sie, ich lese eben lieber in den Augen wirklich schöner Frauen, die wissen, was sie wollen, da kriege ich das Leben schneller buchstabiert als zwischen diesen Pappdeckeln.«

Bob merkt, daß er bei diesem Wettbewerb auf die Verliererstraße rast, und die scheint eine echte Rennstrecke, denn jetzt fährt ihn Erna ein für alle Male an die Box.

»Ach, Bob, geliebter Analphabet, wenn Sie wenigstens erst mal soweit wie Harrys Papagei sind, schulen wir Sie beide ein.« Darauf zuckt Biberti allerdings tatsächlich kurz zusammen. Soweit sind die beiden also schon, denkt er, dabei will Erna sich nur für die freche Jungfrau von vorhin ein bißchen revanchieren: »Vor allem, wenn Sie irgendwann mal so diskret wie Paganini sind, Bob, und nicht schon so früh am Tag herumkrähen.«

Na, fürs erste reicht es Bob, nachdem sich der Wind so hart gedreht hat; doch auch Harry fühlt sich nicht gerade wohl in seiner Haut.

»Komm, Bob, wir gehen, die Probe ruft, auf Wiedersehen, Frollein Erna«, nein, das neckische Gefrozzel ist nun wirklich nicht gerade seine Stärke.

Biberti, der die Schwäche wittert, ranzt nur: »Nett, daß du mich abgeholt hast, Segelflieger, sonst wär ich vielleicht bei ihr gelandet, notgelandet, mein ich. Vielleicht habt ihr noch was zu besprechen – ich kann warten.«

Mit bedeutungsvollem Nachdruck hat er das natürlich vor sich hingegrummelt, aber Erna hält den Kombattanten schon die Tür auf, und zum Abschied zwitschert sie: »Wiedersehen, ihr beiden – aber bitte nur mit ordentlicher Voranmeldung.«

Dann klingelt es im Rücken unserer frischverliebten Gockel. Erna schließt die Tür, und Bob scheint vollständig verzaubert.

»Ist die klasse, Mann! Ich kenne die jetzt schon 'ne ganze Weile, weißt du, Harry, aber die denkt immer noch, sie macht dem alten Bob was vor. Na ja, so sind die jungen Dinger eben, oder was meinst du?«

Doch Harry läuft nur mit gesenktem Kopf neben Biberti her und murmelt vielsagend: »Ach, weißt du, witzig ist wohl doch was anderes, Bob.«

Und während er noch überlegt, ob ihn Biberti oder eher Erna auf die Schippe nimmt, sind sie schon um die Ecke und inmitten des Getümmels an der Haltestelle – nun fordert nicht mehr ihre kleine, jungenhafte Eifersucht, vielmehr das große, eindrucksvolle Katz-und-Maus-Spiel mit dem Schaffner ihre ganze Wachsamkeit.

Aus dem Fenster schwebt die *Schöne Isabella von Kastilien*, am Klavier sitzt Erwin Bootz und schickt ihr ein verspieltes Ständchen hinterher, von oben hämmert ein Banause an die Decke, und Biberti sagt zu Harry: »Fühl dich wie zu Hause, Junge.«

Alle grinsen, denn obwohl sie sich nun wahrlich nicht so lange kennen, daß sie sich fast ohne Worte, nur mit einem Blick, verstünden, merken sie an solchen kleinen Episoden doch, daß sie zwar eine kurze, aber schon gemeinsame Vergangenheit besitzen. Sicher, die zählt erst nach Wochen, aber wenn man täglich stundenlang die gleichen Töne dehnt, dann können sich auch scheinbar kurze Zeiten endlos lange hinziehen.

Harry nimmt zum wiederholten Male Anlauf, einen akrobatisch hohen Ton zu demonstrieren, doch die Stimme stürzt erneut in ungewisse Tiefen, fällt vom schlingernden Niveau hinab, genau der Mutter von Biberti vor die Füße, die erschrocken in das Zimmer tritt, als Harrys schriller Ton zerspringt. Sie sieht, daß Ari ziemlich hämisch in der Ecke lümmelt, und gerade noch, wie Bob ihm einen aufgebrachten Blick hinüberwirft, und schon versucht sich die betagte Dame als entschlossene Friedensstifterin im Dienst am unverstandenen Sohn.

»Ach, Robert, ihr singt wunderbar, ja, wirklich, ganz entzückend, allerdings, muß es denn wirklich immer wieder dieses ewig gleiche Liedchen sein? Herr Hartmann hat sich schon beschwert und mir gedroht, euch rauszuwerfen«, sagt sie, leicht bekümmert.

Aber Harry gibt mit dem Gesicht der eingeschnappten Muse säuerlich zurück: »Ja, Frau Biberti, manche Sachen m ü s s e n eben sein. Vollkommenheit entsteht allein durch Übung – Wiederholung ist die Mutter aller Weisheit – das wissen Sie doch selbst als Künstlerin, nicht wahr?«

Na, jetzt fühlt sie sich geschmeichelt, das hat der Frommermann gar nicht schlecht gemacht, denkt der schon fast verlorene Sohn, doch seine Mutter sagt: »Freilich, Harry, das versteh ich schon, nur das Gequäke, jedesmal am Anfang, muß das wirklich sein, da kann ich den Herrn Hartmann ja sogar verstehen«, jetzt blickt sie schnell entschuldigend zu Bob – zu spät, denn nun ist es heraus!

»Gequäääke? Haben Sie gesagt, Gequäke, Frau Biberti?« belfert Harry, und noch bevor Bob vermitteln kann, hat Ari endlich seinen langersehnten Auftritt und beginnt zu krähen.

»Genau, ich finde das schon längst zum Kotzen! Ewig dieser gleiche Quatsch, ich habe Gold in Kehle, hast du selbst gesagt, Bob – ich bin Kiinstler und nix Kasper, ich hab Schnauze voll, und alles ohne Berta, Blödsinn!«

Aris Bärtchen wippt, bis Bob sich einmischt: »Also, Leutnant, gleich fällt dir dein Faden von der Lippe, halt jetzt lieber mal den Rand, ja – das ist nämlich nix bulgarische Kaserne hier, verstehst du?« Dann geht er auf seine Mutter zu und nimmt sie in die Arme: »Und das würd ich dem Herrn Hartmann auch empfehlen; könnte sich sonst noch ergeben, daß wir ihn vielleicht demnächst hinausschmeißen, stimmt's, Harry?«

Er nimmt seine Mutter in den Arm, summt die *Schöne Isabella* und schiebt sie zur Tür; für Harry aber ist der Fall damit natürlich genausowenig erledigt wie für Ari. Doch bevor die beiden richtig aufeinander losgehen können, tritt auf einmal Erwin grinsend aus dem Schatten.

»Also, Frau Biberti, ich will ja nicht drohen, aber wie es aussieht, müssen wir uns wohl zum Ersten trennen, tja, das haben Sie sich alles selber zuzuschreiben, ich treib Ihren Sohn nicht in die Arme dieser losen Frauenzimmer ...«

Jetzt trifft ihn ein böser Blick von Bob, der seine Mutter nun schnell auf den Flur hinauskomplimentiert und, als sie wieder unter sich sind, wütend fragt:

»Ja, sagt mal, seid ihr denn jetzt alle endgültig verrückt geworden? Erst spielst du dich wie Napoleon vor meiner Mutter auf, du abgebrochener Zwerg«, beschimpft er Ari, »also nee, so alt und noch so blöd, es ist doch wirklich nicht zu fassen. Und dann fängst sogar du noch an und machst hier einen auf verrucht«, lenkt er auf Erwin über, »was ist denn passiert? Wenn ich nicht wüßte, daß ihr euch nicht mal ein Frühstück leisten könnt, dann würd ich denken, euch hat jemand was ins Essen reingerührt, verdammt!«

Na ja, das kennen sie nun schon, wenn Bob sich aufregt, kurzer Sturm und hinterher die große Flaute, aufgepaßt, gleich weiß er wieder nicht mehr weiter.

»Sag mal, wie hast du das eigentlich gemeint, das mit den losen Frauenzimmern, ausgerechnet hier vor meiner Mutter?«

Na, da haben wir es wieder, bitte, Erwin fährt sich siegessicher durch die Haare.

»Also, Bob, jetzt paß mal auf: bei Harry mußten wir ja nun mal raus, da beißt die Maus keen Faden ab, bei Elsa ging es eben auch nicht mehr, und bei dir sieht es so aus, als wäre es auch nur noch eine Zeitfrage, bis wir hier rausfliegen. Na ja, da haben wir uns etwas ausgedacht, das ewig geht – der Ort ist endlich einmal was Solides, weil, die Branche hat schon eine tausend Jahre alte Tradition ...«

»... zweitausend, mindestens«, fügt Erich aufgekratzt hinzu. Und Bob steht blöd in seinem Zimmer und versteht nun überhaupt kein Wort mehr. Hochgenuß, in welches der Gesichter man auch sieht.

Bootz hilft noch einmal nach: »Nun, Langsamkeit ist keine Schande, sieh mal, Bob: vielleicht ist dir schon aufgefallen, daß ich ja auch selber manchmal etwas spät dran bin. Das ist, weil ich gelegentlich in einem Etablissement verkehre, dienstlich, also, nicht, daß du jetzt gleich was Falsches denkst – das könnte ich mir gar nicht leisten.«

Erwin kichert, langsam wacht Biberti auf, ungläubig fragt er: »Was?! In einem Puff sollen wir die Proben machen? Seid ihr jetzt tatsächlich alle wahnsinnig geworden? Wenn das meine Mutter mitbekommt!«

Bob scheint ganz aufrichtig entsetzt, doch nun geht Erich ein paar Schritte auf ihn zu und flüstert schlüpfrig: »Keine Bange, Bob, ich führe dich da langsam ein«, fast sieht es aus, als müsse Erwin aus dem Zimmer, und dann nimmt Collin auch noch den Tonfall von Bibertis Mutter auf.

»Es ist ganz einfach, Robert, wir verkehren da gelegentlich schon, keine Angst, mein Junge.«

Nun können sie nicht länger an sich halten, Bootz und Collin prusten los. Noch immer gibt sich Harry schwer gekränkt, Cycowski schaut verständnislos zu Bob, der fühlt sich gerade dadurch ausnahmsweise mal von ihm verstanden und sieht voller Dank zurück. Und Ari, tja, der lacht wie immer mit – doch diesmal ist Biberti unsicher, ob Leschnikoff nicht ausnahmsweise einmal sogar weiß, warum.

Ramona sitzt in ihrem Sessel und blickt Erwin mütterlich, gewissermaßen puffmütterlich, an, dann aber fragt sie unnachsichtig: »So, so, kostenlos, natürlich! Wie denn sonst! Und dafür holst du mich hier mitten in der Nacht aus meiner Falle, ja?«

Sie fischt sich eine Zigarette aus dem goldenen Etui und nimmt die Morgenzeitung, ohne sich um den betretenen Gesangverein in ihrem Vestibül zu kümmern, der sie mit dem frühen Antrag überrascht hat. Wie es aussieht, kann sich Erwin keine Hoffnung machen;

verlegen sehen sich die Männer in dem plüschverhangenen Etablissement ein wenig um.

Die Wände sind reihum mit farbigen, frivolen Zeichnungen bebildert, über jeder zweiten sieht man eine kleine, tuchverhangene Lampe, in der Ecke steht ein bräunliches Klavier, der Deckel ist noch aufgeklappt. Auch über das Piano hat die Inhaberin eine Darstellung gehängt, ein Bild von einer Frau gewissermaßen, das den Mann da am Klavier allabendlich ganz offenbar befeuern soll, denn eine nackte Lady, zwischen den Lippen einen dicken Zigarillo, um den Hals ein Bändchen, schiebt sich darauf schmachtend über den bräunlichen Pianodeckel in die Richtung des Klavierhockers.

»Es ist ja immerhin schon Nachmittag«, sagt Bootz, sonst eher selbst Verwechslungen der Tageszeit um diese Stunde ausgesetzt, »nun sei doch mal nicht so, Ramona; erstens ist es nicht für ewig, zweitens kannst du es ja irgendwie verrechnen.«

Die Patronin setzt sich nun, den Morgenrock gerafft, die Lippen leicht geöffnet, auf: ein schwerbrüstiges, nicht mehr ganz so frisches, doch noch immer hübsches Frauenzimmer, hier und da schon ein paar Stellen, und natürlich ungekämmt, verknittert, eben wie gerade aus dem Bett gestiegen.

Sie beugt sich vor und lächelt kokett: »Verrechnen, Erwin, wie denn? Oder besser, was denn? So, wie du im voraus abkassiert hast, spielst du noch als Rentner deine Schulden bei mir ab.« Die andern kichern, Erwin ist es sichtlich peinlich, und Ramona legt noch einen drauf: »Ach, Erwin, Süßer, mach dir nu ma nich so große Sorjen, mußt ja nicht die ganzen Mäuse mit Klavierspielen berappen, jibt doch ooch noch andere Klaviaturen, die du beherrschst, wat? Deshalb hab ick ooch so een großet Herz für dich, mein kleener Künstler, du!«

Na, das ist gerade noch mal gut gegangen, Bootz,

geschmeichelt, dreht sich nach den anderen um, dann geht er auf Ramona zu und legt ihr couragiert die aufgeregten Hände auf den Busen.

»Gut, dann gib ihm mal 'n kleinen Stoß, dem großen Herzen ...«

Roman hüstelt angestrengt, Ramona schnieft – ach, Roman und Ramona, ja, das klänge gut, ein Pärchen aber werden sie wohl nie – und schließlich zieht Ramona Harry in den Sessel, und dann korrigiert sie: »Hier stößt so manchet, Erwin, aber nich mein Herz, verstehste, apropos: zur Stoßzeit jeht et sowieso nich, also höchstens vormittags – damit du ooch mal weest, wie Frühuffstehen schmeckt.« Dann verschränkt sie seufzend ihre Arme vor der Brust und wimmert wogend: »Na, da bin ich wieder mal zu gutmütig, wie's scheint, ich komme eben nicht über den eigenen Schatten, war schon immer mein Problem.«

Wie auch, bei dem Busen, denkt Bob, und Ari lächelt süßlich. Erich greift nach seiner Zigarettenspitze und wirft ihr ein Zwinkern zu, Erwin murmelt: »Klasse, schon am Vormittag, Ramona, danke schön!«

Sie weidet sich am Anblick der Jungmännerriege und an Bootz' Entsetzen, dann sagt sie: »Oder ganz spät. Ab drei Uhr morgens meinetwegen.«

Ist schon besser, denkt sich Erwin, brauch ich nachts nicht erst nach Hause, bleibe ich gleich hier und schlaf mich morgens nach der Probe aus – und nun trumpft er so richtig auf.

»Nicht o d e r – u n d, Madame!«, ruft er, und jetzt ist das Entsetzen bei den anderen groß. Doch eh' sie protestieren können, läßt »Madame«, wie zufällig, die Schöße ihres Morgenmantels fallen, ungefähr in Hüfthöhe verschwindet ihre Hand und kommt mit einem Schlüssel hinterm Rücken wieder vor – da schweigt des Sängers Höflichkeit gleich doppelt.

»Aber eines mußt du mir versprechen, Harry«, sagt Ramona amüsiert, »wenn ihr mal, irgendwann, nur halb so wichtig und berühmt seid, wie du jetzt schon tust, dann spielt ihr meinen Mädels auch mal gratis auf, versprochen?«

Harry guckt sich nach den immer noch verstummten Kameraden um, und dann erwidert er: »Versprochen, Mutter, wie du willst. Wir sind ja nun mal von Berufs wegen auch ein Sextett. Und hinterher, da singen wir sogar für sie!«

Na endlich, hat er sich doch noch mal revanchieren können, sogar die Chefin gratuliert.

»Gar nicht so schlecht, mein Junge, aber – sag nie wieder Mutter zu Ramona, sonst spann ick dich mal so ein, daß du sowieso nischt andret mehr als Arien singen kannst, falls de verstehst, wie ick det meine, ja? Ach so, und dann noch eens: Ihr könnt umsonst hier üben bis zum Umfallen, jeht in Ordnung, aber wann jearbeitet wird, dat bestimme ick, klar? Finger weg von meine Mädels, streichle deine Elfenbeene, Erwin, sonst muß ick den Schutzmann holen. Falls de Sorgen oder Druck hast, weeste ja, denn kannste immer kommen – is mal logisch: wenn ick helfen kann, dann helf ick ooch! Bin eben doch zu gutmütig, na ja, dat habe ick wohl schon jesacht.«

Die Treppe knarrt, ein Vorhang raschelt, hinter ihm erscheint ein gähnendes Gesicht.

»Mensch, Mona Lisa, wenn de abends mal so unterwegs wärst! Nu sei mal nich janz so neugierig und zische wieder ab, die Herren komm' jetzt öfters, kannste schön die Unruhe bewahren, is wahrscheinlich eher deine Zeit, wenn die hier üben.«

Erich aber ruft »Chantal» und will zur Treppe.

»Hiergeblieben«, kommandiert Ramona, »und vor allem: keine Namen, junger Mann. Und falls Sie es so schnell vergessen haben – ick bestimme, wann jearbeitet wird. Und nun nimm die Knusperköppe mit und klau mir nicht die Morgenruhe, Erwin. Wiedersehen!«

Dann schlägt sie ihre Zeitung zu, geht ausgerechnet auf Cycowski zu, der prompt knallrot wird, steckt ihm das geknickte Blatt in die Tasche.

»Junger Mann, Sie haben wenigstens Manieren, man sieht gleich, daß Sie aus gutem Hause kommen – nicht so wie die beiden da«, sie weist auf Bootz und Collin, die sich kurz entrüsten wollen. »Aber Sie sehen trotzdem so ein bißchen aus, als ob Sie mal 'ne neue Stellung ausprobieren sollten, gucken Se doch einfach hier in den Annoncenteil, da hat schon mancher unverhofft sein Glück gefunden. Und wenn nicht, so sind Sie auch in meinem guten Hause jederzeit willkommen.« Dann nestelt sie an ihrem Morgenrock herum, daß Roman augenblicklich freiwillig zu den Polacken flüchten würde, wenn er könnte, dreht sich um, grinst Erwin unverstellt und lüstern zu und sagt noch einmal: »Jetzt haut endlich ab, ihr halben Hähne, eh' sich Muttern det noch anders überlegt.«

Erwin hat es plötzlich ziemlich eilig, seine Jungs zur Tür hinauszuschieben.

»Bis morgen also«, sagt er hastig, »muß noch mal zur Post, ob meine Mutter mir geschrieben hat.«

Dann stürzt er um die Ecke, und Ramona haucht: »Das geht schon klar, mein Junge, also – bis morgen, Schlüssel hast du ja nun.«

Inzwischen ist es Nacht, spätnachts geworden, Bootz sitzt am Klavier und sieht ein bißchen wie Ramona am Vormittag aus, die eben einen Kunden vor die Tür begleitet hat und sich nun in den großen Sessel lümmelt, um ein wenig zuzuhören. Erwin schlägt die ersten Takte an, *Veronika, der Lenz ist da*, beginnen jetzt die anderen fünf zu wimmern, jeder ist bemüht, zu dieser späten – oder besser frühen – Stunde nicht nur sich, sondern vor allem seine schlaftrunkene Stimme wach zu trällern. Klingt ja wie een halbet Dutzend Haremswächter, denkt Ramona, oder wie een Katzenwurf, sie gähnt jedoch nur und sagt nach ein paar Minuten nichts als: »Nacht, ihr Lerchen, wird bestimmt 'ne dolle Nummer.«

Unauffällig gibt sie den verbliebenen jungen Frauen noch einen Wink und steigt die Treppe hoch, um hinter dem bekannten Vorhang zu verschwinden.

Unten aber ist mit ihr die Andacht erst einmal dahin, über den Jordan, wie sich Harry hin und wieder aufregt, wenn sich auf den Proben ein Desaster anbahnt. Denn die Aufmerksamkeit richtet sich nun – ganz natürlich, ja, so muß man es wohl sagen – auf das amüsierte Publikum. Als erster löst sich Erich aus der steifen Formation, wohl weniger aus Unlust, ganz im Gegenteil, wohl eher aus Gewohnheit, denn Chantal hat sich aus ihrem Plüschmöbel erhoben und wirft ihre Mähne einmal hin und einmal her. Collin stößt noch ein paar verhunzte Töne aus, dann aber bricht er ab und stakst vom Podium herunter. Ari zögert keinen Augenblick, hört ebenfalls zu singen auf, blickt sich nach einem Mädchen um und sagt zu dem verblüfften Harry: »In bulgarisches Lokal, da singe ich manchmal in Pause, und hier mach ich manchmal Pause, wenn ich singe«, und dann setzt er sich in den geräumten Sessel von Chantal, holt eine Schachtel aus der Hand und bietet dem ihm nächsten Mädchen eine Zigarette an.

Vor lauter Wut bringt Harry erst einmal kein Wort heraus. In Bob formt sich ganz langsam die Philippika, die den Verräter Leschnikoff vernichten wird. Und

Roman denkt darüber nach, warum er nicht der Oper treu geblieben ist. Nur Erwin nimmt das Ganze etwas leichter – wie es sich für diesen Ort gehört –, er hat ihn schließlich vorgeschlagen, und so sieht er Aris weltmännischen Kaspereien amüsiert zu.

»Ich bin Leila«, haucht das Mädchen mit verrucht gesenkter Kinderstimme, Erwin will ihr Alter lieber gar nicht schätzen. Das könnte bei der nächsten Überprüfung dumm ausgehen für Ramona, denkt er eben, und schon wird mit Schwung die Tür geöffnet, und im Eingang steht tatsächlich, dienstlich aufgeputzt, ein Polizist. Das Mädchen richtet sich in seinem Sessel auf, auch Ari sieht die Uniform und wird nun doppelt förmlich.

»Leschnikoff«, sagt er zu Leila, aber so laut, daß es bis zur Tür zu hören ist. »Ari Asparuch, Offizier und Künstler aus Bulgarien.«

Die Polizistenmütze landet auf den Locken Leilas, Ari sieht, wie sich das Mädchen lachend von dem Polizisten aus dem Sessel heben läßt, und hört noch, wie der Gendarm sagt: »Komm schnell, ich hab, wie immer, wenig Zeit. Muß in der nächsten halben Stunde aufs Revier zurück.«

Und schon springt er mit ihr die Stiege hoch, und Ari hört nur noch das Türschloß klicken. Er spürt etwas Heißes auf der Hose – doch auch der Versuch, die Glut noch hastig zu verstreuen, kommt für Ari viel zu spät: er brennt die neue Zigarette an und hadert mit der Welt. Die steigt als geballter Wille vom Podest herab und gibt ihm eine Vorstellung davon, wie schnell man in ihr untergehen kann.

Bob hat längst die Geduld verloren, Ari eine Strafpredigt zu halten, sondern sagt ohne jede Leidenschaft: »Ich wußt' es doch schon immer: dümmer als die Polizei erlaubt!« Dann wendet er sich abfällig an

Erich: »Nun, mein kleiner Snob, so feinen Umgang habe nicht mal ich dir zugetraut, ich dachte immer, du kämst aus gehobenen und nicht aus gefallenen Verhältnissen ...«

»Davon hast du keine Ahnung, Bob«, reagiert Erich gelassen, »wahrscheinlich wäre deine Mutter froh, wenn du überhaupt mal ein Mädel mit nach Hause bringen würdest ...«

Bob macht einen Schritt auf Erich zu, doch der sieht ganz gelangweilt an dem aufgebrachten Kerl vorbei und zu Chantal hinüber. »Im übrigen, wir sind verlobt, vielleicht kannst ja auch du dich einmal etwas höflicher benehmen.«

Bums, Biberti plumpst aus großer Höhe wieder auf den Grund der Welt, das Strafgericht fällt aus, und nur mit Mühe rappelt er sich auf.

»Verlobt, so, so. Na, das ist aber schön, da gratulier ich auch recht artig. Und die Braut? Weiß sie es auch schon?«

Langsam hangelt er sich wieder hoch, Bobs Kletterstange heißt, wie stets, Sarkasmus und hilft ihm weit öfter als gelegentlich aus solchen Lebenslagen.

»Hör schon auf, Bob, laß den Quatsch«, sagt Erich, »freilich weiß sie es.«

Und nun holt Bob noch einmal Luft.

»Tatsächlich? Und wie hast du es ihr eigentlich gesagt? Die spricht doch kein Wort Deutsch, vermute ich» – befriedigt geht Biberti ab, ja, wenig braucht es manchmal, um sich gut zu fühlen.

Aber die Malize fällt von Erich ab und Bob gleich wieder vor die Füße, denn der Bräutigam bleibt ganz gelassen.

»Dafür versteht sie mehr als du. Und daß sie wenig spricht, das ist vielleicht dein Glück. Wir reden auch nicht nur«, er nimmt jetzt abermals den Tonfall von

Bibertis Mutter auf, »das weißt du allerdings noch nicht, mein kleiner Robert, später wirst du es verstehen.« Und wie, um jetzt ein für allemal reinen Tisch zu machen, schiebt er die verhaßte Zigarettenspitze in den Mund und bringt das Faß beinah zum Überlaufen: »Außerdem, Bob, ich spreche perfekt Französisch – ganz im Gegensatz zu dir, du solltest schon ein Mädchen deiner Herkunft finden, voilà, Monsieur!«

Nichts geht mehr; Bob erstickt an seiner Rage, Erich an der Freude über dessen hilflose colère, und Bootz sucht schuldbewußt zu retten, was für diese Nacht nicht mehr zu retten ist, indem er, als sei nichts geschehen, *Veronika* als Parodie verklimpert. Ari, zwar erleichtert und der wirkliche Gewinner der verbissenen Partie, sitzt eingesackt in seinem Sessel, alles andere als ein lachender, vielmehr ein äußerst trister Dritter. Roman steht, wie immer, hilflos zwischen allen Fronten und blickt etwas mitleidig zu Harry, dem tatsächlichen Verlierer dieses Abends.

»So hat das doch alles keinen Sinn«, sagt Harry und rafft seine Partituren.

»Halt, halt, Harry, an den Noten liegt es nur zum Teil«, sucht Erwin mit Geschick ein Mißverständnis zu erzeugen und das Thema wieder musikalisch zu gestalten.

»Ach, Herr Bootz, lassen Sie das ruhig alles erst einmal ein bißchen abhängen, Sie wissen ja, da ist noch eine ganze Menge Wasser drin. Wir warten besser erst einmal bis zur nächsten Woche oder meinetwegen auch bis zum Sanktnimmerleinstag, und wo Sie mich finden, wissen Sie ja nun.«

Es ist ein altes Trauerspiel, das als Komödie wiederkehrt, doch Bootz ist nicht nach Clownerie.

»Wissen Sie, Herr Frommermann, ein toller Arrangeur hat mal zu mir gesagt: In der Musik, da gibt es keine schönen Zufälle, kein Glück, da zählen nur zwei Dinge – Ausdauer und Zuverlässigkeit. Ich hab auf ihn gezählt, ich glaube aber doch, er hat den Mund ein bißchen voll genommen, nun ja, so was gibt es manchmal.«

Harry weiß nicht, ob er heulen oder lachen soll, und auch die anderen stehen jetzt wirklich wie verirrte Chorknaben im Dirnenhaus herum – es dauert eine Weile, bis der erste kichert, ausgerechnet Bob, der selbstgerechte Streithammel, findet natürlich wieder mal genau den Ton, der jetzt gebraucht wird, eine Ungerechtigkeit.

»Nun, das würde ich jetzt auch gern mal, den Mund ein bißchen voll nehmen – ich habe nämlich einen Kohldampf, als wenn ick die janze Nacht noch nischt gegessen hätte« – schiefes Grinsen hier und da, entschieden ist noch nichts, entschuldigt ist noch keiner.

»Kann ich machen ein Baguette für Ihnen«, sagt Chantal auf einmal, und Biberti, dieser große, kaltschnäuzige Bob, errötet wie ein Schulbub; die Gerechtigkeit ist wiederhergestellt, und Erich sagt zu ihm: »Ja, Bob, die macht fast jeden sprachlos, meine Braut, das mußt du dir nicht so zu Herzen nehmen.«

Biberti, kleine Flecken auf den Wangen und am Hals, geht auf Chantal zu, macht vollendet einen Bückling, bis zu den verbeulten Knien herab: »Oh, Madamchen, excusez moi, ich bin ein Idiot.«

Geben Sie dem Mann da am Klavier bloß noch 'n Bier, denkt Bob verzweifelt, denn seit mehr als einer Stunde redet Bootz auf Harry ein – erfolglos.

»Wie: Vereinfachen? So, daß vielleicht sogar die Häschen von Ramona danach hüpfen könnten, ja? So einfach? Oder noch ein bißchen simpler? So, daß notfalls auch der Papagei mal eine Strophe singen kann, falls jemand von uns nicht bei Stimme ist? So einfach, Erwin, ja? Glaubst du denn wirklich, daß ich monatelang an den Partituren sitze, um sie hinterher, so mir nichts, dir nichts – zu vereinfachen!? Hör zu, Erwin, ich will doch nicht in deinem Puff Erfolg haben, ich möchte auf die Bühne.«

Bob verliert allmählich die Geduld.

»Wird wohl beides schwierig werden, Harry. Aber nun mal ernsthaft: Erwin hat ganz recht, wir üben jetzt seit Monaten das immer gleiche Repertoire, und du bist nie zufrieden. Immerhin hat Erwin wenigstens Musik studiert, da könntest du ja ruhig mal auf seine Meinung hören.«

Nun, er ist halt doch ein ausgebuffter Himmelhund, der Bob, hat wieder haargenau am rechten Ende zugepackt, denn Harry zuckt jetzt erst einmal zusammen. Bootz versucht zu retten, was nicht mehr zu retten ist, und bettelt händeringend: »Harry, hab dich nicht gleich wieder so mädchenhaft. Du sollst ja deine Partituren schließlich nicht verbrennen, sondern nur ein bißchen eingängiger arrangieren, etwas leichter und gefälliger, verstehst du ...«

»Völlig, ich verstehe absolut; gefälliger, natürlich, und um Gottes willen nicht so anstrengend, mehr wie in deinen Oberseminaren, wo die Pausen sicher länger als die Stunden waren.«

Harry ist gekränkt, beleidigt wie schon lange nicht, daß ausgerechnet Bob, der selbst noch niemals eine höhere Schule zu Gesicht bekommen hat, sich jetzt mit Bootz verbündet und ihm scheinbar allen Ernstes Schlager abverlangen will. Das geht nicht gut, denkt Harry, dieser herrschsüchtige Bob vergißt allmählich, wer das ganze Unternehmen eigentlich gegründet hat.

Und auch dieser verwöhnte Erwin gräbt ihm Stück für Stück das Wasser ab und wartet nur darauf, sich die Rosinen rauszupicken. Harry weiß, daß jetzt ein klares Wort gesprochen werden muß, wenn nicht die ganze Mühe der vergangenen Monate umsonst gewesen sein soll.

»Ist klar, gefälliger«, sagt Harry. »Einverstanden. Und vor allem dürfen wir nicht ulkig sein, nicht wahr, wir sind ja schließlich ein ge-fäl-li-ger Gesangsverein und keine Komödianten, oder, Bob?« Dann rauscht er ans Klavier und schnurrt *Veronika* herunter, daß die Mädels sich die Ohren zuhalten, und jedes Tralala zerrt er so lang wie den besungenen Spargelstengel; plötzlich bricht er ab, und Bob sagt trocken: »Aua!« Harry springt vom Hocker und sagt ebenso lakonisch: »War nur 'ne Ge-fäl-lig-keit, Kollegen. Wollte keinem weh tun.«

Dann schiebt er die Partituren in die Tasche, blickt sich in der Runde um und sagt schließlich: »Also, Männer, denkt noch mal in aller Ruhe nach, wohin die Reise gehen soll, ja!?«

»Menschenskinder«, versucht Bob zu schlichten, »daß du dich ooch immer so schnell uff 'n Schlips getreten fühlst, Harry, strengt wirklich an. Nu laß mal wieder jut sein, Erwin hat das ganz bestimmt nicht so gemeint, nur nicht die Unruhe verlieren, ihr werdet euch schon wieder einigen – wenn nicht, bin ick ja ooch noch da.«

Und schon greift er nach seinem Mantel, steigt hinein und huscht hinaus – und in der Tür verklemmt sich die gepfiffene Veronika, zurück bleibt eine sprachlose Gemeinde.

Harry geht mit müden Schritten in die kalte Dämmerung, zurrt seinen dicken Schal ein wenig fester um den Hals und schlägt den Kragen seines Überziehers hoch, als hielte der tatsächlich irgend etwas ab. Er zieht den Kopf tief in die Schultern und beschleunigt seine Schritte, und der Straßenkehrer weicht ihm vorsichtshalber aus – es wäre nicht das erste Mal, daß in so einer morgendlich noch unbelebten Straße jemand über seinen Besen stolpert, nur weil er vielleicht etwas gesehen haben könnte, was er besser nicht gesehen haben sollte. Harry aber wäre jetzt wohl lieber Hans im Glück und würde seine Tasche gerne in der Spree versenken, doch selbst bis zur nächsten Brücke ist es bei dem Lausewetter eine ganze Ecke. Auch daß er in seiner Tasche wirklich einen Klumpen Gold herumträgt, scheint ihm nach den letzten Proben immer unwahrscheinlicher, und überhaupt – ob er inzwischen ohne den verdammten Bob und diesen schnöseligen Erwin, ohne diesen Kindskopf Ari und das putzige Monokel Erichs und vor allem ohne diesen noblen Roman wirklich noch so richtig glücklich werden könnte, ist weiß Gott nicht ausgemacht, nein, Harry ist da mittlerweile sogar eher unsicher. Er drückt sich dichter an die Häuserwände, denkt an diesen seltsamen Jungmännerbund und die Verhältnisse, in denen sie an ihren großartigen Nummern üben, sieht die Auslagen des Juweliergeschäftes, die so töricht scheinen wie die goldene Tageszeit, die ihm die Chronometer zeigen. Morgenstunde, denkt er, ach, du Heiliger, und strebt nur um so zügiger dem Nachtlager entgegen – Nachtlager, schon wieder so ein Scherz; die Welt ist aus den Fugen, aber Harrys Grübeleien sind im Lot und ihrer Sache völlig sicher: schlimmer geht es nimmer!

Und so sieht der Straßenfeger, als er sich noch einmal vorsichtig nach Harry umdreht, wirklich eine seltsame Gestalt, fast schemenhaft, die, eine Aktentasche fest an sich gepreßt und leicht geduckt, die Straße bis zur Pharmazie hinunter läuft, die Kreuzung überquert und plötzlich, vor der Musikalienhandlung, wie von unsichtbarer Hand gebremst, zum Stehen kommt.

Im Schaufenster brennt Licht, und eh' sich Harry wundert, denkt er erst einmal: Ja, ja, die Grünbaums, schaun halt nicht so drauf, die haben's eben. Vielleicht sollte man auch selber Musikalienhändler werden, anstatt selbst Musik zu machen; oder gleich Agent wie Levy, brotlose Idioten an die blöde Konkurrenz verscherbeln und sich dabei auch noch toll vorkommen. Na, dann müßt ich auch nicht so genau drauf gucken. Doch dann tritt er näher an das Schaufenster heran und sieht auf einmal sehr genau hin: unter einem Mäntelchen und einer trüben Schreibtischlampe und tatsächlich über einem Bücherstapel ist das Fräulein Erna – schlichtweg eingeschlafen. So fest eingeschlafen, daß sie nicht einmal das, freilich anfangs leise, Trommeln Harrys hört, bis der sich auf Bibertisches Format besinnt und so laut hämmert, daß es schon verwundern muß, noch immer keinen Polizisten auf die Musikalienhandlung zuschlendern zu sehen.

Erna schrickt aus ihren Träumen und sieht Harry ungefähr so an wie Harry sie vermutlich, einen Augenblick vorher, und Harry denkt belustigt: Schade, sicher hat sie mich gerade ganz fest in den Arm genommen und mir irgendwas ins Ohr geflüstert – also gut, vielleicht nicht gerade in meine Trichter –, und nun fall ich ihr so einfach aus dem schönen, warmen Bett.

Er steht noch immer vor der Scheibe, Erna sitzt an ihrem Tisch und sieht auch nicht so aus, als hätte sie die ganze Nacht gewartet, daß sich Harry plötzlich unterm Fenster aufbauen und sie mit einer Minne überraschen würde.

Harry gibt den Pinguin: die Lippen klappern wie ein ausgewachsener Schnabel, und die schwarzen Ärmel flattern wie gestutzte Flügel eines Fracks. Erna kommt jetzt zur Tür, es ist nicht ganz klar, ob sie schlaftrunken, von Mitleid voll oder nur amüsiert ist, jedenfalls paßt ein Kamel bequemer durch ein Nadelöhr als Harry durch den Spalt, den Erna öffnet.

»Kann ja an der frühen Stunde liegen, daß Sie nur ein müdes Lächeln für mich übrig haben, Frollein Erna«, säuselt Harry.

»Woher kommen Sie denn jetzt? Ich habe mich ganz schön erschrocken, neulich ist beim Juwelier Kowalski eingebrochen worden.«

Harry grinst verlegen und denkt an die vielen Chronometer.

»Von der Probe, Frollein Erna, von Ramona. Wissen Sie, ich glaube langsam, daß es keinen Sinn mehr hat.«

Doch Erna, dankbar für die Ablenkung, fragt: »Aber Harry, die muß doch ganz munter sein, Ihre Ramona, wenn wir uns um diese Stunde treffen, geben Sie nicht zu schnell auf?«

»Das ist ein Mißverständnis, Frollein Erna, ein komplettes, weil, wir üben da nur.«

Und nun ist es mit dem Grinsen wiederum an Erna: »Das glaube ich, von solchen Proben käme ich wahrscheinlich auch erst spät nach Haus, ich wohne schon seit fast zwei Jahren bei Ramona – drittes Hinterhaus, vier Treppen. Na, jetzt weiß ich endlich, warum ich ganz oft so miserabel schlafe, Harry, alter Schwerenöter.«

Dem ist jetzt – wieder einmal – nicht nach Spaß zumute, und so fragt er erst mal: »Kann ich nicht für ein Momentchen reinkommen, hier draußen ist es wirklich ungemütlich. Dann erzähl ich Ihnen auch, wie es zu der Geschichte mit Ramona kam.«

»Bitte, Harry, heute nicht, ich bin so müde«, und der schmale Türschlitz wird zur Ritze, durch die Harry gerade noch so fragen kann: »Was machen Sie denn überhaupt um diese Stunde hier? Es geht doch schon auf sechs zu.«

Erna legt den Finger auf den Mund, als würde sie im nächsten Augenblick tatsächlich eines ihrer bestgehüteten Geheimnisse verplaudern.

»Die Grünbaums haben mir erlaubt, mich nachts bei ihnen auszubreiten, wegen meiner Prüfung. Meine Stube ist zu kalt, und ich kann sie doch nicht schon wieder bitten, mir die Kohlen auszulegen. Im Laden ist es immer warm, damit die Großmutter da nicht das Reißen in den Saiten kriegt«, sie zeigt auf einen dicken Kontrabaß und kichert kurz, dann sagt sie plötzlich unerbittlich: »So, jetzt brauch ich aber wirklich eine Mütze Schlaf, sonst falle ich nachher noch von der Leiter, wenn ein Kunde irgend etwas von der Hohen Kunst verlangt.«

Sie lacht, ein bißchen künstlich, findet Harry.

»Dann bring ich Sie nach Hause, Frollein Erna, leider kann ich Ihnen auch kein Taxi kommen lassen, aber ...«

»Harry, Sie verstehen mich nicht, ich schlafe hier!« sagt Erna barsch, und dann macht sie noch mal die Tür ein Stückchen auf und fügt entschuldigend hinzu: »Nun machen Sie mal nicht so ein Gesicht, Sie kennen doch den Weg bis zu Ramona, ehe ich daheim bin, muß ich wieder los, vielleicht ein andermal ...«

Im Hintergrund knarrt eine Diele, Harry fährt zusammen, denn ein junger Mann tritt jetzt ins Licht, von draußen kann man ihn nicht so genau erkennen, blond und ziemlich gutaussehend auf den ersten Blick, und einen Schatten wirft er, daß sich Harry seinerseits am liebsten schnell verabschieden und heimwärts trollen würde, aber Erna hält ihn nun zurück und sagt verlegen: »Das ist Hans, ein Studienfreund, er hat mir seine Hilfe angeboten.«

Harry lacht gequält: »Verstehe, war ich auch schon mal, erinnern Sie sich noch, Kom-mi-li-to-ne, ist noch gar nicht lange her, na, auch egal, ich geh schon, gute Nacht, und schlafen Sie recht schön.«

Dann macht er auf dem Hacken kehrt und stakst davon, er weiß, daß er sich jetzt auf keinen Fall noch einmal umdrehen darf, wenn er nicht vollkommen erstarren will. Und so ruft Erna ihm vergeblich hinterher, bis Hans sie schließlich in den Laden zieht und hinter ihr die Tür verriegelt.

Harry liegt auf seinem Bett, in vollem Staat, wie seine Mutter manchmal sagte, denn er hat, bis auf die Schuhe, noch seine gesamte Garderobe an. Er schaut dem Atem hinterher und kommt sich vor wie seine Aktentasche, hingeworfen, knittrig, alt und vollgestopft mit irgendwelchen nutzlosen Phantastereien. Paganini scharrt ein bißchen, Harry rappelt sich von seinem Lager und greift nach der Tasche.

»Eine Kohle, Paganini«, sagt er, »dann hat mich der Mut verlassen.«

Er greift nach dem Feuerhaken, scharrt ein bißchen in der Glut herum; dann angelt er das einzelne Brikett heraus und legt es auf den Rost. Die eine Hand greift lässig nach den Blättern in der Tasche, und die andere wirft – entsetzt den Ofen zu. Vor Paganinis Käfig baut er sich schließlich auf, holt hörbar Luft und nun zu einem großen Monolog aus.

»Sie sind Paganini, ich bin Wallenstein, und also werden Sie verstehen, mein Freund, was meine Seele drückt. Ich bin ein Dummkopfel, Sir, und zwar ein vollständiger«, deklamiert er. »Ich hab tatsächlich geglaubt, daß so ein Mädel noch zu haben ist und frei herumläuft. Bis heut morgen, Paganini, habe ich geahnt, daß ich vielleicht ein Trottel bin – jetzt weiß ich es! Nun gut, vergessen wir die traurige Geschichte, und zwar richtig, ein für allemal und ohne Wenn und Aber!« Dann steckt er den Finger in den Käfig, Paganini reckt nur kurz den Hals, und Harry sagt: »Nicht einmal dir macht meine Rede Eindruck, was? Ist wirklich nicht mehr so viel los mit deinem alten Harry.«

Er seufzt endlos tief und streichelt über Paganinis Schnabel. Gott, hat der es gut. Keinen Liebeskummer. Keine Geldprobleme. Keine künstlerischen Sorgen. Keine Angst vor morgen. Sitzt im Käfig und ist frei – ein vogelfreier Papagei! Harry steckt ihm ein paar Körner durch die Stäbe, deckt ein Tuch darüber.

»Du hältst jetzt mal ein bißchen deinen Schnabel, Paganini, weil der alte Harry sich was überlegen muß. Schlaf schön, bis nachher.«

Er greift wieder nach der Tasche, zieht den Blätterstoß heraus und murmelt vor sich hin: Für heute ist es noch mal gutgegangen, Glück gehabt. Doch irgendwann passiert es, und dann schmeiße ich den ganzen Mist ins Feuer oder auch ins Wasser oder auch ins Feuerwasser, einfach weg damit, so wahr ich Harry heiße. Er greift nach dem ersten besten Blatt, nimmt einen Bleistiftstummel in die Hand und macht ein paar Notizen, hier ein Krickel, da ein Krakel, ja, so kündigt sich ein Frommermannscher Seitenwechsel an.

Wochen sind ins Land gegangen, Monate verstrichen, in der Morgensonne vor Ramonas Laden sitzen, vollständig versammelt, unsere Chorknaben, nur Bootz ist nicht zu sehen.

Erich kollert aufgebracht: »Verdammt, das ist jetzt schon das zweite Mal in dieser Woche, daß wir den ganzen Vormittag seinetwegen hier versitzen. Jemand muß mal endlich mit Ramona reden, daß ein anderer den Schlüssel kriegt, am besten Roman, der ist wohl am zuverlässigsten.«

»Ja, zuverlässig ist er schon, der Kantor«, grinst Bob ein bißchen amüsiert, »aber die Ramona will wohl eher andere Sicherheiten als nur fromme Ständchen.«

Sogar Ari grient und sagt bedeutungsvoll: »Muß immer schlafen, unser Erwinchen, vielleicht bliiht zuviel Spargel, weiß man nicht.«

Woraufhin Erich um so schärfer ranzt: »Das mußt ausgerechnet du uns sagen, kleiner Weiberheld!«

Ari lehnt sich nur zurück und kontert: »Besser Weiber-held als Maul-held, kann man sagen so, ja? Na, Bob, staunst du über meinen Deutsch, ja? Alles bei die Mädelchen gelernt.«

Dem jedoch geht Aris Übermut ein wenig auf die Nerven, aber auch die Quengelei von Erich ist nicht gerade sein Fall.

»Von eurem Rumgenöle kommt er auch nicht schneller her. Genießt doch lieber diesen Wonnemonat und raucht mal ein Zigarettchen weniger, das wäre gerade für deine Stimme besser, Hilfscaruso«, sagt er abschätzig, mit einem Seitenblick auf Erichs Zigarettenspitze, »und auch für die Frühlingsluft. Mein Großvater, der sagte immer: ›Wenn es stinkt auf den Aborten, wird es Frühling allerorten.‹«

Na, das kann der Harry nicht geschehen lassen, daß

Biberti wieder mal mit einem Kalauer das letzte Wort behält, denn es ist nach wie vor noch nicht entschieden, wer von beiden öfter für den kollektiven Frohsinn aufkommt, und so zieht er ebenfalls den Großvater hinzu.

»Mein Opa reimte immer: ›Wenn die Nonnen schmachten in den Klostern, dann ist Ostern.‹«

Eins zu eins, die beiden kommen selten weiter als zu einem kampferprobten Unentschieden, Harry würde es ja auch genügen, so groß ist sein Ehrgeiz nicht, nur, unterdrücken lassen will er sich nicht unbedingt. Bei Gleichstand greift Biberti allerdings meist zu einem groben Foul, wie jetzt, da er, als hätten sie die ganze Zeit allein von ihr gesprochen, sagt: »Ach, übrigens, ich hab schon öfter dran gedacht, die Erna mal zur Probe einzuladen, wär doch schön bei solchem Wetter, oder?«

Roman schüttelt den Kopf: »Sie wird sich schön bedanken für die Einladung ins Puff, das Frollein, glaub ich.«

Mißmutig murmelt Harry in Bibertis Richtung: »Du brauchst dir keine Hoffnungen zu machen, sie ist schon vergeben.«

»Na, bist du dir deiner Sache da so sicher?« gibt sich Bob belustigt. »Also, neulich hatte ich schon einen anderen Eindruck.«

Harry hat für den Moment so eine Ahnung, was es mit dem vielzitierten Glück im Unglück auf sich haben könnte, und so teilt er Bob die eigene Niederlage mit wie einen großen Sieg.

»Nein, nicht an mich. Sie hat schon einen Freund, so groß wie du vielleicht, gewiß nicht ganz so breit«, er schmunzelt und wirft einen Blick auf Bobs Beleibtheit, »und natürlich blond wie ein verirrter Schwede. Irgend so ein Mitstudent, da kommen wir nicht ran, mein Freund, wir Unstudierten, keine Chance, die will schon etwas Vornehmeres als uns beide.«

Ja, wenn er sich angegriffen fühlt, kann Harry selber ziemlich böse werden, richtig bissig eigentlich, das spürt jetzt auch Biberti, der erhaben schweigt und nach der Zeitung greift. Hat ihn doch dieses scheinheilige Segelohr tatsächlich auf die gleiche Stufe runterfallen lassen, wo es selber flattert. Keine Freundin, kein Examen – und erst recht natürlich keine Freundin mit Examen. Na, das kann er schlecht auf sich beruhen lassen, und so richtet er sich jetzt im Stuhl auf, streckt die Brust raus, zieht den Bauch ein und will eben zum grandiosen Schlag ausholen, etwas in der Tonlage wie Arsch mit Ohren oder ähnliche Gemeinheiten – da bremst ein Taxi, haargenau vor ihrem Tisch.

Heraus steigt Bootz, der großspurig zum Fahrer »Stimmt so, danke!« sagt und sich ganz selbstverständlich zu den anderen setzt. Er mustert sie der Reihe nach, bevor er einräumt: »Meine Herren, ich hab verschlafen, kann wohl jedem mal passieren.«

Bob und Harry gucken weiter grimmig, wenn auch nicht, wie Erich, der Verspätung wegen.

»Mal«, schimpft Collin, »wenn ich das schon höre. Weißt du, wie lange das letzte ›Mal‹ zurückliegt, du verwöhnte Nachtmütze? Genau zwei Tage. Vorgestern hast du es allerdings noch immerhin geschafft, dich anzuziehen.«

Nun, so ein aufbrausender Erich ist schon eine Seltenheit, doch mit dem Hinweis auf die lässige Garderobe Erwins ist der Wind fast wie von selbst aus den geblähten Segeln. Ari kichert, Roman grinst.

»Ich wollte euch schon immer mal meinen Pyjama zeigen, weil der mir so gut steht und genau zur Farbe meiner Hausschuh' paßt.« Biberti schweigt verbissen, Erwin gibt nicht auf und plappert weiter: »Außerdem könnt ihr euch ruhig schon ein bißchen an den Schlafanzug gewöhnen, wenn wir erst mal weltberühmt und ständig unterwegs sind, werdet ihr mich im Hotel sehr oft so sehen.«

Harry ist verärgert: »Äußerst witzig für 'nen Hausmeister. Vielleicht hast du ja sogar den Schlüssel in der Tasche, weil wir dann versuchen könnten, wenigstens noch eine halbe Stunde zu probieren.«

»Aber klar«, sagt Erwin gönnerhaft, »ich hab die ganze Nacht an gar nichts anderes denken können. Deshalb kam ich auch so schwer zur Ruhe und hab glatt verschlafen. Ja, ich glaube, meine Herren, wie finde ich im Leben wirklich Ruhe – das ist überhaupt die Schlüsselfrage.« Dann greift er in die Tasche seines Schlafanzugs und zieht das Schlüsselbund heraus: »Wenn Sie mir bitte folgen möchten, meine Herren, keine Müdigkeit, wir essen zeitig.« Aufreizend wippt er den anderen voran.

»Ich wußte es schon immer, reiches Elternhaus verdirbt«, schüttelt Bob den Kopf.

»Nun mach dir doch mal bitte nicht ins Hemd, Biberti. Wenn ich meinen Schlaf nicht kriege, bin ich auch nicht zu gebrauchen. Außerdem ist das in meiner Kellerbude ungefähr das einzige, wovon ich rote Bäckchen kriegen kann, damit sich meine Mama keine Sorgen machen muß, wenn sie am Wochenende kommt.«

Das ist natürlich ganz besonders hinterhältig, alle wissen längst, daß Erwins Mutter nicht zum Sockenflicken kommt, sondern die Löcher in der Börse des mißratenen Sohnes stopft. Zu blöd, denkt Bob, daß man sich den verwöhnten Schlingel nicht vom Halse schaffen oder ihm zumindest mal eins auf die große Klappe geben kann.

Und gerade so, als könne er Gedanken lesen, wendet Bootz sich nochmals um: »Zur feierlichen Neueröffnung unserer Probenräume und zur Schlüsselübergabe schenke ich dir, lieber Robert, und dir, lieber Harry, einen meiner Schlüssel-Witze: Den Schlüssel zu ihrem Herzen fand nur einer – Dietrich!«

Bootz sitzt mittlerweile lässig im Pyjama am Piano und ist sichtlich gut gelaunt, hat er doch heute endlich mal ein paar bislang verdeckte Fronten aufgeklärt. Sogar zum Scherzkeks hat er sich gemausert und das Monopol von Bob und Harry aufgeweicht, die offenkundig dachten, sie seien die alleinigen Erfinder schlechter Witze. Bob ist richtig still geworden, das hat Erwin nicht gedacht; und Harry wird er auch noch einmal ein paar Takte sagen müssen, wenn sie miteinander weitermachen wollen. Apropos, der soll sich lieber um die eigenen Takte kümmern und mir nicht ein paar verschlafene Minuten vorrechnen, spielt sich hier auf, als dirigiere er ein ganzes Sinfonieorchester.

»So, nun gleich noch mal den schnellen Teil, und zwar präzis«, raunzt Harry; das geht zweifelsohne gegen Erwin, der ihm viel zu unernst an die Arbeit geht, »ich wünsche, daß Sie sauber singen, meine Herren, genau und akkurat.«

Mensch, paß bloß auf, daß du dir keinen abbrichst, denkt der langsam nicht mehr ganz so gutgelaunte Bootz, ›ich wünsche‹, ist ja nicht zu glauben! Er beginnt *Veronika* zu spielen, schlägt die ersten Takte an und zeigt mit einem Nicken den erforderlichen Einsatz an. Sie fallen in das Lied genau an jener Stelle, wo Veronika zu rennen anfängt wie die Jungfrau vor dem Fall: »Und schon der liebe gute alte Großpapa sagt zu der lieben guten alten Großmama, Veronika, der Lenz ist da.« Dafür, daß ich die Kollegen ständig um die Proben bringe, klingen sie doch recht passabel, denkt sich Erwin und will gleich noch mal diese vertrackten, schnellen Zeilen singen lassen.

Aber Harry unterbricht: »Menschenskinder, das

klingt doch, als wenn die Grammophonnadel zerbrochen ist. Und wenn es nicht zuviel verlangt ist, könntet ihr zur Abwechslung auch mal den Originaltext singen, das kann doch nun wirklich nicht so schwer sein. Es heißt nämlich nicht der gute liebe alte Großpapa, sondern der liebe gute alte Großpapa, verdammt noch mal!«

»Menschenskinder, selber Menschenskinder, Harry, jetzt quälst du uns schon seit Wochen mit dem immer gleichen guten lieben alten Großpapa ...«, zieht Bootz als erster einen Flunsch.

»Neiiin! Mit dem lieben! guten! alten! Großpapa, wann merkst du dir das endlich, du verpennter Klimpermaxe, oder reicht es bei dir eben doch nur fürs Kaffeehaus?«

Erwin stemmt sich hoch und geht auf Harry zu, dann aber kehrt er um, rollt seine Noten ein und macht einen Diener.

»So, das war es dann ja wohl, auf Wiedersehen, mein kleiner Mozart, und viel Glück.«

Dann nickt er einmal in die Runde und geht festen Schrittes auf die Tür zu, bis Biberti ihm den Weg vertritt.

»Na, Erwin, nun mal sachte, bist doch sonst nicht so empfindlich. Wenn du austeilst, mußt du auch ein bißchen einstecken, mein Söhnchen. Und du, Harry, reißt dich jetzt gefälligst mal zusammen, siehst ja, was dabei herauskommt, wenn du deine Unzufriedenheit an anderen ausläßt. Wenn du willst, kannst du ja Erwin nach dem Wochenende mit der Mama fragen, ob er dir was pumpt – dann kiekste mal een bißchen länger bei Ramona rin, nicht nur zum Üben, und entspannst mal richtig. Ick jeb ooch wat zu, denn für die Kunst ist mir keen Opfer groß genug. Nun komm mal wieder runter uff'n Teppich und laß dir von Onkel Bob das Näschen putzen, wenn du so verschnupft bist. Und du Schießbudenfigur besorgst dir lieber wat zum Anziehen, Erwin, oder willste allen Ernstes im Pyjama auf die Straße raus? Die fangen dich doch sofort weg, und dann sind wir dem Frommermann hier janz alleene ausgeliefert, bitte, Erwin, tu uns das nicht an.«

Bob grinst, und Erwin bleibt nichts anderes übrig, als zurückzugrinsen. Harry ist noch unschlüssig, ob er sich wieder mal von Bob so einfach überrumpeln lassen soll. Das kann doch nicht in alle Ewigkeit so weiterlaufen, daß Biberti jedesmal das Ruder wieder übernimmt und alle gegen alle ausspielt, wie er möchte. Erst war immer Ari dran mit seinem Kauderwelsch, dann Collin mit der Zigarettenspitze und mit dem Monokeltick; dem Roman hört er sowieso nie zu bei seinen ›Polackengeschichten‹, na und Bootz, der ist ja selbst genauso unberechenbar wie Bob.

Doch während Harry noch so hin und her grübelt, geht dieser Himmelhund Biberti schon zur Tagesordnung über und sagt süßlich, als sei nichts geschehen: »Also, lieber Harry, nun erklär doch noch mal deinen Kindern, wie du's gerne hättest. Sind doch schließlich d e i n e komplizierten Mätzchen, da mußte auch ein bißchen mit Geduld und Spucke an die Sache rangehen. Warum singen wir es denn nicht einfach weiter so wie in der ersten Strophe?«

Harry schüttelt ungläubig den Kopf, er kann es einfach nicht begreifen: einerseits der schlaue Bob, der riesengroße Taktiker, und andererseits ein solcher Einfaltspinsel, der ganz offenkundig keinen Schimmer von Musik hat.

»Weil es witziger ist, Bob, ironischer, verstehst du!?«

Harry weiß nicht, ob er brüllen oder flehen soll, doch Bob läßt sich so leicht nicht aus der Fassung bringen.

»Aber freilich weiß ich, daß es so ironischer daherkommt, lieber Harry, bin ja schließlich een Berliner Kind, nicht wahr, und komme nicht aus Posemuckel, mir muß keener sagen, wann gelacht wird. Wat ick meine, is doch nur: verfeinern können wir das später immer noch, zuerst mal aber brauchen wir die Sicherheit.«

Cycowski räuspert sich verlegen, eigentlich mischt er sich ungern in den Streit, schon gar nicht, wenn er dabei auch noch Harry attackieren muß, doch heute ist der wohl ein bißchen weit gegangen, wie er Bootz beschimpft hat, und da muß sich Roman um die irdische Gerechtigkeit verdient machen, das ist er Erwin schuldig und vor allem – sich.

»Harry, hör mal zu. Du weißt, daß jeder von uns gut ist, d u hast uns ja schließlich ausgesucht, und jeder von uns gibt für dich seit Monaten das Beste. Niemand will sich hier beklagen, ich schon gar nich, hab in Polen für viel weniger als nix gesungen ...«, Bob erleidet einen schweren Hustenanfall, aber Roman läßt sich nicht beirren, »... hab fürs nackte Iberleben bei die Polacken gesungen, aber meinen Stolz behalten. Deshalb sage ich dir, Harry, daß du hast kein Recht, den Erwin oder einen anderen zu beleidigen, das sag ich dir als Freund.«

Mein lieber Schwan, denkt Bob, für diesen Kantor aus der Wallachei ist das ja eine echte Rede, mindestens fünf Sätze hinternander waren das bestimmt, die zwei Polackensätze zieh ich ab, dann bleiben immer noch drei übrig. Donnerwetter, haben wir wahrscheinlich erst mal für die nächsten Wochen wieder Ruhe vor dem Rededrang.

Und Harry schweigt, er blickt auf seine Schuhspitzen, so wie ein kleiner Junge, der zur Strafe in der Ecke stehen muß, dann aber blickt er auf und sagt zu Erwin:

»Also schön, den Klimpermaxen vom Kaffeehaus nehme ich zurück, Entschuldigung, es tut mir leid, ist mir so rausgerutscht.«

»Schon gut, Harry, ich bin nicht nachtragend. Kann allerdings nur rausrutschen, was drin steckt, oder irre ich mich da?« Doch eh' sich Harry gegen diesen neuerlichen Vorwurf wehren kann, sagt Bootz verträglich: »Außerdem fiel da noch die Behauptung, ich wäre verpennt, die kann natürlich so im Raum nicht stehen bleiben, und schon gar nicht hier im Laden von Ramona, so viel Eitelkeit muß erlaubt sein.«

Harry ist erleichtert, daß ihn Erwin nicht in eine schwierige Debatte darüber verwickelt, wie er wirklich von ihm denkt; vermutlich reicht Bootz schon, weiß Gott, der unendliche Streit über die Partituren, um sich selbst ein Bild zu machen, wie es tief in Harry aussieht.

Der nimmt Erwins Ton gern auf und brummt: »Behauptung hin, Tatsache her. Wir stimmen jetzt mal ab – wer ist der Meinung, daß es eine unzulässige Behauptung ist, Kollege Bootz sei ein gelegentlich verpennter Zeitgenosse?«

Keine Hand geht in die Höhe, Bootz indes nimmt wieder auf dem Hocker Platz, beginnt »Auf in den Kampf, Torero« ins Klavier zu hämmern und bricht plötzlich ab, reißt die Pyjamajacke runter und beginnt sie vor den anderen hin und her zu schwenken.

»Jetzt ist er komplett verrückt geworden«, sagt Biberti, »einen hab ich mal gekannt, bei dem fing es genauso an, jetzt trägt er seine Jacke immer hinten zugeknöpft.« Er stelzt ein bißchen sinnlos durch den Raum, die Kiste ist verfahren, weder richtig gut noch richtig böse sieht es nunmehr aus, und irgendwie hängt alles in der Luft, also sagt Bob, leicht säuerlich: »Für heute ist die Sache wohl gelaufen, oder? In zwei Stunden fliegen schon die Täubchen wieder ein, ich habe ohnehin die Schnauze voll von diesem ganzen Quark. Wie viele Wochen haben wir jetzt schon ans Bein gebunden, alles für nischt und wieder nischt. Es reicht. Oder es reicht eben nicht. Wir müssen das nur möglichst schnell herauskriegen, ihr Hübschen.«

Bootz steht nackt, mit seiner Jacke in der Hand, herum, die anderen gucken so verdutzt, daß sie beinah genauso albern aussehen, schließlich findet Harry, als der erste, seine Sprache wieder: »Wie meinst du das – herauskriegen?«

Und Bob erwidert ungerührt: »Ein Vorsingen. Wir brauchen einen Auftritt. Und am besten mit 'nem Liedchen ohne Text. Wenn es gefällt, dann trällern wir zusammen weiter und trainieren bis Sankt Nimmerlein. Wenn nicht, ist ein für allemal Finito, Sense, Schluß!« Dann wendet er sich Harry zu: »Jetzt stimmen wir noch einmal ab, Frommermännchen, aber diesmal richtig. Wer dafür ist, daß wir uns bei Levy vorstellen, hebt die Hand, einfache Mehrheit reicht.«

»Glaub mir, Bob, das ist zu früh«, Harry fährt sich entsetzt durch die verfilzten Haare, »sogar noch viel zu früh. Wir proben erst seit einem Vierteljahr und sind doch längst noch nicht soweit. Wir werden uns blamieren, ich kenn' Levy lange, wir sind fast verwandt, laß uns nur noch ein wenig warten, einen Monat oder zwei.«

Biberti wirft staubtrocken ein: »Dann sind übrigens Theaterferien, kleiner Kenner. Außerdem sind wir dir auch in drei oder vier Monaten nicht gut genug, ich will jetzt endlich mal ein anderes Urteil hören, und wenn das dann auch so vernichtend ausfällt wie dein eigenes, wissen wir vielleicht, woran wir sind. Ich mache diese Krümelkackerei nicht länger mit, wer kommt von euch nun mit zu Levy?«

Bob hebt selbst den Arm, nach kurzem Zögern Ari, Roman sieht zu Erich, der zu Erwin, schließlich nicken sie, und Bootz sagt: »Einverstanden, Bob hat, glaub ich, recht. Wir schmoren ja doch nur im eigenen Saft herum, ich weiß schon selber nicht mehr, wo ich hingehöre – musikalisch, mein ich. Außerdem: wer sich nie in Gefahr begibt, kommt darin ganz genauso um, weil er dann nämlich irgendwann erstickt – an Langeweile, so! Ach, übrigens – wer leiht mir denn von euch grandiosen Kritikern jetzt mal sein letztes Hemd?«

Erwin läuft sich warm, obwohl er sitzt; er spielt diverse flotte Läufe auf der Tastatur durch und versucht zugleich, die anderen mit seinen Schabernäckchen etwas aufzulockern. Die stellen sich in einer Reihe auf und wissen mit den Händen nicht wohin; mal halten sie sich am Piano fest, dann wieder schlackern sie umher. Der kleine Raum mit seiner Bühne und dem wuchtigen Klavier ist heiß, doch Levy scheint das nicht zu stören; er setzt sich auf den ersten besten Stuhl und pafft eine so elende Zigarre, daß seinen aufgeregten Sängern schon vom Qualm die Stimme bricht. Nicht einmal seinen Hut setzt er für diesen Auftritt ab, jetzt klatscht er in die Hände: »So, mal los denn, ick hab nich den janzen Tach Zeit.«

Er sieht auf die Uhr, die fünf verschwitzten Kandidaten tuscheln kurz und singen langsam *Creole Love Call* – viel zu langsam, denn vom Original sind sie so weit entfernt wie vom Erfolg bei Levy, der sich windet und das Gefiepe noch ein Weilchen anhört, bevor er tonlos sagt: »Also, meine Herren, ich glaube, das hat Mister Ellington so nicht verdient. Vielleicht versuchen Sie es lieber beim Begräbnisinstitut, da paßt das

Tranige wohl besser hin. Auf Wiedersehen.« Dann geht er auf die Tür zu, doch bevor er ganz verschwindet, dreht er sich noch mal zu Harry um und sagt halb mitleidig und halb beleidigt: »Frommermännchen, Frommermännchen, und ick hätte Sie beinah mal ernst genommen.«

Dann ist er hinaus, und Harry wünscht sich in den tiefsten Höllenschlund, die Totenstille ist kaum zu ertragen, Harry blickt mit feuchten Augen in die Runde und bleibt schließlich bei Biberti hängen.

»So«, sagt Bob, »nun haben wir ja, was wir wollten – die Gewißheit, daß wir traurige Gestalten sind, uns fehlen nur noch die Zylinder. Besser hätten wir es gar nicht treffen können. Na, wer weiß, was uns dadurch erspart bleibt, jedenfalls, bei mir ist Schluß jetzt, Sense, aus, dein treuer Vater.« Und dann nimmt er seine Jacke und verschwindet durch die Tür. »Empfehle mich.«

Die Tür knallt heftig, lauter sogar als der Deckel des Klaviers, den Bootz im gleichen Augenblick, in seiner abgrundtiefen Ohnmacht, zugeschmissen hat.

Es ist Romans große Stunde; denn auch wenn er nicht der große Trinker ist, der große Tröster ist er allemal. Und Zuspruch brauchen diese abgeschmetterten Gesangsartisten jetzt so nötig wie die Schnäpse und das Bier, die sie sich redlich teilen. In der Mitte haben alle ihre kleine Barschaft auf den Tisch geschüttet, und nach jeder Runde wird das Häufchen etwas kleiner, und die Pläne werden wieder etwas größer.

Stolz thront Ari an der Stirnseite, denn ihm, nur ihm, Asparuch Leschnikoff, unserem bulgarischen Reservehelden, ist es schließlich doch gelungen, Bob zur Umkehr und zum Abschiedstrunk zu überreden.

Er ist ihm einfach hinterhergerannt und hat gebettelt und gefleht und so lange nicht von Roberts Mantelzipfel losgelassen, bis Biberti aufgegeben hat und umgedreht ist. Dann sind sie zurück, und ausgerechnet Roman, dieser stille Kantor, der fast nie ein Wort sagt, hat sofort nach seinem Mäntelchen gegriffen und gefordert: »Darauf müssen wir jetzt einen trinken!« Worauf, war nicht ganz so klar, am wenigsten wahrscheinlich Roman selbst, doch alle haben sie sich brav in einer Reihe aufgestellt und sind im Gänsemarsch die Treppe runter und vors Haus getreten. Jeder hat in seinen Taschen rumgewühlt, bis Erwin sagte: »Keine Bange, meine Wochenendausstattung reicht für ein paar Runden.« Und dann mischte sich das triumphale Grinsen Aris schon mit Erwins gönnerhaftem Schmunzeln, Bob erschien die Aussicht auf ein großes Bier um diese Stunde auch nicht nur erschreckend. Also haben sie den gleichgültigen Erich und den trübsinnigen Harry einfach mitgezogen, und nun sitzen sie seit einer kleinen Ewigkeit an diesem Tisch und schütten sich mit laschem Selbstmitleid und scharfem Fusel zu, vornweg der Fachmann fürs Erbauliche und Menschenfreund Cycowski. Ringsum stellt der Kellner schon die Stühle hoch, doch Roman ist mit seinen Komplimenten lange noch nicht durch, im Augenblick ist Harry wieder an der Reihe, Roman rackert redlich.

»Glaub mir, Harry, Bootz hat das doch niemals so gemeint: du bist nicht schlecht. Deine Arrangements sind toll, nur wir nicht, wir sind nicht toll«, sagt er mit der Einsicht des schon leicht Benebelten, um nur Momente später das Gegenteil zu predigen. »Wir sind doch alle gut, wir alle miteinander: Ari is gut, Bob is gut, und Erich is gut, und natiirlich Erwin sowieso. Er spielt – soo gut. Wir missen nur zusammenhalten, hab ich friher Schlimmeres iberlebt in meine alte Heimat, deshalb werd ich auch nicht schlecht, Bob ...«

Oh, jetzt muß er aber tüchtig aufpassen, sonst kommt es gleich zum dicken Ende, Roman greift mit einer fahrigen Bewegung nach dem Bierglas, stößt es um, die letzten Scheinchen starten ihre Ausfahrt in die Pfütze, Schiffbruch ganz genau im richtigen Moment.

»Die Leinen los«, ruft Bob und watschelt zum Klavier hinüber, an dem Bootz im tapferen Wechsel schon seit Stunden trinkt und klimpert.

»Zur Beerdigung gehört der Trauermarsch, Bob«, lallt er abwesend, »und außerdem war es ja meine Schuld, ich hab ein bißchen langsam angefangen, und das hat dem Schmauchkopp nicht besonders imponiert. Der wollte hören, wat er kennt, und hat gedacht, ick übe noch – ich hätte lieber so anfangen sollen ...«

Dann spielt er wieder das verdammte *Creole Love Call*, und nach ein paar Takten fallen auch die anderen ein, absinthene Tiefe steigt aus ihren matten Kehlen auf, und plötzlich wedelt Harry mit den Händen wie verrückt herum, sie werden auf sein Zeichen schneller, hüpfender, und diesmal klingt es witzig, gut, verspielt, und hinten steht der Kellner, still, mit einem Schemel in der Hand, und lauscht ergriffen. Harry quietscht und imitiert verschiedene hohe Instrumente, Bob kommt mit dem Baß und als Posaune hinterher, sie fühlen, daß sie sehr, sehr nah herangekommen sind. Herrje, so könnt es gehen, denkt Harry und trompetet zum Finale. Wie bei einem wohlgesetzten Kanon enden schließlich alle auf dem ausgemachten Punkt – halb schaudern sie, halb strahlen sie, und über ihnen schwebt für einen Augenblick die Siegesgöttin, wie überm letzten Akt, in himmlischem Gewand.

Beinahe schüchtern gehen sie jetzt aufeinander zu, bis Bob den Arm um Harry legt und, leicht ermattet, sagt: »Zu schade, daß wir uns ja nun nicht jedesmal besaufen können, aber einen Monat zur Ernüchterung geb ich dir trotzdem noch.«

Er hält ihm seine Pranke hin, und Harry sagt: »Einer für alle, alle für einen.«

Bob streckt seinen Bauch heraus, als wäre er Porthos, und sagt belehrend: »Na, die hatten's wirklich leichter, mußten unter einen Hut halt immer nur zu dritt.«

»Mensch, Bob, wir sind sogar zweimal drei, wer kann uns da noch aufhalten!?« wendet Harry ein und sinkt selig auf den nächsten Stuhl.

Das Schauspielhaus ist ein gepflegter Backofen, nur ohne knusprige Düfte, frische Schrippen und Rosinen, denn – die ganze Hauptstadt stinkt. Die Leute sind geschäftig und die Straßen voller Leben, doch die Menschen in den Autos oder auf den Doppeldeckerbussen, die Kuriere auf den Rädern, die Passanten auf den Boulevards, die Reichen und die Schönen wie die Armen und die Schlauen, alle reden nur – vom Wetter. Der August hat Spreeathen im Griff, selbst Harry denkt bei Regen ausnahmsweise nicht sofort an einen warmen, sondern wünscht die griechischen Temperaturen zum Teufel wie all die berittenen Polizisten, deren Gäule den Gendarmenmarkt bescheißen wie sonst nur Konzertagenten brave Musikanten. Harry ist im Augenblick so hektisch wie die überheizte Metropole und wirft ungefähr die siebte Kippe nach dem Köter, der schon seit geraumer Zeit versucht, im Schatten des Portals, in dem auch Harry Schutz gesucht hat, seine Pfoten auszustrecken. Ja, so sieht es eben aus vorm »Haus der großen Unterhaltungsattraktionen«, denkt er amüsiert; es ist nur eine Hütte für verscheuchte Hunde. Er will gerade eine neue Zigarette zwischen die Lippen nehmen, als ein Taxi mit Getöse unterhalb der vielen Stufen zum Stehen kommt. Chantal winkt übermütig zum Portal, der Hund läuft los, und Harry zündet sich jetzt doch die nächste Zigarette an.

Der Mietdroschke entsteigen mit Chantal auch Erich und die anderen, die stöhnend auf die Stufen blicken; Bob entdeckt als erster den herannahenden Köter und springt auf die andere Seite, Roman aber, wie ein Stierkämpfer, nimmt eine Zeitung, haut dem ahnungslosen Kläffer eine auf die Nase und sagt, weise wie Konfuzius: »Niemals die Hand, habe ich ganz frih lernen missen.«

Nun grinst auch Chantal. »Sehr mutisch, Bob«, die rothaarige Schönheit lästert fröhlich, Bob ist auf den Hund gekommen; es ist ihm bis auf die schweren Knochen peinlich. Er schwimmt hilflos wie ein blinder Olm im großstädtischen Fischteich, es ist viel zu spät, die Schwanzflosse herumzureißen.

»Ich hab doch gedacht, der Roman wär ein Menschenfreund, der nicht auf unschuldige Kreaturen einschlägt – heechstens auf Polacken«, sagt Bob gekränkt und hofft, dem Ganzen so noch eine unverhoffte Wendung zu verpassen, aber die Gelegenheit ist durch, sich im Moment als starker Mann zu zeigen. Ein paar Instrumentenkoffer hasten an Chantal vorbei, die Jungs sind wenig älter als die Hundekenner um das Taxi, doch der mit dem Kontrabaß verschnauft für einen Augenblick, und Bob sagt: »Lassen Sie mal, Herr Kollege, das macht Bob Biberti.«

Und dann nimmt er die Schatulle vorsichtig wie die zersägte Jungfrau auf die Schultern und steigt Harry in der Hoffnung, daß der nichts von all dem mitbekommen hat, so stolz wie sonst nur Helden dem Schafott entgegen auf den Eingang des Theaterbaus zu.

Harry lümmelt in der Tür, er gibt sich lässig: »Ich dachte, daß du dich ein bißchen auskennst im Geschäft, vor allem nach der Levy-Pleite, Robert. Manchmal denke ich, ich hab's am Anfang doch verpaßt, dir ein paar Regeln zu erklären, weil ich irgendwie geglaubt hab, Bob, der ist schon stark und sowieso von hier.«

Doch Bob läuft einfach nur an ihm vorbei: »Komm, Harry, ein Charell, der wartet nicht, falls du das noch nicht weißt – wir sind ja nicht umsonst gehetzt.«

Charell flezt schwer im Sessel, und er qualmt genauso ein entsetzliches Zigarrenungetüm wie Levy. Daß er zu allem Ungemach noch Erik heißt, ist ungefähr so passend wie ein Ari, der sich Siegfried aus Kalumba nennt. Nun ja, was soll's, die sechse kommen jetzt herein, als seien sie gerade durch die ganze Welt und just an einen dunklen Stamm geraten, dessen Häuptling sich, nur einen Augenblick zuvor, in seine schilfene Matte fallen lassen hat, um sich das Wimmern einiger gefangener Krieger aus den Nachbardörfern anzuhören. Ein paar Revuegirls werfen ihre Beine in die Höhe, und statt der dumpfen Urwaldtrommel schmettert hell ein Grammophon den blechernen Cancan. Das alte Afrika tanzt im Zweivierteltakt und auf der Nase von Charell herum, die Röcke fliegen hoch und höher; schon ganz nett, die Girls, die sich da liebenswert um etwas Wärme auf der kalten, ungeschmückten Bühne abmühen, allerdings – vergeblich. Andere Melodien werden aufgelegt, und spätestens bei Offenbach springt unser Wikinger Charell vom Stuhl und sagt bedauernd: »Was nützt alles Hüpfen, meine

Damen, wenn man nicht mal eine Zeitung unter ihre Füße schieben kann? Das müssen Sie mir noch mal ausführlicher beibringen, doch heute ist mir das zu hoch. Jetzt hopsen Se mal wieder von der Bühne, runter werden Sie das ja noch schaffen.«

Dann wendet er sich seinem Inspizienten zu und flucht: »Ich hab es Ihnen doch nun ungefähr zum einhundertsten Mal gesagt – das Beste und Modernste, was Sie finden können, was Besonderes will ich haben, und nicht irgend etwas, das Sie eben mal besonders günstig irgendwo an Land gezogen haben.«

Durch die Maske seines eifrigen Lakaien scheint allmählich das Gesicht eines zurückgesetzten Inspizienten.

»Aber, Herr Charell, die Kosten, die muß ich in diesen Zeiten auch im Blick behalten, sonst wird es bald zappenduster sein und ...«

»Sehr gut, Schmidtchen, machen Sie es doch gleich mal ein bißchen heller, weil, ich sage es den Damen lieber ins Gesicht – die denken sonst noch, daß ich mich verstecken müßte, unter ihrem Rock womöglich!«

Und dann ruft er vor zur Rampe: »Wirklich, sehr, sehr hübsch, my Ladies, recht charmant sogar, für die Provinz sogar erstklassig. Aber – hier ist nicht die Provinz, hier ist Berlin, und warum soll ich euch erstrahlen lassen, wenn ich mit den Tiller-Girls für fast das gleiche Geld viel größere Sprünge machen kann, verraten Sie mir das mal! Also, bis zum nächsten Mal, die Damen, aber«, sagt er noch versöhnlich, »lassen Sie sich nicht von einem alten Knatterkopp entmutigen, auf Wiedersehen und Danke schön – es wird schon noch mal klappen mit dem Rampenlicht – die nächsten bitte, dalli, dalli!«

Der Inspizient wagt sich ein letztes Mal nach vorn: »Aber, Herr Charell, das hab ich doch gemeint, das mit dem Rampenlicht! Die Scheinwerfer, und nicht die Mädchen, sind zu teuer ...«

»Klar, Schmidtchen, hab ich auch gemeint, die Scheinwerfer müssen zuerst erstrahlen, nicht die Mädchen! Und da können wir nicht an der falschen Ecke knappsen, falls Sie det noch nich begriffen haben, Sie verdammter Sparstrumpf. Merken Sie sich jetzt mal eens: Je dunkler es da draußen aussieht, um so heller muß es drinnen leuchten. Oder merken Sie sich das lieber gleich richtig: Nur, wenn es da draußen richtig dunkel ist, kann es hier drinnen leuchten, klar!? Also – die Besten!«

Charell klatscht ungeduldig in die Hände, schiebt den Inspizienten, ungerührt von dessen eingeklappter Schnute, erst einmal beiseite und ruft ungeduldig: »Meine Damen, hatten wir uns nicht schon längst ein Wiedersehen gewünscht? Auf Wie-der-se-hen! Na, wo bleiben denn die nächsten? Tagediebe kann ich hier nicht brauchen!«

Hastig hüpfen die verschmähten Dohlen von der Bühne, fallen unseren schlechtbetuchten Chorknaben, die eben über den Orchestergraben springen wollen, fast wie reife Früchte in den Schoß und huschen flink davon.

Nur eins der Mädchen bleibt ganz kurz zurück und bückt sich einen winzigen Moment langsamer, sein herabgefallenes Hütchen aufzuheben, als Roman. Und als sich die beiden langsam wieder aufrichten und einander in die Augen sehen, da scheint der winzige Moment ein großer Augenblick zu werden.

»Bitte schön, ich heiße Roman.«

»Danke schön, ich heiße – Mary.«

»Asparuch Leschnikoff«, ruft Ari radebrechend noch hinter den anderen her, »der Kleinste mit die Größte!« Bootz versucht mit einem frommen Grinsen, sich nicht mehr an seine Schmach beim letzten Vorspiel zu erinnern, und Charell sagt: »Na, dann lassen Sie mal sehen, meine Herren, ob Sie genauso selbstbewußt die Damenwelt erobern können – lassen Sie mal hören, meine ich natürlich.«

Na, da hat er doch genau den wunden Punkt getroffen, aber – mittlerweile haben sie den ausgeheilt, denn selbstbewußt sind sie inzwischen längst; und so schnell lassen sie sich nicht mehr bange machen – seit dem wunderbaren Kneipenabend wissen sie viel besser als vorher und sicher auch als jeder andere, was tatsächlich in ihnen steckt. Und so stolzieren sie auf die Bühne, als seien sie nicht Sänger, die nach oben wollten, sondern Tänzerinnen, die gerade von der Bühne müssen. Bob jedoch tritt Ari auf die Zehen und wirft Erwin diesen uns bekannten, vorwurfsvoll geladenen »Wenn-das-meine-Mutter-wüßte»-Blick hinüber. Dann dreht er sich zu Charell, der in der ersten Reihe sitzt, und verbeugt sich: »Bob Biberti, Baß und Boß der Truppe.«

Bootz zupft sich am Hosenbein, dann nimmt er artig am Klavier Platz, Ari reibt verstohlen seinen Ärmel sauber und zieht schuldbewußt den Flügel ein; und Erwin blickt noch einmal in die Runde, unbestechlich wie ein Starter vorm olympischen Finale – dann gibt er den langersehnten Einsatz, und *Veronika* steigt endlich zum Theaterhimmel auf.

Das weiß sie allerdings im Augenblick ihres Entschwebens noch genausowenig wie die Lerchen, die sie auf dem Flug begleiten. Charell, der eigentlich den Höhenflug zuerst bemerken müßte, ist noch immer mit profaneren Erleuchtungen beschäftigt.

»Also«, sagt er, »Sie bestellen die Dinger, wie et sich gehört, Sie unerhörter Inspizient. Mit Farbfiltern und Drehstativen, Blenden, schön komplett mit allem Drum und Dran – und zwar: zeehhn Stück!«

Dann blickt er kurz zur Bühne, der Lakai zieht einen Block hervor, auf dem schon eine Menge Zahlenreihen stehen, und fordert: »Das unterschreiben Sie mir aber erst mal, Herr Charell – zehn Farbscheinwerfer, vollständig!« Er legt Charell die Zettel und den angefeuchteten Kopierstift auf die Knie und fleht: »Das müssen Sie verstehen, Herr Charell! Wenn morgen das Theater pleite ist, bin ich der erste, der entlassen wird. – Sie gehen mal kurz zur Konkurrenz, ich habe aber Frau und Kinder.«

Charell, der sich mit wachsendem Interesse auf die Jungs da vorne konzentriert, dreht sich genervt zu Schmidtchen um.

»Jetzt hör'n Se mir mal zu, Sie Tränensack. Wenn det für Sie zu lange is, dann können Sie auch schneller erster sein. An Ihrer Stelle würde ich noch mal was Echtes uff die Beene stellen, dat spricht sich nämlich bei die Konkurrenz ooch schnell herum!«

Dann blickt er wieder auf die Bühne, doch der Inspizient greint weiter: »Aber Herr Charell, wozu denn gleich zeehhn Stück? Und allesamt komplett, mit Anschlüssen, mit Hängern, und noch ...«

Plötzlich springt Charell auf, Erik wird nun doch für einen Augenblick zum Wikinger; er schnappt sich den Inspizienten.

»He, du Nervensäge, ich hab hier was anderes zu tun, als mich mit dir herumzuboxen. Apropos, weeßte zufällig ooch sogar, wie viele Ecken es beim Boxen gibt?«

»Vier«, antwortet unser angezählter Inspizient.

»Genau«, sagt Erik, »vier. Und weeste ooch noch, welche Farben diese Ecken haben?«

Schmidtchen wackelt mit dem Kopf: »Die sehen doch alle gleich aus, Seile, durchsichtig.«

Charell greift sich kurz an die Stirn: »Genau. Vier

Ecken. Eine rot und eine blau. Und wieviel Ecken hat die Bühne da?«

Der Inspizient sagt folgsam: »Vier.«

Charell streicht Schmidtchen lobend übers Haar: »Genau, mein Freund, nur, daß die Ecken beim Theater neben blau und rot noch een paar andere Farben haben und daß man da uff der Bühne mehr als zwee Bekloppte sehen muß, verstehste endlich?«

Schmidtchen ist nun vollständig verwirrt.

»Wie – mehr als zwei Bekloppte auf der Bühne?«

Aber Erik hat sich schon beruhigt: »Also, jetzt noch mal janz langsam und zum Mitschreiben. Wenn die da schon beim Boxen, bloß für zwee Verrückte, Blau und Rot in jede Ecke tun, dann spare ich bei so viel mehr als zwee Bekloppten uff der Bühne immmer noch das Doppelte, wenn ick gleich zehn bestelle, mindestens, bei Licht besehen, verstehste? Stell dir bloß mal vor, ick würde ooch für jeden da uff unsere Bretter eene eigene Farbe nehmen, na, da käme ick, nach Adam Riese, mit zehn Stück gerade mal uff fünf Personen, oder?« Und als er den vollkommen verdutzten Inspizienten jetzt so stehen sieht, gönnt er sich noch eine echte Wikingerbemerkung: »Übrigens, der letzte, der den alten Erik so gelangweilt hat, kann keinem mehr erzählen, wie es ausgegangen ist, das schnell noch auf den Weg. Und jetzt laß mich mit deinen blöden Scheinwerfern in Ruhe, sonst muß ick dir selbst das Licht auspusten. – Hör mal lieber zu, du komischer Theaterkontorist, von wegen: Pleite.«

Und dann ist er wieder der Charell, der aufmerksam nach vorne späht und jeden Fehler unnachgiebig mit ermunternden Bemerkungen und todbringenden Schmeicheleien ahndet, doch – die Jungs da vorne sind perfekt! Der Typ am Steinway ist ein Teufelsgeiger am Klavier, der kann ganz einfach alles, ohne jede Anstrengung, total verrückt, ein Sonnenkind, das sieht Charell sofort. Und dann der Damenbart, so eine Stimme hat er schlicht noch nie gehört, das ist nicht irgendein Provinz-Caruso, nein, der ist ein Weltereignis! Auch der Dicke da, mit seinem wunderbaren, samtenen Baß, und wie das alles mit den anderen zusammenklingt, das gibt's doch überhaupt nicht. Wieso hab ich die noch nie gesehen, verdammt, mit ihrem lieben, guten, alten Großpapa und ihrer lieben, guten, alten Großmama, was sind die komisch!

»Schmidtchen, Donnerwetter, gucken Sie doch jetzt gefälligst auch mal her!«

Der hat inzwischen die herabgesegelten Notizen wieder eingesammelt und blickt ängstlich auf Charell und dessen Hose, auf der ein leidiger Kopierstift einen großen, violetten Fleck zurückgelassen hat; Charell sieht kurz an sich herunter, dann zum Inspizienten, schließlich vor zur Bühne.

»Also, Schlotter-Schmidtchen, wieder mal nicht aufgepaßt, ja? Hören Sie jetzt wenigstens nur einmal, was ich dazu sagen will – das war ein Vorkommnis von allererstem Rang.«

Septembermond. Im Großen Schauspielhaus geht Casanova um und flirtet mit den Sunshine-Girls. Bootz und Biberti sehen wie schlechtgerollte Knödel aus und trällern etwas Böhmisches. Cycowski und Collin drehen sich in ihren venezianischen Gewändern vor der Spiegelwand so ungeschickt, als hätte man sie just aus dem Canale Grande rausgefischt. Und Frommermann stürmt Leschnikoff in einer glitzernden Toreroweste hinterher und wackelt höchst bedrohlich mit den Hörnerohren.

Bendow von den Komikern, die Casanova unterstützen, lehnt an einer Säule und sinniert benommen: Ach, wo laufen sie denn, ja, wo laufen sie denn hin?

Benatzky kommt heran. »Na, Willy, schon am frühen Abend wieder mal mit Fähnchen unterwegs? Ich sag es Herrn Charell, wenn das so weitergeht mit Ihnen, Bendow. Haller drüben wartet nur, daß Sie uns hier mal von der Bühne fallen und die ganze Operette ruinieren.«

Aber Bendow lallt nur frech zurück: »Ach, der Herr Komponist persönlich, hat er wieder eines seiner großen Werke abgeliefert, eine sogenannte Ope-ret-te, sozusagen einen Strauß von bunten Melodien? Ach, Johann, womit hast du das verdient? Nun ja, da gratuliere ich auch schön, Meister Ben*u*tzki, und falls Sie tatsächlich ...«

Bob schubst seinen alten Schulfreund Bendow, so wie unabsichtlich, von der Säule und sagt zu dem aufgeregten Tonsetzer: »Verzeihen Sie mir mein Ungeschick, es ist nur die Nervosität, der erste Auftritt, wissen Sie; wir sind nämlich die Musikanten in den Pausen, die der Casanova zwischen jedem Akt benötigt, um auch noch am Ende frisch zu wirken.«

Frechheit, denkt Benatzki, aber dann läßt er von Bendow ab und folgt dem neuen Einfall: »Klar, genau so sehen Sie auch aus, mein Lieber! Also – dann viel Glück, Sie Pausenclown!«

Ramona sitzt mit ihren Mädchen in der ersten Reihe; die Patronin hat sie nicht nur für den Abend eingeladen, sondern auch gleich richtig eingekleidet, von der Federboa bis zu ihren Schuhen, von der Zigarettenspitze bis zu ihren Täschchen. Und zwar alles nur, weil sie sich doch ein bißchen über Bootz geärgert hat; eine Ramona muß sich schließlich nicht von einem solchen

Grünschnabel wie Erwin sagen lassen, wie und wo sie für ihr Etablissement die beste Werbung machen kann. Das fand sie ziemlich undankbar und blöd von Erwin, aber mittlerweile findet sie es gar nicht mehr so dumm, und beinah möchte sie dem alten Schlingel danken und ist auf sich selbst ein bißchen ärgerlich. Jetzt dreht sie sich erst einmal nach den hinteren Reihen um und entdeckt genau, was sie gesucht hat – mehrere, verschieden lange Männerhälse, die sich nach den Mädchen neben ihr verrenken und so tun, als wollten sie nur eben einen Blick in den Orchestergraben werfen. Doch vor den hat jetzt der Liebe Gott erst einmal das aparte Dekolleté Ramonas hingesetzt, so daß die Herren schnell wieder von ihren eifersüchtigen Begleiterinnen in den Sitz gezogen werden.

Unmittelbar hinter ihr sitzt Roberts Mutter, auch ihr Busen schwillt und wogt – vor Stolz. Sie hat sich mittlerweile wunderbar mit dem »Gequäke«, wie sie Harrys Lieder bei den ersten Proben in der Wohnung noch genannt hat, arrangiert. Selbst mit dem Ort der Proben und Ramonas Unternehmen ist sie längst im reinen, schließlich weiß sie nun, ihr Bob hat es nur des Erfolges auf der Bühne wegen mitgemacht. Natürlich hätte der ihr auch gern in der ersten Reihe zugeblinzelt, aber das wär Muttern doch zu nah.

Am liebsten hätte sie natürlich neben dem adretten Fräulein Erna sitzen mögen, auch wenn es nicht einmal kochen kann, wie Frau Biberti, irgendwann bei einem Essen in der guten Stube nach der Probe, leicht, mit Mutterlist, herausgefunden hat. Es ist doch besser, man weiß so was vorher, hinterher ist das Erwachen meistens böse, gerade, wo bei ihrem kleinen Bob die Liebe durch den Magen geht wie wohl bei keinem anderen Jungen. Doch die Erna hat sich, wie es scheint, inzwischen anderweitig umgetan, nun ja; wenngleich dem blonden Elend da mit einer guten Köchin sicher auch viel mehr geholfen wäre, denkt sich Frau Biberti, aber für die jungen Leute ist das heutzutage scheinbar nicht das Wichtigste. Nein, nein, so gut kennt sie sich aus, sie ist ja nicht von gestern. Und im übrigen war es auch gestern nicht so leicht; sie lehnt sich in den roten Sitz zurück und denkt an Roberts Vater, den versüffelten Herrn Kammersänger, vielleicht hätte ich den ab und zu auch auf Schonkost setzen sollen – plötzlich steht er auf der Bühne, ganz der Vater, ihr geliebter Robert, und er singt so göttlich! Auch wenn Frau Biberti ziemlich sicher weiß, daß Götter nicht so ohne weiteres singen, wiegt sie sich jetzt leise in den Liedern, doch um sie herum wird es allmählich lauter, links und rechts von ihr erheben sich auf einmal Leute aus dem Publikum, sie klatschen, trampeln, rufen Bravo und sind völlig aus dem Häuschen. Auch die sechs da oben scheinen sich zu amüsieren wie Bolle auf 'm Milchwagen, die haben, scheint's, vergessen, daß sie gerade einen Auftritt im Berliner Schauspielhaus bestreiten sollen. Ein Mann tritt auf die Bühne, Frau Biberti kneift die Augen leicht zusammen, das ist doch der Herr Charell, nun, Unglück, nimm halt deinen Lauf; Charell geht stracks auf ihren Bob zu, nimmt ihn bei der Hand, und dann – verneigen sich die beiden.

Noch in der Garderobe hören die sechs das babylonische Konzert der Zuschauer, die das Parkett der guten Sitten offenbar verlassen haben und jetzt im Foyer herumtrampeln, daß Harry, anstatt voller Dank zum Himmel, erst mal angsterfüllt zur Decke blickt, ob sich bereits die ersten Risse zeigen. Rund ein halbes Dutzend Vorhänge waren am Schluß gefallen, immer wieder mußten sie hinaus, und schließlich hatte sie Charell, mit einem Fingerschnipsen, von der Last des unverhofften Glücks befreit – aber da oben gibt das Publikum noch immer keine Ruhe.

Unten liegen sie sich in den Armen, heulen freudig durcheinander, Ari jault und tänzelt wie ein junger Hund, selbst Roman kann die Rührung nicht verbergen, Collin bricht die Zigarette in der Spitze täppisch ab, und Bootz verschüttet vom Champagner so viel, daß Biberti plötzlich innehält, die Augenbraue hochzieht und im Tonfall eines Pfaffen, der gerade einen bösen Buben konfirmiert, zu Erwin sagt: »Nun bist du groß, mein Sohn. Ab heute darfst du ihn auch trinken.« Und dann nimmt er ihm die Flasche aus der Hand, sagt: »Prost, Gemeinde, ich trinke auf euer aller Wohl«, setzt sie an seinen dicken Hals und spült sie vor den ungläubigen Kameraden in nur einem Zug hinunter. Schwungvoll stellt er sie auf dem Schminktisch ab: »Entschuldigt, Freunde, aber es war wirklich eine Durststrecke bis hierher, oder?« Und jetzt dreht er sich zu Harry um und geht auf ihn zu: »Na, Spund, hab ich zuviel versprochen? Habe ich gesagt, wir schaffen's? Habe ich an dich geglaubt?«

Und Harry grinst verlegen und sagt: »Klar, Bob, danke, daß du mein Gebet erhört und mich genommen hast.«

Im selben Augenblick fliegt die Garderobentür auf, Erna stürmt herein und fällt erst Harry um den Hals, dann Bob, sie gibt Biberti einen Wangenkuß, dann Harry einen auf den Mund und dreht zu guter Letzt die Reihenfolge noch mal um, daß alles seine Ordnung hat. Mit ihr ist Hans ins Allerheiligste der Kunst geweht und sieht der Szene nicht gerade belustigt zu, und fast hat es den Anschein, Erna sei aus einem Streit mit ihm direkt in die Garderobe und die Arme Harrys oder Bobs geflohen, so grimmig schaut er drein. Das nimmt den beiden ohne Zweifel etwas von dem jüngst empfundenen Triumph, und so wirft sich Biberti in die Brust und geht auf den gemeinschaftlichen Widersacher zu.

»Sie wissen sicher nicht, mein junger Freund, daß man die Garderobe eines Künstlers nur sehr leise und in Hausschuhen betreten darf«, er schiebt Hans ganz langsam vor sich her und gibt ihm angeheitert Auskunft. »Ja, die Vorschriften sind streng, und was besonders wichtig ist, sie sind zu hüten wie die Tradition des Hauses – man darf da nicht eine Ausnahme gewähren, schon schlüpft mit dem ersten besten Straßenschuh die Anarchie herein, Sie wissen sicher, was ich meine.« Plötzlich öffnet Bob die Tür und, flupps, steht Hans – »Auf Wiedersehen, Hans im Unglück« – auf dem Flur und dem Charell im Weg, der eben – »Voll ist meine Rechte von Geschenken« – unseren frischgekürten Lieblingen ein unsittliches Angebot unter die Musikantentrachten jubeln will.

»Na, für den Anfang schon ganz gut, Biberti«, sagt er, »trennen Sie sich unbedingt von unverläßlichen Kollegen auch in Zukunft, dann gehört sie Ihnen. Und das wollen wir doch alle.«

Und Bob sagt in sein breites Grinsen: »Herr Charell, die Zukunft steht in unumstößlicher Gestalt vor Ihnen.«

Halb belustigt und halb irritiert mustert Charell die Runde und denkt: Meint der etwa seinen eigenen, feisten Körper mit der unumstößlichen Gestalt? Oder vielleicht die süße Kleine, die ihm vorhin schon, im Foyer und vor dem Auftritt, aufgefallen war und die gerade diesem Dickwanst zugrinst; wäre schade, wenn er die mit unumstößlich meint, ja, wirklich, ziemlich dumm wär das. Charell ist von der glücklichen Premiere mindestens so angegriffen wie die Jungs, er starrt die Erna an wie Quasimodo seine Esmeralda, kann den Blick nicht von ihr wenden, doch – auf einmal wacht er wieder auf; es ist, als habe man bei einem Radio versehentlich am falschen Knopf gedreht und nun doch noch den richtigen erwischt, den mit der Tonlage des emsigen Agenten.

Die Stimme von Charell sagt jetzt: »Ich mache Ihnen gern ein Angebot, vorausgesetzt, Sie meinen mit der unumstößlichen Gestalt der Zukunft sich und ihre Jungen da, Biberti«, und jetzt blickt er Erna ganz besonders unverfroren an. Er wähnt sich auf der Siegerstraße; Erik, Wikinger und Schatzmeister, der diesen Anfängern den zukünftigen Weg mit Steinen oder mit Dukaten pflastern kann, holt zum famosen Streich aus: »Bob, Sie kriegen für die nächsten sieben Abende einen Vertrag, so wasserdicht wie nirgendwo in Deutschland: sechzig Mark pro Auftritt – na, da sind Sie platt, was!?«

»Zugegeben«, sagt Biberti, »zugegeben. Allerdings, ich glaube, ich hab nur mit einem Ohr verstanden, worum es sich handelt«, sagt er seelenruhig, und die anderen bekommen so ein Flackern in den Augen, immerhin hat Bob in fünf Minuten eine ganze Flasche Sekt getrunken, Hans hinausgeworfen, und jetzt beißt er auch noch nach der Hand, die ihnen eben Futter streut!

»Jetzt hören Sie mal zu, mein Junge, Sie sind wohl als Kind zu heiß gebadet worden, oder wie darf ich mir Ihre völlige Verblödung sonst erklären, Sie, Sie ...«

Bob fährt sich mit einer flüchtigen Bewegung durch die Haare, kurzes Zucken bei den anderen, besonders aber bei Charell: »Bob Biberti, Baß und Boß der Gruppe, wie es sich vielleicht inzwischen rumgesprochen haben sollte, oder, Jungs? Ich nehme die geschäftlichen Interessen des Ensembles wahr.«

Die Angesprochenen nicken irritiert und heftig, und Biberti fährt mit großer Geste fort: »Nur keine Angst,

Kollegen, ich geh keinen Schritt auf diesen Herren zu, das wäre ja gelacht – wir kriegen einhundertundzwanzig Mark pro Abend, keine mehr und keine weniger!«

Charell, sichtlich erleichtert, daß es erstens ohne Ruppigkeiten bleibt und zweitens immer noch weit unter dem, was die von ihm verlangen könnten, wenn sie nicht so unerfahren oder dämlich wären, grinst verächtlich: »So, so, Herr Biberti also, der vertritt hier Ihre Angelegenheiten! Nun, da muß ich Ihnen sagen, daß er sie nicht gerade gut vertritt.« Und dann holt er zum großen Zungenschlag aus und gibt Bob den väterlichen Rat: »Vertreten Sie sich lieber erst mal Ihre Füße statt in Angelegenheiten anderer Leute rumzustapfen. Ihr Talent, Verhandlungen zu führen, steckt nämlich noch mächtig in den Kinderschuhen, junger Freund.«

Jetzt hat er Bob am Haken, denn der geht nun doch auf den Agenten zu und schnauft, statt auf die echten Finten von Charell zu achten. Der fährt mit den Augen kurz die Gruppe ab, da steht es pari – pari, ganz genau so, wie er sich's gedacht hat, also schiebt er lediglich noch hinterher: »Was Sie sich vorstellen, ist utopisch, Bester, einhundertundzwanzig Mark sind einfach nur verrückt; an eines aber sollten Sie vor allem auch mal denken, wenn Sie den Vertrag nicht akzeptieren sollten: Was wird dann aus den Kollegen hier, die Sie so toll vertreten?«

Dann tritt er einen Schritt zurück und lauscht dem unruhigen Räuspern in der Gruppe wie einer phantastischen Musik. Der Spitzbube, denkt Bob, gefällt sich hier als alter Schwede und kommt sich vermutlich schlauer vor, als es die Polizei erlaubt. Zu schlau, mein Bürschlein, Bob Biberti riecht den Braten, divide et impera, so ging es damals, glaub ich, hat sich also doch gelohnt, den alten Kram zu pauken, war der Heini da vermutlich krank – haste verpennt, Revueagent – beim alten Bob hat es schon längst geklingelt. Er greift jetzt nach einem Zettel, kritzelt ein paar Zahlen aufs Papier, Charell macht einen langen Hals und meint, Biberti würde still den Kompromiß notieren.

Aber Bob sagt mit der gleichen öligen, verschlagenen Freundlichkeit: »In Ordnung, Herr Charell, Sie wünschen es wohl so. – Sie kennen sich doch sicher aus, wo finde ich in diesem Hohen Haus ein Telefon?«, Charell erwidert wütend: »Vor der Tür!«, und Bob fragt nachsichtig: »Ach, wirklich? Sind Sie da ganz sicher?« – »Absolut, Sie sind ein schlechter Bluffer«, tönt Charell und fragt im gleichen milden Tonfall wie Biberti: »Na, nun sagen Sie schon – wen wollen Sie denn anrufen?«

Den lieben Gott bestimmt nicht, alter Fatzke, denkt sich Bob und hört, wie er auf einmal sagt: »Herrn Haller, wen denn sonst, der nimmt uns immerhin für einen ganzen Hunderter ...«, Charell will auffahren, »... Moment, Mo-ment – und für die ganze Spielzeit!«

Alle sehen zu Bob, ob dem ganz wohl ist, scheinbar hat es dieser winzige Erfolg von heute abend schon vermocht, ihn völlig zu verwirren, und die Flasche scheint ein übriges bewirkt zu haben. Bob steht ›umstößlich‹ vor Charell, in seinem böhmischen Kostüm wirkt er zwar doppelt stattlich, allerdings auch doppelt komisch, und dann sagt er noch einmal, mit etwas schwerer Zunge und betont korrekt: »Einhundertzwanzig, für die ganze Spielzeit, und wenn Ihnen das nicht zusagt, nun, dann sagen wir dem Haller zu.«

Charell kneift jetzt für einen Augenblick die Lippen fest zusammen, und dann drückt er den Zigarrenstummel auf dem Zettel aus, auf dem sich Bob die Hallernummer aufgeschrieben hat.

»So, so, bei Haller, alles klar, Sie kennen den wahrscheinlich schon ein halbes Leben lang, ich glaub, er hat mir auch schon oft von Ihrer tollen Truppe vorgeschwärmt, wie nannten Sie sich doch gleich, äh, ich hab es glatt vergessen im Moment, hießen Sie nicht ...«

Biberti zögert keinen Augenblick und sagt: »Korrekt. Melody Makers – immer schon.«

Die anderen sehen ihn amüsiert an; auch Charell grinst jetzt: »Sehr komisch, Bob, nein wirklich, sehr, sehr komisch! Allerdings, da ist noch viel mehr drin, ich meine, nicht mehr Money, sondern bessere Makers. Sie sind nämlich wirklich ziemlich ulkig, allesamt im übrigen; Sie sollten sich am besten gleich Comedian Makers nennen, oder, weil Sie sich so blind verstehen – wie ich ja selbst gesehen gesehen habe –, vielleicht auch The Harmonists, The Harmonists Comedian Makers oder so was.«

Oder so was, denkt Collin, der könnte mal ein bißchen Englisch lernen, dieser hochgekommene Plebs; und so einer entscheidet also, ob wir etwas taugen oder nicht, ist ja zum Weglaufen. Er rückt ein wenig am Monokel, und dann sagt er: »Wenn das Englisch sein soll, heißt es ganz korrekt: Comedian Harmonists, nicht Harmonists Comedian ›oder so was‹, Herr Charell.«

Oje, wer jetzt Biberti sieht, erschrickt, denn der vergeht geradezu vor Wut und denkt: du Schnösel bringst uns alle noch in Teufels Küche, warte nur, heut gibt es wirklich eine auf die Nase, du verdammter Snob.

»Mein Gott, genau, das ist es doch«, ruft Charell unerwartet froh: »Comedian Harmonists! Was wäre unsereins bloß ohne solche feinen Geister. Klingt ooch richtig international, versteht man sogar drüben, hinterm Teich. Na ja, versuchen wir es erst mal weiter hier als Pausenfüller, immerhin, mit diesem Namen seid ihr vielleicht wirklich hundert Mark pro Abend wert.«

Biberti schäumt noch immer über Erichs vornehmes Getue, wütend ist er nun auch, weil er nicht genau weiß, ob Charell es ernst meint oder wieder eines seiner Spielchen aufführt; aber ach, denkt Bob, wenn jetzt was schiefgeht, hab ich wenigstens schon mal den Schuldigen, dann ist Collin dran, und dann werf ich ihn den anderen zum Fraß vor. Also sagt Biberti: »Einhundertundzwanzig, Herr Charell, das war doch schon besprochen, akkurate einhundertundzwanzig Märkerchen, und keine weniger – der Frommermann muß schließlich seine ganze Brut ernähren.«

Harry grinst nun ausnahmsweise auch einmal, Charell winkt ab und sagt zu Bob: »Sie Halsabschneider, denken Sie mal nicht, ich hätte keenen richtigen Familiensinn, im Gegenteil, ich weeß, wat Kinder kosten. Und die hundertzwanzig Märker stehen schon längst in dem Vertrag, da, brauchen Sie jetzt nur noch unterschreiben, Herr Geschäftsinteresse.« Er zieht den Entwurf aus seiner Tasche, setzt die hundertzwanzig ein und schiebt ihn Bob hinüber. Der sieht sich noch einmal in der Runde um – es ist tatsächlich ein historischer Moment, auch ein Vertrag, der das Verhältnis zwischen ihm und Frommermann verändern könnte –, doch auch Harry nickt ihm zu. Und so nimmt Bob den Stift und setzt nun seinen Namen schwungvoll auf die rechte Seite des Papiers. Charell rollt seinen Ärmel über den noch feuchten Schriftzug, setzt den eigenen Namen gleich darunter und sagt: »Na denn, meine Herren, auf volle Häuser und – auf jute Harmonie!« Charell feixt, kolossaler Witz, er faselt was vom Ernst des Lebens und sagt grinsend zu Biberti: »Bin gleich wieder da, Bob, geh mal eben nur zum Telefon.«

Bei den Harmonists hat es geklingelt wie fast stündlich in den letzten Wochen, denn seit ihrem Casanova-Auftritt bei Charells Revue im Großen Schauspielhaus ist die Beschaulichkeit dahin. Noch ein zweites und ein drittes Mal läßt Bob es schellen, und dann greift er nach dem Hörer, gibt den anderen ein Zeichen und nimmt ab. Collin beginnt jetzt, wie besessen auf der Adler rumzuhämmern, Ari gibt mit seiner hohen Stimme eine aufgeregte Sekretärin und klappert außerdem noch höllisch mit zwei Löffeln; doch die beste Szene haben Bootz und Roman, denn die beiden simulieren einen beinharten Verhandlungspoker.

»Ja, Büro Comedian Harmonists«, sagt Bob, »ich kann sie nur sehr schlecht verstehen, es ist so voll hier, bleiben Sie doch bitte einen Augenblick am Apparat ...«, dann wirft er einen Stift zu Bootz hinüber, und die Bühne bebt.

»Das ist doch nicht Ihr Ernst, daß wir uns für nur dreihundertundfünfzig Mark den Abend um die Ohren hauen, also bitte, soviel hatten wir als Anfänger ja schon an Spesen«, zetert Bootz, und Roman fügt als Zweitstimme den Sachlichen hinzu: »Es ginge sowieso nicht, auch nicht für fünfhundert, weil wir da noch auf Tournee sind, ja, so gerne uns das leid tut, nix zu machen, wir sind völlig ausgebucht ...«

Biberti winkt hinüber, greift erneut zum Hörer, »... ja, bin wieder dran, ich hoffe, Sie verstehen mich jetzt besser, ja, das ginge im Prinzip, Moment, ich schaue kurz mal bei der Disponentin nach, Moment ...«, Bob raschelt, daß, zum mindesten akustisch, alle Fetzen fliegen, und dann spricht er wieder in die Muschel, »... ja, das ginge gerade noch, drei Abende, fünfhundert Mark plus Spesen, ist in Ordnung, ja, Sie schicken gleich mit einem Boten die Verträge, einverstanden, also dann bis bald, auf Wiederhören.«

Bob kracht mit der Hand die Gabel nieder, läßt das Kabel mit dem Hörer wie ein Lasso durch das Zimmer sausen und ruft triumphierend: »Tausendfünfhundert plus Spesen, nein, das glaub ich einfach nicht, so leicht geht das, bloß klappern, und schon läuft der Laden, kein Agent, kein Levy, kein Charell, und jeder zweihundertundfuffzig wunderbare Taler, einen Vierteltausender«, Bob hält beklommen inne, überwältigt von der eigenen Größe, dann flachst er wieder in der altbewährten Weise: »Obwohl, eigentlich steht mir, genaugenommen, wenigstens die Hälfte zu, für clevere Verhandlungsführung ...«

Bob reißt schützend seinen Arm nach oben, eben kommt der Stift zurückgeflogen, den er Bootz vor wenigen Minuten zugeworfen hat, und Harry sagt pikiert: »Nach Abzug meiner Hälfte für den Einfall, der zur Gründung dieses herrlichen Ensembles führte, danken wir den anderen Herren für die bisherige, wohlfeile Zusammenarbeit und erhoffen uns auch für die Zukunft ihre spottbillige Unterstützung.«

Prima Witz, so leicht und eingängig wie viele ihrer Lieder, trotzdem hat ihn offenbar nur Bob verstanden, denn der ist der einzige, der n i c h t darüber lachen kann.

»In Ordnung«, sagt Biberti, »schließlich sitzen wir ja wegen der Verträge hier zusammen, konnte doch nicht wissen, daß der Levy mit ›Begräbnistypen‹ ziemlich richtig lag.« Bob dreht sich vorwurfsvoll zu Harry um, der ihm den Höhenflug so pingelig vermasselt hat, »es nimmt sich jeder erst einmal ein Exemplar, steht überall das gleiche drin, bis auf die eine oder andere Klausel: Gage geht durch sechs, Entscheidungen sind grundsätzlich gemeinschaftlich zu treffen. Steht es halbe, halbe, haben künstlerisch die Herren Frommermann und Bootz das letzte Wort, in finanziellen Angelegenheiten ich.«

Das Schweigen könnte jetzt im deutschen Wald kaum größer sein als in der Wohnung von Bibertis Mutter, allerdings schrillt dort im dichten Forst kein Telefon, und so beginnt das Spiel von vorn, Bob läßt es noch ein paarmal klingeln, dann nimmt er den Hörer ab, »Comedian Harmonists, was kann ich für Sie tun?« Collin haut wieder auf die Adler ein, Bootz erläutert Roman, daß man die Comedian »nich für dreimarkfuffzig einfach so jeordert kricht«, und Ari gibt die Sekretärin. Doch auf einmal macht Biberti wilde Zeichen, eine ganze Ladung Farbe schießt ihm ins Gesicht, er legt den Finger an den Mund.

»Absolut unmöglich, wir verhandeln gerade die Verträge, Liebling«, er verdreht die Augen, »was heißt hier versprochen, ein Versprechen ist noch lange kein Vertrag, ich kann heute beim besten Willen nicht«, er hält den Hörer jetzt auf Armlänge entfernt von seinem Ohr, daß auch die anderen das Gekrächze in der Muschel hören können, und versucht, die Peinlichkeit zu überspielen. »Wie? Was soll das heißen – nicht bei meiner Mutter, was glaubst du denn, wo ich bin? Häh? Was für ein Büro, was für 'ne Frauenstimme ...« Ah, jetzt dämmert es dem großen Bob, denn ringsum revanchieren sich die anderen für so manche ihnen zugefügte Schmach und wiehern, daß die Bude wackelt, »ja, natürlich liebe ich dich, Gerda, weißt du doch, ruf später noch mal an, was heißt hier, typisch Männer, Küßchen, also dann bis später ...«.

Bob ist fertig, mit der großen Klappe mitten in die Pfütze reingestürzt, und keiner hilft, im Gegenteil: die Retter stehen am Tümpel und sehen amüsiert, daß der Mann sich naß gemacht hat und die Welt nicht mehr versteht, in der man selbst im Flachen schwimmen muß.

Es klingelt abermals, und alles schmunzelt, daß dem

Bob an diesem Morgen scheinbar nichts erspart bleibt – einen kleinen Aufschub könnte »Mausi« vielleicht doch gewähren, wenn schon nicht dem Liebsten, dann doch ihnen wenigstens, die längst noch nicht mit ihrem fröhlichen Gegackere fertig sind.

Gnadenlos schellt es zur nächsten Runde, fast kann ihnen der Biberti leid tun, der nun wiederum zum Hörer greift und in die Muschel mosert: »Später, Mausi, habe ich gesagt ... Wie bitte, wer ist dort? Entschuldigen Sie, da muß irgendwie noch eine andere Stimme in der Leitung sein, verzeihen Sie bitte – sicher, ja, im Funkhaus, alles klar, wo sonst, haha, Moment, ich sehe nur mal nach, ob wir am zwölften in Berlin sind ...«, Bob hält höchst geheimnisvoll den Hörer zu und wispert die gehörten Worte wie der Merlin seine Zauberformeln: »Radio, Studio, Plattenprobe«. Und dann sagt er, fester, in den Hörer: »Ja, da müßten wir schon aus Stettin zurück sein, nachmittags ganz sicher.«

Donnerwetter, hat er sich verdammt schnell wieder aufgerappelt, ist eben ein Phänomen, dieser Biberti, denkt sich Harry still, das geht wohl doch in Ordnung, ihm die ganzen leidigen Verhandlungen zu übertragen – mein Geschäft ist nur die Kunst, davon versteht der nicht die Bohne. Und vom Geldverwalten ist noch keiner so berühmt geworden, erst recht kein großer Komponist. Alleine wär ich sowieso nicht auf den Damm gekommen, ohne Sänger, ohne Mäuse, und vor allem – ohne Schneid. Mir fehlt der Mut, seit Mama auch noch tot ist. Harry spürt den Kloß im Hals, er schluckt: Teufelspakt, ist zwar nicht gerade neu, aber das mindeste, was ich euch schulde – ich besuche euch nachher.

»Nein, das geht sicher nicht«, ruft Bob, »dann allerdings tut es uns leid, wir kommen schließlich extra zeitiger aus Breslau ... wie bitte? ... natürlich, aus Stettin zurück, ja, wie bitte, was dachten Sie? Na, da verwechseln Sie wahrscheinlich etwas, wie gesagt, da müßten Sie schon ein paar Ausfälle verrechnen, denn am Abend sagen wir natürlich, für die Aufnahme, auch einen lang geplanten Auftritt ab.«

Bob strahlt, er ist in seinem Element: manövern, flunkern, auf die Tassen hauen und falsches Zeugnis reden; jeder Herrscher würde ihn, mit diesen Qualitäten, für Verschwörungen und andere importante Staatsgeschäfte engagieren, allerdings vermutlich auch nur, bis er merkt, daß er die Natter säugt, die ihm dann irgendwann den Giftzahn in die Feldherrensandale schlägt. Bob sieht Harry wehmütig ins Leere starren; Gott, zum Steinerweichen, denkt er, so ein fader Klops, was wären solche traurigen Gestalten ohne mich! Verkrachte Existenzen, Spinner, Traumtänzer, die darauf warten, daß sich irgend jemand für den Quatsch, den sie verzapfen, interessiert. Die wissen überhaupt nicht, was sie an mir haben; jede Jungfrau kann Gedichte schreiben, nur – das unschuldige Zeug verkaufen ist was anderes – Bob grinst stillvergnügt, und könnte einer von den Jungs Gedanken lesen, würde er sich jetzt bestimmt verstärkte Sorgen um Biberti und die Folgen eines Sturzes aus zu großer Höhe machen.

Zunächst mal schimpft er wieder übermütig in den Hörer: »Haben Sie vielleicht die neuesten Kritiken schon studiert? Nicht? Na, dann nehmen Sie sich einfach mal die Zeit, die lesen sich wie Börsenbriefe – allerdings viel aufschlußreicher!« Bob hebt abermals die Hand, bis alle zu ihm sehen, dann zieht er eine Augenbraue hoch und sagt im Eingeweihtenton zu seinem anonymen Teilnehmer: »Sie wissen es vielleicht, Verehrtester, wo ein Hund hinpißt, pissen nämlich auch die anderen alle hin. Von wegen, schlagt ihn tot, den Hund, er ist ein Kritiker, im Gegenteil – schön füttern, immer hübsch das Näpfchen füllen, macht nix, wenn mal ab und zu ein Fettnäppfchen darunter ist oder man angepinkelt wird, verstehen Sie, Hauptsache, sie pinkeln überhaupt.«

Bob blickt belustigt in die Runde, lauscht befriedigt in die Pause, die am anderen Ende eingetreten ist. Er packt den Hörer fest und schüttelt ihn, als hinge er am Halse eines Nebenbuhlers: »Wie bitte, nicht Ihre Sache, was heißt hier, nicht Ihre Sache? Wieso sind Sie nicht das Tierheim? Also bitte sehr, ich habe auch nicht so viel Zeit! Was denn für einen Quatsch, ich bitte Sie, nun hören Sie, das war doch nur ein Spaß, entschuldigen Sie vielmals«, Bob wird kleinlaut, und zusehends klingen all die großen Sprüche langsam, einer nach dem anderen, aus. »Ja, gut, am Dienstag also, drei Uhr nachmittags, Studio eins, natürlich, pünktlich, selbstverständlich, und noch einmal vielen Dank, dann bis zum zwölften – Wiederhören!«

Er legt den Hörer auf, die anderen mustern ihn, teils neugierig, teils hämisch, wieder knistert es geheimnisvoll, bis Harry endlich in die unheimliche Stille fragt: »Na und? Was ist denn nun im Funkhaus?«

Biberti lehnt sich nur in seinen Stuhl zurück und äfft ihn böse nach: »›Na und? Was ist denn nun im Funkhaus?‹ – Mensch, du Träne, ich hab uns soeben unseren ersten Aufnahmetermin gemacht.«

Zur Decke steigt ein kollektiver Schrei – jetzt gibt es auch für unseren versprengten Flügeladjutanten, den bulgarischen Reserveoffizier, kein Halten mehr, er fliegt Biberti an die Brosche, übergibt dem Zivilisten endgültig die Befehlsgewalt; und selbst der stille Moralist klopft Bob nun anerkennend auf die Schulter, größere Gefühlskundgebungen stehen unserem Kantor aus der Wallachei nicht zur Verfügung, mein Vertrauen hast du, Bob, heißt das, nicht mehr und auch nicht weniger, verspiel es bitte nicht. Collins Art, sich zu dem Triumph zu äußern, ist nur eine Geste, aber – was für eine: Erich nimmt bedächtig dieses elende Monokel aus dem Auge und die Zigarettenspitze aus den Lippen, und dann nickt er anerkennend. Bootz erhebt sich, geht auf Bob zu, nimmt ihn bei der Hand, und dann zieht er ihn zur Verbeugung fast bis aufs Parkett hinunter. Frommermann beginnt, erst leis, zu klatschen, und dann wird er immer lauter, bis die anderen einfallen und ein Getöse imitieren, das gewiß kein kultivierter Mensch mit einem Beifallssturm verwechseln kann – doch: mehr an Übereinkommen war nie.

Und auch nicht an Ergriffenheit, bei Bob zumindest, der jetzt hoffnungslose Anstrengungen unternimmt, die neue Rührung schnell auf seine alte Rührigkeit zurückzuführen, er krempelt umständlich die Ärmel auf.

»Na, nun mal halblang, Jungs, dafür bin ich ja schließlich zuständig. So, ähm, also, ja, wo waren wir doch gleich stehengeblieben – ach so, die Verträge, alles klar, na, dann mal ran an 'n Speck und schön gelesen, und wir stehen erst auf, wenn alle aufgegessen haben, Kinder: ohne seine Unterschrift darf keiner raus zum Spielen.«

Und nun beugen sie sich alle, brav wie Buddelkinder, grinsend über die Papierschiffchen und folgen ihrem Lauf, bis Erwin plötzlich ruft: »Ein Glück, daß überall das gleiche drin steht! Oder ist das hier so eine von den Klauseln, die du uns vorhin schon unterjubeln wolltest?«

Bob gibt sich erstaunt: »Was für 'ne Klausel, Erwin? Jeder kriegt das gleiche, jeder hat dieselben Rechte – ach, jetzt weiß ich, was du meinst, die Extrastimme bei den musikalischen Entscheidungen?« Er dreht sich um und schmunzelt.

»Genau, Bob, meine Prämie für den rechtzeitigen Einsatz. Wenn ich ihn verschlafe, zahle ich für die Minute eine Mark, für fünf Minuten fünf und dann so weiter ...«

»Hab ich nur für dich gemacht, Bootz, ist ja immerhin ein Exklusivvertrag, da muß man sich auch mal ein Extra leisten, also, wenn ich du wäre, dann würde ich nicht überlegen.«

Erwin greift nach einem Stift, schreibt seinen Namen unten in die rechte Ecke und fragt: »Wieviel krieg ich eigentlich, wenn ich mal absolut verschlafe und zu früh einsetze, Bob?«

Biberti sieht ihn an und nimmt den Vertrag vom Tisch: »Ungefähr drei Jahre, schärfste Dunkelhaft, Scheinwerferentzug, die Gage wird Ramona auf die Miete gutgeschrieben.« Aber, denkt sich Bob, das ist natürlich ohnehin rein theoretisch, ungefähr so, als ob Harry auf der Bühne einmal keine Faxen machen oder Erich in der Öffentlichkeit in der Nase bohren würde. Und dann geht er zum Klavier hinüber und sagt: »So, wir könnten ja den Einsatz gleich noch mal probieren; und da Ihre Aussichten so sonnig sind – Sie haben es jetzt schließlich schriftlich –, sollten wir mit *Wochenend und Sonnenschein* beginnen!«

Doch zuvor ramscht Bob rasch die Verträge ein und kontrolliert die Unterschriften; meine Herren, denkt er, der Leschnikoff schreibt tatsächlich noch schlimmer, als er redet, und der Wilhelm von Collin sieht aus wie eine Damenstickerei. Nun ja, was soll's, Hauptsache, die Angelegenheit ist erst einmal in Sack und Tüten.

Alle haben sich inzwischen wieder aufgereiht und stehen jetzt bei Erwin am Klavier, Bootz schlägt die ersten Takte an und sagt im Gouvernantenton: »Falls ich dann endlich bitten dürfte, Herr Biberti, auch wenn wir im Augenblick nur Ihre Gäste sind – der Einsatz muß ganz einfach stimmen.«

Bob hat die Papiere in ein Schreibtischfach gestopft und huscht nun mit gespieltem Eifer wie ein zu spät gekommener Schulbub zu den anderen, Harry senkt den Arm, und Ari zieht den ersten Ton bis an die Zimmerdecke – plötzlich öffnet sich die Tür, und Frau Biberti steckt den Kopf herein.

»Störe ich, Robert?« fragt sie unsinnigerweise, und Biberti antwortet genauso sinnlos: »Aber nein, wie kommst du darauf?« Hinter seiner Mutter schiebt sich jetzt ein zweites Frauenzimmer in den Raum.

»Das sind die Jungs von meinem Robert, Frau Pachulke, wunderschön, nicht wahr? Sogar Herr Hartmann ist schon weich geworden«, Frau Biberti kichert, »er beschwert sich gar nicht mehr.«

Doch Frau Pachulke zieht nur kurz die Brauen hoch, sie mustert einen nach dem anderen, und schon schlüpft sie wieder aus dem Zimmer und macht Frau Biberti aufgeregte Zeichen. Die sieht hilflos zu den Jungs und Bob, dann zuckt sie mit den Schultern, geht ihr nach, und Bob hört noch, wie die Pachulke vollkommen entgeistert wispert: »Aber, Frau Biberti«, die erschrockne Freundin atmet schwer, »das sind ja lauter Juden!«

Tief erschrocken legt Bobs Mutter einen Finger auf den Mund: »Wie bitte? Lauter Juden, nein, wie kommen Sie denn darauf?«

Frau Biberti schließt die Tür, und die Pachulke räsoniert: »Na, so was sieht man doch mit einem Blick, die großen Nasen und die abstehenden Ohren, sicher haben die auch ihre Schläfenlocken bloß vor Ihnen eingerollt, damit Sie es nicht sofort merken. Der mit dem Monokel und der Weste mag ja vielleicht keiner sein, aber der Kleine da, mit seinem Oberlippenbärtchen, also wissen Sie, das spürt man doch geradezu am ganzen Leibe, daß der irgend etwas zu verbergen hat.«

Sie lächelt überlegen, und Bobs Mutter will sie immer noch beruhigen: »Nein, nicht doch, Frau Pachulke, das ist der Herr Leschnikoff, ein Sänger aus Bulgarien, der ist nie und nimmer jüdisch, der war sogar Offizier in seiner Heimat«, sagt sie, fast, als müsse sie den eigenen Sohn verteidigen.

»So, so«, sagt die Pachulke, »und was glauben Sie, warum er dann nicht dort geblieben ist – Ihr Offizier?«

Bobs Mutter kann es immer noch nicht glauben, was sie hört, sie zögert mit der Antwort; die Pachulke aber nimmt das triumphierend für ein Eingeständnis: »Sehen Sie, so einfach ist das nämlich, fragen Sie ihn doch mal. Also, mir reicht da ein Blick, und schon weiß ich Bescheid. – Ach, übrigens: Ihre Ersparnisse, die haben Sie doch hoffentlich nicht irgendwo in Ihrer Wohnung, Frau Biberti!?«

Langsam, langsam, denkt Bobs Mutter, was ist denn mit der Pachulke los, das sind ja völlig neue Züge, oder habe ich die einfach nur in all den Jahren nie bemerkt? Sie rätselt noch ein Weilchen, zupft an ihrer Bluse, räuspert sich energisch und ruft nun mit süffisantem Staunen: »Aber, sicher, Frau Pachulke, selbstverständlich habe ich all mein Erspartes hier im Hause, wo soll es denn sonst sein? Auf der Bank vielleicht? Bei diesen Geldverleihern etwa, diesen Wucherern und Pfennigfuchsern, mit den unverschämten Zinsen – soll ich diesem jüdischen Betrugsgesindel auch noch meine Witwenrente in die Hände geben?«

Jetzt legt Frau Pachulke höchst verschreckt den Finger auf den Mund: »Nicht so laut, ich hab es doch nur gut gemeint, verstehen Sie, Frau Biberti, wissen Sie, aus Schaden wird man nämlich klug, ich könnte Ihnen Dinge aus der Nachbarschaft erzählen, daß Sie sich ...«

Bobs Mutter greift zum Kleiderhaken, reicht der rumgekommenen Besucherin den Mantel: »Heute nicht mehr, Frau Pachulke, gern ein andermal, ich muß den Jungs da drinnen jetzt erst mal was kochen, nach der Probe sind die immer völlig ausgehungert. Sie wissen ja, wie pingelig die sich mit ihrem Essen haben – also dann, auf Wiedersehen«, und schon steht die Pachulke fassungslos im Treppenhaus.

Bob kommt aus dem Zimmer, still wie auf dem Friedhof war es dort in den vergangenen Minuten, nachdem Frau Biberti sich so hörbar hatte vor der Tür vernehmen lassen. Jetzt geht er auf seine Mutter zu. Er nimmt sie in den Arm, er drückt sie ganz fest an sich – und so manches an Biberti geht den Jungs nun langsam auf.

Ein Mutterseehnchen, denkt Cycowski, mecht ich sagen nich direkt bei solche Mama, nein, er liebt sie einfach. Bob gibt seine Mutter langsam wieder frei und dreht sich um, die anderen stehen wie versteinert am Klavier, und Harry sagt: »Wir sind alle sehr, sehr stolz auf Sie, Mutter Biberti.«

Ein solch Gewimmel möcht ich sehen, denkt sich Bob in dem Gedränge vor der Studiotür; ein Schild ermahnt gebieterisch, daß hier die strengste Ruhe herrschen müsse, doch natürlich sind die sechs jetzt viel zu aufgeregt, sich um papierne Weisungen zu kümmern. Bootz klopft schon zum dritten Mal, und diesmal scheinbar mit Erfolg – die Tür fliegt auf und kippt die Jungs erst einmal durcheinander. Auf der Schwelle steht ein strenges Fräulein, ungefähr in ihrem Alter; in der Hand ein Stenogrammblock, auf der Nase eine altmodische Brille, um den Mund ein steiler Zug, Kostüm der

Marke Frau Biberti, die Frisur vom Schnitt der Frau Pachulke. Unser übermütiger Gesangverein fährt mit gespieltem Schauder auseinander, Bob wagt sich als erster wieder vor, macht einen Diener.

»Guten Tag, gnädige Frau, Sie hatten uns bestellt, für heute, fünfzehn Uhr, zur besten Vesperzeit gewissermaßen«, hinter sich vernimmt er unterdrücktes Kichern.

»Ja, ich weiß«, erwidert ihm das Fräulein nun im Stile einer juvenilen Stiftsvorsteherin, »ich kenne Sie ...«

Biberti hebt die Hand und kneift ein Auge zu, bevor er sagt: »Das glaube ich sofort, wer nicht, mein schönes Kind – da teilen Sie inzwischen ein Millionenschicksal.«

Doch das ältliche Geschöpf verzieht nicht eine Miene und spricht ungerührt den angefangenen Satz zu Ende: »... schon vom Telefon. Wenn ich nicht irre, Herr Biberti, oder? Hoffentlich war Ihre Reise angenehm, wir hatten schon ein bißchen Sorge, daß der Breslauer vielleicht Verspätung haben könnte.«

Bob ist irritiert, denn der noch eben so verkniffene Mund des Fräuleins öffnet sich zu einem unverhofften Lächeln.

»Der Stettiner, schönes Frollein, der Stettiner war es, Gott sei Dank«, sagt Erich und verbeugt sich formvollendet; das Monokel rutscht ihm aus dem Auge. Aus dem Lächeln der Kollegin wird ein Lachen, das auf unsere traurig anmutenden Helden überschwappt, sie aus der eingetretenen Peinlichkeit erlöst und in die angestammten Rechte wieder einsetzt, sich als unverbesserliche Schmeichler und Charmeure aufzuführen.

Erich bückt sich nach den Resten seines Augenglases. »Scherben bringen Glück«, natürlich, Bootz kann sich die dümmste aller Redewendungen mal wieder nicht verkneifen, aber Erich geht mit nobler Ignoranz darüber weg.

»Collin, Erich Collin. Und das hier sind die Herren Frommermann, Cycowski, Bootz und Leschnikoff, und – Herrn Biberti kennen Sie ja schon. Entschuldigen Sie vielmals unseren Auftritt, aber wir sind wohl von der Reise noch ein wenig angegriffen.«

Erich lächelt schief, doch das gestrenge Fräulein ist nun völlig aufgetaut.

»Sehr angenehm, die Herren, ja wirklich – Fröhlich.« Unsicher blickt unser Haufen auf das Mädchen, »Ursula Fröhlich. Oh, Sie dachten wohl, ich heiße Ältlich oder Grimm«, sie beugt sich jetzt ein wenig vor, »ist alles nur zur Tarnung vor dem Herrn da drin, der ist tatsächlich so streng, wie Sie das vielleicht von mir gedacht haben. Also, Sie müssen sich jetzt ganz korrekt benehmen und genau befolgen, was man Ihnen sagt.«

Sie strafft die Bluse und fragt in die Studiotür: »Die Herren von den Comedian Harmonists sind da. Ich darf sie schon vorlassen?«

Und aus dem Inneren des Studios ruft eine Altmännerstimme: »Wie denn das? Ich hab das Taxi doch gerade erst zum Anhalter bestellt – na gut, ich lasse bitten!«

Hinter den Comedian Harmonists erscheint ein Techniker; er schiebt Biberti seelenruhig mit dem Arm beiseite: »So is besser, Junge, laß mal Vattern hier mit seinem Grammophon vorbei.« Die andere Hand hält einen riesengroßen Trichter, und jetzt faßt der Mann das Monstrum wieder fest mit beiden Armen und versucht, es durch die Studiotür zu wuchten. Die aber ist ausgefüllt, von der Altmännerstimme, die in diesem Augenblick die vorschnell Eingetroffenen begrüßen möchte und, mit einem Blick auf das gewaltige Gerät, sagt: »Nürnberger, Sie wissen schon.«

»Sehr angenehm, Biberti«, Bob will auch die anderen vorstellen, doch die Stimme lacht verlegen.

»Ich dachte eigentlich nur an den Trichter, Herr Biberti – mein Name ist Lilienthal, fürs Höhere zuständig, ganz leicht zu merken. – Ihr Gepäck ist wohl noch draußen? Frollein Fröhlich, kümmern Sie sich mal.« Er reicht den anderen reihum die Hand und winkt sie durch die Tür, dann öffnet er mit einem Griff den zweiten Flügel, dirigiert den Trichter in die Studiomitte und weist Fräulein Fröhlich an, zuvor die Tür noch sorgsam hinter ihnen zu verschließen.

»So, dann wollen wir mal!« sagt Lilienthal. »Sie wissen ja wohl selbst am besten: time is money, wie sie drüben sagen.«

An der Stirnseite des Studios hängt ein Zifferblatt, so groß, daß selbst der Zeiger einer Sonnenuhr kaum einen längeren Schatten werfen kann.

»Donnerwetter, scheint so, als ob Ihnen Zeit tatsächlich wichtig ist. Dagegen sind ja die Normalanzeiger auf dem Anhalter fast Taschenuhren.«

Sehr gut, Bob, bist eben doch ein weitgereister Mann, denkt Erwin noch, als Frollein Ursula über das Kabel haargenau in seine Arme segelt.

»Ach«, sagt Bootz und gibt ihr die herabgefallene Brille wieder, »da hab ich vorhin wohl Ihren Namen völlig falsch verstanden – Fröhlich anstatt Stürmisch.« Nicht, daß der Biberti glaubt, er könnte hier mal wieder leicht als Tagessieger abgehen, denkt Erwin, und: Mein Gott, was schaut die niedlich ohne ihr Gestell aus, und ganz rot ist sie geworden! Ob ich sie nachher mal frage, was sie sonst so macht, am liebsten würde ich sie nach dem nächsten Wochenende mit der Mutter mal zum Kudamm schleppen und ihr irgendeinen schönen Fummel kaufen und sie zum Friseur begleiten, ist doch eigentlich ein hübsches Mädel – die Gedanken schießen Purzelbäume, Bootz hört weder die gehaspelte Entschuldigung von Ursula noch die Weisung Lilienthals, sich vor dem Trichter aufzustellen.

»... Haalooh, hallo, Erwiinchen, mußt wieder einmal wachen auf«, ruft Bob in Aris Tonfall – Mist, denkt Bootz und hastet ans Klavier.

»Aufnahme bitte! Und vor allem nie vergessen: Immer in den Trichter singen!«

Lilienthal blickt ungeduldig auf die Uhr, und Ursula macht sich an der Studiotür zu schaffen, umständlich entriegelt sie erst einen, dann den anderen Flügel, schließlich hat sie es geschafft und zur Zufriedenheit aller Beteiligten die Tür verschlossen. Von innen, wie natürlich jedem, bis auf Lilienthal, auch sofort klar ist; doch selbst der ist jetzt zu neugierig auf das, was diese Jungs wohl bieten werden, und hat keine Lust, die Fröhlich noch einmal an das Gepäck oder den Taxifahrer zu erinnern. Zahlt im Härtefall »Odeon« – haben sich ja beinah umgebracht, daß der Termin gehalten wird und ihnen bloß keiner in die Quere kommt! Na, hören wir mal rein.

Auf einen Wink des Technikers spielt Bootz die ersten Takte, die verlaufen sich in irgendeiner Weise, nur nicht in der Melodie, auf die gerade alle warten; Harry hüstelt, Erwin setzt sich auf dem Hocker noch einmal zurecht. Und auch die anderen suchen langsam ihren Platz, »Ich küsse Ihre Hand, Madame«. Und Erwin träumt, »es wär ihr roter Mund« – weil immer bei Ramona auf der Matte, das geht nicht so weiter, was fürs Herz wär diese Ursula. »Ich wäre so galant, Madame«, die Hände gleiten melancholisch über das Klavier, die Augen suchen in der Düsternis des Studios Ursulas große Brille.

Schön ist das, denkt Lilienthal, Tatsache, singen prima, hat der Plattenheini ausnahmsweise mal nicht übertrieben, dürften eine echte Zukunft haben, diese Jungs – obwohl, so richtig lustig findet er sie nun auch nicht. Wird sicher an der Reise liegen, grübelt er, das ist ja doch 'ne ziemliche Strapaze, früh am Morgen von Stettin los, und nachmittags schon im Funkhaus wieder frisch und munter sein. Nun gut, die Nummer jedenfalls ist erstklassig gelaufen, da hab ich ja mal pünktlich Feierabend. »Wenn ich wüßt, wo das ist, ging ich in die Welt hinein, denn ich möcht einmal recht so von Herzen glücklich sein ...« – na, ich weiß, wo das ist, genau das Wetter, sich mal wieder so von Herzen zu besaufen, an der Spree bei Zenner wird er die geschenkte Zeit heute gemütlich durch die Kehle rinnen lassen, frische Luft ist ja gesund – so, das reicht!

»Recht vielen Dank, die Herren. Ich glaube, es wird wunderbar.«

Daraus müßte man sofort ein Liedchen machen, denkt Biberti und liest kopfschüttelnd die nächsten Paragraphen. »Kleiderordnung für das Strandbad Wannsee« heißt der offizielle Aushang, und Collin studiert mit ihm zusammen gerade die Passagen, die sich sommerlich dem Schutze der Moral verschrieben haben: Herren nur in einer Badehose, die – im mindesten – die Oberschenkel halb bedecken muß, nicht dreieckig und ausgeschnitten sein darf; Damen nur im Badeanzug, der die Schultern und die Brust, den Leib sowie die Beine, wiederum – im mindesten – bis übers Kniegelenk bedecken muß und ebenfalls nicht ausgeschnitten sein darf.

Neben ihnen steht Chantal, und immerhin versteht sie so viel, daß sie zu den beiden sagt: »Ach, ihr seid geine 'erren, wir sind geine Damen – wir sind Kinder, basta.«

Harry aber zeigt auf einen Absatz und erklärt: »Beste Chantal, es ist in Deutschland nicht so einfach, wie du glaubst, es gibt natürlich auch Verbote für euch Kinder.« Und dann liest er einen Abschnitt vor, der unter anderem das Graben ufernaher Erdlöcher, den Bau von Kleckerburgen und das Aufwerfen von Sand aufs strengste untersagt. Bei Mißachtung, trägt Harry weiter vor, drohen Geldstrafen bis zu zehn Mark, und Erna kommentiert: »Das muß wohl eine ältere Vorschrift sein, als eine Mark noch eine Mark war.«

Bob tritt näher an den Aushang: »Schlaues Kind, die Erna, neunzehnhundertacht, hier unten ist das Datum – allerdings, da steht auch, daß der Zahlungsunfähige respektive -unwillige sein Vergehen mit drei Tagen Gewahrsam büßen kann – der Frevelkurs wird wohl stabil geblieben sein.«

Sie kichern und sehen ein paar Leute, die mit Zetteln in der Hand herumlaufen und sie verteilen. Irgendwie erinnern sie an Mitglieder der Heilsarmee, auf ihren Mützenbändern aber steht in großen Lettern »Freibäder-Verein«, wie auf den Handzetteln, von denen sie jetzt jedem, ziemlich aufdringlich, ein Exemplar hinhalten. Ein Bärtiger, der einen Klipper auf der Brust als Tätowierung trägt, die sich inzwischen längst zur Kogge wölbt, holt jetzt zu einem großen Vortrag aus.

»Sehr schön, daß Sie die Badeordnung so gewissenhaft zur Kenntnis nehmen, meine Herren, das tun in Ihrem jugendlichen Alter sonst nicht allzu viele«, sagt der Leithammel, »es möge nützen.«

»Sehr zum Wohl«, antwortet Erna, die sich, wie Chantal, ganz einfach übergangen fühlt, »es ist nur so – wir wirken jünger.«

Eine altbackene Vertreterin löst sich nun aus der Runde der vereinten Freibäderbeschützer.

»Tja, Sie müssen schon entschuldigen«, sagt sie in einem Tonfall, der auf wenig Glück im Leben schließen läßt, »wir haben meistens mit den jungen Männern Schwierigkeiten, und wir hoffen, daß die schlechten Sitten, selbst in diesen Zeiten, nicht auch noch auf unsere jungen Frauen übergreifen.« Sie drückt auch Chantal und Erna einen Zettel in die Hand und raunt: »Da, sehen Sie selbst, was unsere drängendsten Probleme sind; wir unternehmen das doch hauptsächlich für Damen Ihrer Herkunft, immerhin begrüßen wir am Wochenende hier fast eine viertel Million Badegäste, alles Industriearbeiter aus dem Wedding und dem Friedrichshain, die können sehr, sehr lästig werden, wenn sie in der Sonne was getrunken haben.«

Jetzt nimmt Erich einen Zettel vor die Augen, rückt sein Augenglas zurecht, das Bob in diesem Augenblick schon gar nicht mehr so furchtbar findet, und zitiert: »Das Anstarren der Damen, welche baden wollen, ist zu unterlassen, gegen unlautere Elemente ist energisch vorzugehen.« Erich ruckt mit Nachdruck am Monokel und sagt: »Absolut verklemmt, verstehen Sie, völlig; man sieht alles überdeutlich, wenn es zu dicht vor dem Auge sitzt.«

Dann geht er auf Chantal zu, nimmt sie in den Arm und knöpft die ersten beiden Blusenknöpfe auf. Er blickt in ihren Ausschnitt und sagt: »Gott sei Dank, daß du nicht baden willst, sonst müßte ich jetzt glatt das Anstarren unterlassen.«

»Mon Cher, das ist doch nur pour des Madames, verstehst du, nix für kleine Badenix wie mich, da kannst du ruhig haben Bellevue in meine Elemente – sagt man so?«

Selbst Roman schüttelt sich vor Lachen, und die

Retterin der Freibädermoral wendet sich wütend an Chantal: »Mein Fräulein, dieses ist ein deutsches Freibad, nicht Pigalle oder Molangrusch, verstehen Sie? Wenn es Ihnen hier nicht paßt, dann gehen Sie doch wieder dahin, wo Sie hergekommen sind, und wedeln Sie gefälligst mit den roten Zotteln Ihre eigenen Kerle durcheinander.« Und dann stürmt sie auf den Strand zu, eskortiert von den Vereinsmitgliedern.

Bootz jedoch nimmt Ursula bei der Hand, die beiden fallen vor Chantal auf ihre – unbedeckten – Knie: »Oh, du, Prinzessin des Baguettes, erlöse uns und nimm uns mit, egal, wohin, die Hauptsache, es ist Paris! Von mir aus auch nach Nizza, Cannes und Saint-Tropez, nur fort von hier, ich werde dieses Mädelchen an meiner Seite nie über die Schwelle eines deutschen Standesamtes wuchten!«

Erwin ringt jetzt flehend seine Hände, und dann nimmt er seine Ursula in den Arm und sieht sie an wie ein verliebter Gymnasiast, die aber sagt mit einem Lächeln: »Hätte ich mir denken müssen, alter Drückeberger, daß du sicher irgendeine Ausrede parat hast.«

»Herr im Himmel, liebste Ursula«, Erwin wirft sich theatralisch über Ursula wie einst Ferdinand über die röchelnde Luise, »welch ein Unglück, ich mach dir den ersten Heiratsantrag meines Lebens, und du antwortest mit einer Mißtrauenserklärung? Glaubst du mir vielleicht, daß ich es ehrlich meine, wenn ich dir versichere, daß es auch Madrid und Rom, von mir aus London oder selbst Chicago und New York, Shanghai und Melbourne ...«

»... oder Kremikowski sein kann? Hat ein wunderscheenes Kirche, wenn du ehrlich meinst, ich kann besorgen Popen, schlafen wir in Haus von meinen Bruder, brauchen wir nix dicke Berta und bekommen schöne Fest, sind alle neidisch, und wenn wir zurick sind, Ursula brauchen neies Kleidchen.« Alles grinst, nur Ari strahlt und sagt: »Nein, nein, ich meine doch von viele Essen, Hammelbraten und Pasteten, und von viele Trinken und von viele Slibowitze ...«

»Was für Witze?« fragt Biberti. »Slibowitze?«

»Ja, Bob, Slibowitze; sind am Anfang ganz normal, und dann, dann mecht man immer mehr, und plötzlich schläft man ein.«

»Na, dann gute Hochzeitsnacht!«

Bob sieht ein bißchen unruhig zu Harry rüber, der mit Erna an den Strand des Freibades gewandert ist und dort mit ihr herumsteht, fast, als wären sie ein altes Pärchen – nicht gerade übertrieben herzlich, aber eben auch nicht ganz so unvertraut. Und nun versucht sich Bob, fast wie ein Taubstummer, als Lippenleser. Natürlich kann er sich schon denken, was die beiden zu besprechen haben. Ich weiß zwar nicht, was so ein Mädel wie die Erna an dem rappeldürren Segelflieger findet, denkt sich Bob, noch ist längst nicht aller Tage Abend. Doch – ein bißchen ist er schon gekränkt, auch seiner Mutter wegen, die sofort gesehen hatte, daß er mit der Erna endlich mal was Festes hätte. Selbst die Wohnung hatte sie schon in Gedanken umgerüstet, und Bob weiß nicht einmal ganz genau, weswegen er auf Harry eher schlecht zu sprechen ist: der Erna oder seiner Mutter wegen.

Manchmal glaubt er neuerdings, daß die Pachulke doch nicht nur so einfach spinnt, er sieht's ja selber, außerdem, sie ist schon jahrelang die Freundin seiner Mutter, wird sich wohl nicht alles aus den Fingern saugen. Es könnte sein, Harry hat der Erna sonst etwas versprochen, zuzutrauen ist es ihm bei seiner Herkunft sicher. Bob ist wütend, und am meisten auf sich selbst: Jetzt spinnst du auch schon, geht doch nicht um irgendwelche Frauenzimmer – dafür hat Ramona schließlich ihre Mädchenkammern. Eh' ist eine wie die andere, hier geht's um höhere Beträge, Alter, soll doch nicht darauf hinauslaufen, daß du ein halbes Jahr geprobt hast, nur, damit dir dieser Hakennaserich die Braut entführt!

Bob sieht, wie beide jetzt das Koffergrammophon auf eine Decke stellen – auch so eine Angebergeschichte Frommermanns; der legt die Platte auf den Teller, flüstert Erna etwas zu, die aber schüttelt ihren Kopf. Dann winkt sie Bob und auch den anderen zu.

Biberti scheint noch unentschlossen, doch Collin ist mit Chantal schon auf dem Weg zum Wasser: »Sagen Sie, ist ausgerechnet das der vielzitierte Seeweg ins gelobte Land, direkt aufs Ufer zu, mein Fräulein?«

»Nein, 'ier geht's nur zum 'aven, in den 'aven von die Eje, 'eißt es wohl in deutsch, nischt wahr?«

Bootz sagt: »Genau, da geht es zum berühmten Port von Kremikowski.«

Bob ist ausnahmsweise einmal nicht zum Lachen, und so trottet er den aufgekratzten Freunden einfach hinterher und läßt sich schließlich auf die Decke plumpsen.

Erna schüttelt noch einmal den Kopf und sagt zu Harry: »Unsinn, du bist wirklich blöd – na gut, entschuldige, e r ist natürlich blöd, ich brauchte nur ein Weilchen, bis ich es gemerkt habe – ich war doch noch s o jung«, sie lehnt sich aufreizend zurück und säuselt: »Ach, ich armes Mädchen zart, hätt' ich doch gleich genommen diesen Drosselkönig Frommerbart.«

Bob weiß immer noch nicht, ob er sich nun eher souverän oder doch leicht gekränkt verhalten soll, um Erna die zurückgesetzte Liebe mitzuteilen, allerdings, die anderen sind tüchtig ausgelassen, und Biberti denkt, na, so weit sind wir auch noch nicht; die Gerda strengt zwar manchmal an, mit ihrer Tänzerinnentaille aber schlägt sie selbst Chantal um Längen – solche Girls gibt's eben nicht wie Sand am Meer – oder am Wannsee.

Über das Gewässer geht ein leichter Wind, und ein paar Wolken ziehen, wie Vorboten eines Gewitters, über die Comedians und ihre Mädchen. Ursula hat im Studio einen großen Picknickkorb geordert – Gruß von Lilienthal für die gelungene Premiere –, und nun liegen alle um die Champagnerflaschen und die Schlackwürste herum. Nur drei von ihnen fühlen sich komplett versorgt, die anderen sehen sich in der Umgebung um; das Lied ist abgedreht, und Harry spannt die Grammophonfeder, legt jetzt eine andere Platte auf und stellt das Grammophon so laut wie möglich. Dann greift er sich Erna, wirbelt sie im Takt des Liedes durch die Gegend, auch Collin und Bootz sind wieder aufgestanden und versuchen, ihre Frauen herumzuschwenken. Ari blickt zur Nachbardecke, wo noch ein paar scheinbar herrenlose Mädchen in der Sonne liegen, und versucht sich als der nette Boy von nebenan – vergeblich. Schließlich steht auch er auf, nimmt sich eine der Champagnerflaschen, geht hinüber zu den unbewegten Schönen; Ari zupft an seinem Badehosenbund und stellt sich vor: »Asparuch Leschnikoff, Comedian Harmonists.«

Kein Aufschrei des Entzückens, keinerlei Erregung auf der Matte, Ari sieht verdattert zu den anderen, dann unternimmt er einen zweiten Anlauf: »Darf ich Sie auf unsere Decke bitten, nur für eine Schlucken?«

Die Angesprochenen verdrehen die Augen, auf dem Plattenteller kreist im Polkatakt »Marie, Marie«, und Ari sagt verschnupft: »Genau, wär schade um Marie für solche dumme Gänse.« Dann will er sich wieder unter seine Freunde mischen, doch plötzlich gibt es einen Knacks, Marie stürzt in die Nadel, überm Grammophon erscheint ein Schatten, der jetzt größer wird und auch den Korb verdunkelt.

Er gehört zu einem blonden Schlaks, der mit zwei anderen, hochgewachsenen Jünglingen herangetreten ist, die Platte nimmt und sagt: »Zu schade, aber die ist wohl hinüber. Ist vielleicht nicht ganz so schlimm, hat das verdammte, weibische Gedudel vorläufig ein Ende, geht mir gegen mein gesundes Volksempfinden. Übrigens, wir hacken unsere Hühner selbst, du jüdischer Kastrat.«

Er geht auf Ari zu und nimmt ihn bei der Schulter, um ihm einen Schubs zu geben. Alles steht erst einmal wie vom Blitz getroffen, aber Ari nimmt die Hand des Burschen, fast wie nebenher, herunter und sagt völlig ungerührt: »Verzeihung, junger Mann, ich heiße Leschnikoff, ich sein bulgarisch Offizier«, und schon springt er mit voller Wucht und mit dem Kopf nach vorn dem Schlaks ans Kinn, der taumelt rückwärts und fällt seinen Kameraden in die Arme, die erschrocken auf den kleinen Springball Ari starren.

Bob erwacht aus seiner Lethargie, erhebt sich langsam und geht auf das überraschte Trio zu.

»Hat irgendwer hier einen Furz gelassen? Das ist gegen jede Bäderordnung! Du vielleicht, du aufgeblasener Fatzke? Soll ich dich mal aus der Hose schütteln, daß wir alle was zu lachen haben, oder willst du vorher lieber schnell verschwinden?« Einer von den dreien hebt die Hand, und Bob ruft warnend: »Lieber nicht, mein Junge, wer sich mit Biberti anlegt, der muß Bäcker schicken, keene Schrippen. Und nun husch, ins Körbchen, oder ick laß meinen kleenen Balkankläffer noch mal auf euch los, ihr Pfeifen!«

Bob schwant langsam, warum dieser gelbhaarige Lulatsch Frommermann ungleich wütender als ihn anstarrt. Das ist doch dieser Kerl, der schon im Schauspielhaus ’ne eher traurige Figur gegeben hat. Dieser Kommilitone, der Nachtschwärmer bei Erna; da war Harry ziemlich fertig, als er zufällig drauf gestoßen ist. Bob dreht sich also jetzt zu Ari, und schließlich sagt er zum verdutzten Hans: »Und wenn ick dich noch einmal in der Musikalienhandlung sehe, stopfe ick die Pauke mit dir Lumpen aus, verstanden?«

Hans hat sich ein wenig von dem Schock erholt, den der beherzte Ari ihm verpaßt hat, und versucht das Blatt, behutsam selbstverständlich, wiederum zu wenden. Er beachtet Bob und Ari gar nicht, blickt zu Erna und sagt anzüglich: »So tief bist du jetzt also schon gefallen. Ein deutsches Mädel, und gibt sich mit so was ab, im Rudel gleich ...«

Bobs Blick wird schmal, doch Hans fährt unbeirrt mit seinem unerträglichen Palaver fort: »Na, dann viel Glück in der Gemeinde, Erna, sicher läßt du dich demnächst auf Judith umtaufen?«

Mit einem Satz ist Bob bei ihm, er schüttelt Hans jetzt wirklich beinah aus der Hose, der jedoch weiß längst, daß er hier nichts mehr zu verlieren hat, selbst seine Sekundanten halten sich in sicherer Entfernung, also denkt er: Soll sie ruhig gucken, mit welch hinterhältigem Gesindel sie sich eingelassen hat; wie die mit einem deutschen Universitätsstudenten umgehen, kann sie sich vielleicht ein Bild machen, wie’s insgesamt noch kommen könnte, wenn man die nicht bremsen würde. Dieser kleine Jude da, der nachts vor Grünbaums Laden steht und bettelt, der kann sie doch unmöglich beeindrucken, schon gar nicht dieser grobschlächtige Fettwanst, der sich erst nach vorne wagt, wenn ihm ein spindeldürrer Synagogendiener zeigt, wie man den Schnurrbart sträubt.

Noch immer stehen Bob und Hans sich schnaufend gegenüber, Ari lauert auf dem Sprung, selbst Roman hat dem Pazifismus abgeschworen und sieht drohend auf das gegnerische Lager.

Hans jedoch sagt nur verächtlich: »Schade, Erna, daß ich nächtelang umsonst versucht hab, dir was beizubringen – solltest deine Freiheit nicht so leicht beschneiden lassen.«

Dann will er sich so, als hätte er nur kurz eine Bemerkung übers Wetter fallenlassen, grinsend wieder wegbegeben, aber Bob ist über ihm, bevor sich Erna zwischen beide werfen kann, und hat ihn in den Sand geworfen. Erna tippelt hilflos um die Kampfhähne herum, blickt fassungslos auf das Geschehen, bis Bob von seinem Gegner wieder abläßt und sich den Sand von seiner Hose klopft.

»An so einem halben Hahn mach ich mir nicht die Finger schmutzig.«

Hans hat sich aus seiner demütigenden Lage ebenfalls wieder emporgerappelt und will sich davonmachen, doch Erna hält ihn fest und sagt: »Du mußt wohl besser aufpassen, mein Freund, sonst wirst du nie ein guter, arischer Magister. Also, schau jetzt wenigstens einmal genau her!«

Sie geht auf Harry zu und nimmt ihn bei den Ohren. »Wunderbar, wie die sich anfassen«, und dann vergräbt sie sich in sein Gesicht und küßt ihn gerade so, als wären sie alleine auf der Welt.

Bob überlegt, ob er vielleicht den Falschen in den Sand gebohrt hat, bis er merkt, daß Erna das Theater nur für den Hanswurst veranstaltet. Nach einer scheinbar unendlichen Weile löst sie sich von Harry, geht auf Roman zu und fragt: »Nur ungetauft oder sogar noch ungeküßt?« Und ehe der noch irgendwie auf eine Antwort sinnen kann, hängt Erna schon an seinem Mund. Cycowski steht wie angenagelt, Erna greift ihm in die Seiten: »He, das ist ein Kuß gewesen, keine Strafpredigt von deinem Rabbi.« Dann dreht sie sich zu Erich: »Na, Herr Collin, und wie sieht's bei Ihnen mit der Weihe aus?«

Und Collin kichert, scheinbar kummervoll, Chantal zu und antwortet: »Ja, leider, Erna, aber ich bin tatsächlich getauft.«

Harry ist in die Elektrische gestiegen und nach Weißensee hinausgefahren, um – sich zu entschuldigen.

Die letzten Wochen, beinah Monate, hat er es nicht geschafft, die Eltern wieder einmal zu besuchen, und nun schämt er sich ein bißchen, daß er immer nur vor ihrem Grab steht, wenn ihm überhaupt nichts Besseres einfällt. Ziemlich mädchenhaft kommt er sich vor, daß er bislang meist bloß an sie gedacht hat, wenn ihm richtig elend und nach Heulsuse zumute war. Das haben sie eigentlich nicht verdient, denkt Harry und dreht, wie auch sonst bei seinen seltenen Besuchen, einen großen, weißen Kiesel in der Hand. Der Grabstein zeigt bereits die ersten Spuren von Verwitterung. Vielleicht liegt es am großstädtischen Regen, Harry hätte lieber eine weniger triviale Deutung, etwa, daß die Zeit die Wunden, die sie reißt, weit schneller heilt als häufig angenommen. Oder daß ein ganz besonders böses Schicksal hinterher besonders eifrig darangeht, die Spuren seines schlimmen Wirkens zu verwischen.

»Liebstes Mütterlein«, sagt er, »du hast doch nicht geglaubt, ich hätte dich vergessen, aber ohne eine gute Nachricht habe ich mich fast schon nicht mehr hergetraut. Nun, sicher kannst du dir jetzt denken, daß es doch geklappt hat. Nein, nicht mit der Hochzeit, da wär ich natürlich vorher noch mal mit der Erna hergekommen, um sie dir und Papa endlich vorzustellen, bevor wir vor den Rabbi treten. Übrigens, wir sind uns immer noch so gut wie seit den ersten Tagen, und demnächst stehen wir bestimmt zusammen hier, dann weißt du ja, was wir dir sagen wollen, falls wir nicht so richtig reden können – ich wollte das nur erst dann machen, wenn's wirklich ernst wird.«

Harry lächelt: »Und nun wird es langsam ernst. Nein, nicht, was du schon wieder denkst, Mutter – sie kriegt kein Kind! Aber natürlich muß man einem Mädchen wie der Erna etwas bieten, schließlich weiß die ganz genau, daß sie auch andere haben könnte, fünf an jeder Hand, wenn das mal reicht – ich muß ihr schon ein Leben bieten, nicht nur schöne Kleider oder jede Woche dreimal Kino, wie's die Mädchen von Ramona mögen. Tja, und jetzt sieht es doch tatsächlich so aus, als könnte ich das. Stellt euch vor, wir haben Plattenaufnahmen, Konzerte, deshalb war ich auch so lange nicht bei euch. Ich kann jetzt hundert Mark und mehr an einem Abend mit nach Hause bringen, Erna sagt, das wäre bloß ihr Schmerzensgeld für meine Ohren, also, die ist wirklich witzig, muß ich richtig aufpassen – o Gott, es ist so schade, daß ihr das nicht mehr erleben könnt.«

Er legt den Stein auf die verwaschene Grabplatte und fährt sich mit der Hand über die Augen, dann blickt er auf seine Taschenuhr. – »Du siehst, Paps, ich hab sie gerettet, weil: im Pfandhaus haben sie mir nichts dafür gegeben, und verkaufen konnte ich sie auch nicht. Glück muß man haben, nicht, und jetzt sieht's aus, als hätt' ich endlich wirklich einmal welches.«

Schade, daß sie nicht mehr so gut hören; Harry muß sich gerade an einen dummen Witz erinnern, wo der Rabbi auf die Frage, ob die Toten uns denn auch verstehen würden, antwortet: Ja, schon – sie zeigen's nur nicht so.

Er fährt noch einmal mit der Hand den Stein entlang, er schluckt und sagt wie immer: »Tschüß, ihr beiden, nächste Woche, ganz bestimmt, vielleicht zu zweit – ich liebe euch.«

Die JU steht auf dem Rollfeld, und die aufgeregten Sänger sitzen auf den Koffern. Aus dem Lautsprecher ertönt *Ein bißchen Leichtsinn*, und Biberti sagt: »Wohl wahr, der Himmel hat halt keene Balken, Schiffsplanken wären mir schon lieber.«

Die Harmonists pressen in gespielter Angst, mit artig vorgetragenem Abschiedsschmerz noch einmal ihre Frauen an sich, Bob drückt seine Mutter.

»Nur keine Angst, Mutter Biberti«, macht Bootz ihr Mut, »Flugsicherheit ist ja keine Frage des Gewichts, und außerdem, Sie wissen doch: Es ist noch kein Meister vom Himmel gefallen.«

Alles kichert, auch Biberti, der zu Erwin blinzelt und sich freundlich revanchiert: »Ist alles Nutzlast, Kleiner, um nicht gleich bis in den siebten Himmel durchzustarten und dann festzusitzen, so wie du.«

Und Bootz nimmt seine Ursula in den Arm, er schiebt der Liebsten das Gestell ins Haar und flüstert ihr ins Ohr: »Mach's gut, du liebe, kleine Brillenschlange, spätestens im Urlaub sehen wir weiter – mit die neue Lorgnette, die isch kaufe in Paris für dich, Cherie.«

Chantal lacht, alle sind sie aufgekratzt, bloß Collin kehrt selbst hier in Tempelhof den Weltmann raus, er küßt Chantal nur flüchtig auf die Wange, und dann steigt er, ohne sich noch einmal umzudrehen, wie in einen Vorortzug, ins Flugzeug.

»Das ist Liebe«, tuschelt Harry seiner Erna zu, er

zeigt vergnügt auf Ari, der an ein paar junge Dinger Autogrammkarten verteilt; sie zeigen einen Zirkuswagen mit dem Namen der Comedians, der von einem Klepper durch die Stadt gezogen wird, und Ari kritzelt unterm Bauch des Vieches seinen Namen und versieht ihn mit dem Zusatz: »Bestes Pferd von ganze Stall.«

Ja, und dann, dann heben sie endgültig ab.

So schnell kann's manchmal gehen: es ist noch gar nicht lange her, da lagen sie im Strandbad Wannsee auf den Knien vor Chantal und flehten die Französin im Namen der deutschen Bäderordnung an, alle mitzunehmen nach Paris, wo sie die charmanten Mademoisellen und die freizügigen Sitten finden würden – und nun sind sie tatsächlich in Frankreich und gönnen sich nach der gelungenen Tournee mal wieder kollektive Ferien. Die Mädchen sollen zeigen, daß sie auf uns fliegen, hat Bootz in Berlin noch vor den Auftritten geflunkert. So haben alle wilden Ehefrauen schließlich ein Billett spendiert bekommen und sind jetzt, nachdem die Auftritte vorbei sind, tatsächlich gelandet. Der verknallte Erwin hat die anderen beweibten Musikanten regelrecht gedrängt, die eigentlich auf eine Herrenpartie ausgewesen sind, doch eh' ihr Pianist vor Liebe krank wird – ausgerechnet vor dem ersten Gastspiel –, haben sie doch voller Nachsicht eingelenkt. Ja, und nun sind sie zwar nicht an der Seine, aber immerhin in Nizza, und auch nicht mit den losen, kleinen Kurtisanen in verruchten Höhlen, sondern fest verbandelt mit den eigenen Frauen auf ihren Zimmern, finden es excellent und lassen es sich gut gehen. Bob – der einzige, der unbeweibt in Nizza angekommen ist – hat noch geflunkert: In der Not, da frißt der Hase

Mohrrüben, dann eben Nizza. Schade nur, wie schnell die Mädels mitbekommen haben, daß die Agenturen mittlerweile immer Doppelzimmer reservieren und ganz selbstverständlich auch den Aufenthalt für die Begleiterinnen übernehmen. Früher, ja, da lotterten die Jungs noch anders durch die Betten ihrer Fremdenhöfe oder brachten wenigstens die Nächte und die Gage beim Kanaster durch. Inzwischen wagt längst kein Veranstalter mehr, ihre Frauen nicht mit einzuladen, schon aus Furcht, es könnte sich ein Harmonist über die Ungebührlichkeit, womöglich auch noch öffentlich, beschweren. Ach, die Ahnungslosen, denkt Biberti, wenn die wüßten, wo die Zumutung tatsächlich liegt, sie würden uns mit einem Kartenspiel und ein paar Flaschen in den Heizungskeller einquartieren. Bob wird melancholisch und erinnert sich jetzt voller Wehmut an die einfachen, sprichwörtlichen Verhältnisse, als sie noch in den wenig luxuriösen Herbergen kampierten.

Erich steht am Fenster seines Zimmers und schaut auf den Vorplatz des Hotels. Die Promenade ist bevölkert, und auf der Terrasse turteln Dutzende von frischverliebten Pärchen; Erich zündet sich die dritte Zigarette an, Chantal liegt immer noch auf ihrem Bett und blättert ohne große Lust in einer Illustrierten. Fast wie Vierzigjährige, denkt Collin, und wir sind noch nicht einmal verheiratet – obwohl er nicht so sicher ist, daß er Chantal tatsächlich irgendwann vor den Altar führen wird. Wie auch? Erich stellt sich seinen Vater und das müde Lächeln vor, wenn er ihm offenbaren würde: Vater, das hier ist Chantal, sie war mal Freudenmädchen, daher kennen wir uns. Inzwischen aber ist es – Liebe. Wunderbar! Der Vater würde einmal um Chantal herumgehen, sie vom Scheitel bis zur Sohle mustern und vermutlich sagen: Hübsches Kind. Das Wichtigste ist doch, daß sie gesund ist und gesunde Kinder kriegen kann, der Rest ist Nebensache. Habt ihr erst mal welche, ist es mit dem süßen, kleinen Dirnendasein sowieso vorbei, da nimmt sie kein Bordell mehr. Denk ich jedenfalls, genau kann ich das ja nicht wissen – wenn sie will, dann untersuch ich sie, nachher, jetzt habe ich noch andere Patienten. Und dann würde er zur Tagesordnung übergehen – die nächste, bitte! Ziemlich kalte Froschpfote, der Doktor Abraham, hat ja auch die Familie sitzenlassen, als Klein Erich gerade vier war – immer andere Weiber. Collin wollte nie so werden, hat das Glück gesucht und dachte, mit Chantal, da hätte er's gefunden. Und nun steht er hier, schaut anderen Mädchen nach und schafft es nicht, sich zu Chantal zu legen und ihr etwas Liebes oder auch nur Nettes zuzuflüstern – Gott, was ist er von der Himmelsmacht enttäuscht.

Bootz hält sich die Ohren zu und strampelt wie ein Knirps, der nicht ins Bett will.

»He, du bist verrückt, mein Kind, total verrückt. Deine verdammte Eifersucht, wo nimmst du nur das ganze Mißtrauen her? Da hast du nun schon so 'ne dicke Brille, aber siehst in unserem Kissen jedesmal ein fremdes Haar – nicht einmal mit gesundem Blick ist so was möglich! Ja, wenn du ein anderes Parfüm gerochen hättest ...«

Erwin will die Angelegenheit ins Lächerliche ziehen, er haßt hysterische Momente, aber Ursula, mit der Rage großer Frauencharaktere, will die Wahrheit wissen und das Puppenhaus zerschmeißen.

»Du bist einfach nicht zu packen, Erwin, wie ein Aal bist du; wie dein Klavierspiel, bloß nicht festlegen, schnell wieder heiter weiter und ein Zwischenspielchen, eine kleine Ablenkung, improvisieren wir ein bißchen ... Damals hat mir das gefallen, da wollte ich dich ja auch noch nicht ...!«

Erwin ist verdattert, geht auf Ursula zu und faßt nach ihrer Hand: »Nun, sieh mal, Kindchen ...«

»Sag nicht immer wieder ›Kindchen‹ zu mir ...«

»Sieh mal, Ursula, einer muß die Dinge schließlich etwas leichter nehmen, oder würdest du mich auch als Trauerkloß zum Heiraten verführen wollen?«

Nach einem Augenblick sagt sie: »Wahrscheinlich nicht – das ist ja die Tragödie. Aber ich bin Jüdin, Erwin, und wenn du mich wirklich haben willst, dann kannst du nicht so flapsig sagen: ›Wenn schon, setz ich eben bei der Hochzeit eine Mütze auf.‹ Das ist kein Spaß mehr, Erwin: Entweder, du zeigst jetzt mal Charakter, oder aus uns wird es nichts. Verstehst du das, Kindchen?« Und dann stolpert sie geübt in seine Arme.

»Du bist mir schon so 'n frommer Mann«, seufzt Erna und vergräbt sich, leicht verlegen, in die Decke.

Harry streicht ihr, kaum verwegener, übers Haar.

»Ich möchte, Erna, daß wir heiraten, ich möchte, daß wir eine Wohnung nehmen, und ich möchte, daß du endlich meine Frau wirst. Es hat lang genug gedauert, aber jetzt klappt alles wunderbar mit uns, warum also willst du nicht?«

Erna kommt unter der Decke vorgekrochen und hat diesen Blick »Jetzt geht das wieder los« in ihren Augen, die sie leicht herunterschlägt.

»Noch nicht, mein kleiner, anhänglicher Harry mit den großen Öhrchen, nooch nicht!« Und dann dreht sie sich zur Seite, so, als wäre damit alles klar.

»Ja, aber wann denn dann? Worauf willst du warten? Doch nicht etwa darauf, ob es sich Hans Wurst noch einmal überlegt?«

Das war sehr ungeschickt, denkt Harry im selben Augenblick, und richtig, Erna dreht sich überlegen wieder um und sieht ihn an.

»Hör zu, Harry, du bist ein Künstler und brauchst Ruhe, wenn du deine Partituren schreibst. Ich bin ein kleines, dummes Mädchen und muß fleißig und in Ruhe lernen, wenn ich ordentlich mein Studium schaffen will. So einfach ist das.«

Harry überlegt ein Weilchen, und dann sagt er: »Schade, daß dir deine Unabhängigkeit so viel bedeutet, vielleicht bist du wirklich noch ein ›kleines, dummes Mädchen‹ und mußt lernen«, nun grinst er schon wieder, »daß ich nicht nur große Ohren habe, damit ich dich besser hören kann, sondern auch ein so großes Maul, damit ich dich besser fressen kann«, und dann ist er schon über ihr.

»Helft mir vor dem Wolf da, frommer Mann!« flüstert Erna.

Roman nimmt das Glas, er dreht es hin und her, im Kerzenlicht scheint Mary gleich noch mal so schön, und Roman überlegt, ob er in seinem Leben irgendwann schon einmal glücklicher gewesen ist. Natürlich nicht, er weiß es schließlich selbst am besten, daß er nur so durch sein bisheriges Dasein grübelt, um die Stille zu ertragen, die er mit der Frage ausgelöst hat.

»Aber sicher, Roman«, zwitschert Mary und wischt sich den Mund ab, »sicher werde ich dich heiraten, ich liebe dich und war noch nie so fröhlich wie mit dir. Nur du, du machst so eine strenge Angelegenheit daraus, daß man fast ängstlich werden könnte«, sie zerknüllt ihre Serviette, wirft sie Roman an die Nase. »Warum machst du bloß aus jeder Kleinigkeit gleich so ein ernsthaftes Problem, mein Lieber? Merkst du gar nicht, daß sie alle schon darüber lachen, weil du so – moralisch – bist?«

Sie ist so schön, denkt Roman und erinnert sich, wie ungläubig die anderen geguckt hatten, als er das erste Mal mit Mary auf die Probe kam. Das hatten sie dem polnischen Moralapostel gar nicht zugetraut, daß er tatsächlich mal mit einer solchen wilden Sprudelfee erscheinen könnte. Oh, das hatte er verdammt genossen, und natürlich hatte er es damals schon und wie immer ernst gemeint.

Nun lehnt sich Mary satt zurück – die Kerzen tropfen, Roman könnte heulen.

»Es ist nun einmal eine ernste Sache, Mary. Ich bin sehr, sehr gläubig, sieh doch, beinah hätten sie sogar in dieser teuren Absteige für einen strengen Juden nichts zu essen auf den Tisch stellen können«, Roman schmunzelt, »willst du irgendwann mit mir verhungern?«

Mary grient zurück: »Habe ich in Saus und Braus mit dir gevöllert, will ich auch in schlechten Zeiten mit dir hungern. Hast du übrigens schon mal gehört, daß nicht nur Freßbacken mit Schläfenlocken ab und zu von Luft und Liebe leben können? Oder bleibt dir bei der Liebe gleich die Luft zurück? Du solltest eure Schrift ein bißchen besser lesen, Kantor, wenn du schon versuchst, ein keusches Fräulein irgendwann als deine koschere Gemahlin heimzuführen.«

Roman sieht sie an, sein Lächeln ist verschwunden, und er ist noch ernster als gewöhnlich, schließlich sagt er: »Mary, ich hab meinem Vater in die Hand versprechen müssen, daß ich eines Tages ein Mädchen heiraten werde, wie es die Sitten und Gebräuche in der Heimat fordern – deshalb ist das alles sehr, sehr wichtig für uns beide.«

»Oh, du Schuft, Cycowski, elender Halunke, Scheinheiliger«, schimpft Mary mit ihrem wunderschönsten Lächeln, »und ich dachte, daß *wir* beide unter einer Decke stecken, ganz egal, wie kurz sie ist, und jetzt holst du auf einmal drunter deinen Vater vor.«

Doch Roman geht jetzt nicht mehr in die Falle, da kann Mary ihre Kissen schütteln, bis es dunkel wird.

»Mary, falls du das vielleicht noch nicht verstanden hast – du müßtest übertreten! Müßtest dich zum Judentum bekennen, auch der Kinder wegen!«

»Wie viele Nächte habe ich, mir das zu überlegen?«

»So viele, wie du willst«, und Mary zieht ihn auf die Lagerstatt und sagt: »Na bitte, warum bist du denn nicht immer so? Die sollen es doch einmal besser haben, unsere Kinder – oder nicht?«

Ari liegt im Lazarett, drei Schwestern ringen um sein Leben und versuchen, ihn mit prickelndem Champagner wieder aufzurichten. Leutnant Leschnikoff, sonst bei den Harmonists als Knicker in Verruf gekommen, hat hier in der Suite mit seinen Reizen ausnahmsweise nicht gegeizt und ist den liebreizenden Mademoisellen nur noch eine Antwort auf die mörderische Frage schuldig: »Welche von uns dreien liebst du am meisten?«

»Alle«, wispert Ari, »jede, ich hab großen Herz in meine Brust, wie ihr; so große Brust, wie ihr habt, missen große Herzen drin sein.«

Er versucht, die Flasche an den Hals zu nehmen, ohne die Brünette loszulassen, aber eines von den beiden anderen Mädchen sagt, mit glucksender Empörung: »Das ist doch unmöglich, Ari, du Betrüger, eine von uns muß die Beste sein!«

Ari liegt auf seinem Bett.

»Ich kann noch nicht entscheiden, kenne euch erst eine halbe Nacht, ist schließlich nicht ein halbes Leben, deshalb sage ich: Ihr alle drei seid wunderbar, wie Mädelchen aus meine Heimatstadt.« Dann greift er nach der Blonden und beginnt zu trällern: »Ob brünett, ob blond, ob braun, ich liebe alle Frauen«, und schon fallen ihm die Augen wieder zu. Die Braune rüttelt ihn: »Das ist unmöglich, Ari, du hast einfach keine Größe.«

»Was«, fragt Ari augenreibend, »keine Größe? Alles groß an Ari: Nase, Stimme, Herz und Spargel«; und dann dreht er sich zur Wand, die Braune wendet sich den anderen zu: »Na ja, das war es wohl; der Kleine träumt gerade von dem Spargelbeet in Mutters Garten – immerhin, bezahlt hat er im voraus.«

Bob sitzt schon seit Stunden auf dem Chaiselongue; er raucht und säuft, er säuft und raucht – das ist die Abwechslung von Nizza, denkt Biberti, und: Wenn er so weitermacht, dann wird er wohl am nächsten Abend nicht als Baß auftreten, sondern bestenfalls als Kellergeist erscheinen. Er entzündet einen neuen Zigarillo, gießt den Schoppen nur zur Hälfte voll und macht sich selbst ein Kompliment: Sehr gut, Bob, immer langsam voran. Ihm ist philosophisch ums Gemüt, er schoppenhauert nun bereits den ganzen Abend, sucht des Pudels Kern und ist dem abgegriffenen Begriff von Freiheit auf der Spur, mit jedem Glas erkennt er deutlicher: ihr Ort ist überall – nur nicht in Nizza.

Bob sieht auf die Uhr, dann greift er nach dem Hörer, wählt die Rezeptionsnummer und wartet. Er sieht in den Spiegel, grübelt weiter vor sich hin: »Das muß es wohl meinen – ausdruckslos«, er hat sich niemals einen Reim auf solche Worte machen können, und jetzt ist er ziemlich stolz auf sich und brabbelt, leicht benebelt, noch einmal: »Ja, ausdruckslos, mein Freund, ein ausdrucksloser Robert, unrasiert und fern der Mami ...

wie, nein, oh, entschuldigen Sie bitte, hab nur laut gedacht«, jetzt muß sich Bob erst mal sortieren, und dann fragt er umständlich: »Biberti, von den Harmonists, ach, sagen Sie, ist es um diese Stunde noch possibel, eine Mademoiselle zu mir raufzuschicken?«

Eine kleine Pause, Bob schnipst mit den Fingern, und am anderen Ende meldet sich die Frauenstimme wieder, »Oh, Bonsoir, Monsieur Biberti – Sie sind hier in Nizza und nicht in Berlin«, und nun ist Bob so schlau wie vor dem Anruf.

Bob läuft durch den endlos langen Flur, er blickt in jedes Zimmer und kommt mit dem Zählen gar nicht hinterher, es muß das siebte oder achte sein, in dem er gerade steht.

»Nun, ich wußte, daß du gerne Pensionärin bist, nur, deshalb mußt du doch nicht gleich eine Pension aufmachen.«

Aber Frau Biberti sagt ganz ungerührt: »Was glaubst du, wie schnell die bezogen sind! Das große hier ist schon vergeben, da wohnt Muttern. Nebenan, nach hinten raus, das wird das Kinderzimmer, dann die anderen beiden für die Eltern und so weiter.« Sie geht festen Schrittes an ein Fenster, öffnet es, die S-Bahn lärmt durchs leere Zimmer.

»Also gut, das Zimmer ist für dich, da kannst du ja dein Adoptionsbüro einrichten – oder woher sollen die ganzen Kinder kommen?«

Seine Mutter bleibt gelassen: »Na, irgendwann wirst du dir doch die Hörner abgestoßen haben, bisher ist noch jeder Topf gedeckelt worden. Glaube nur nicht, daß dein Vater je gedacht hat, in die Falle reinzutapsen«, Frau Biberti reckt sich stolz, »doch schließlich habe ich ihn eingefangen, und das wird dir auch passieren.«

Ihre Worte hallen durch die leere Wohnung, Bob sagt artig: »Sicher, Mutter, hätte ja sonst blind sein müssen.«

Aber Frau Biberti findet die Bemerkung eher anzüglich und weist ihren Sohn zurecht: »Sei nicht so ungezogen, Robert, ich bin ihm zuerst als Musikerin aufgefallen, damals ging es nicht so schnell wie heute, wo man sich schon nach dem ersten Gläschen duzt. Ich kannte deinen Vater schon ein halbes Jahr lang, bis ich ihn das erste Mal nach Hause mitnahm – nachmittags, zum Kaffee.«

Bob nimmt seine Mutter in den Arm, er denkt an seinen älteren Bruder und schmunzelt. »Wurde ja auch höchste Zeit, wo hätte sich der Leopold denn noch verstecken sollen ...«, und Frau Biberti gibt ihm einen Klaps und sagt noch einmal: »Also, vorne wohne ich, und hinten liegen eure Zimmer – daß ihr ungestört seid.« Bob spielt den Naiven und erkundigt sich, wer außer ihm denn noch dort ›hinten‹ einziehen würde.

»Irgendwann wirst du sie mir schon vorstellen. Oder meinst du, daß ich dir dein plötzliches Interesse für ›modernen Ausdruckstanz‹ so einfach abnehme?«

Oje, da hat sie also doch gemerkt, daß es nicht nur Theater war am letzten Wochenende, immer wieder hatte Bob der Mutter eine Tänzerin gezeigt, die zwar nicht höher als die anderen sprang, aber ihr Lächeln bis zum Schluß der Vorstellung behielt. Frau Biberti hatte nur gesagt: »Wie schön, daß du dich langsam auch für solche Sachen interessierst.«

Und nun hat sie im Geiste schon die Wohnung eingerichtet, phantasiert von Enkelchen, nur, weil sie ihren Robert mal in eine Tänzerin verschossen glaubt.

»An wieviel hattest du denn so gedacht, vor allem,

wieviel Jungs und wieviel Mädels, und bis wann?« fragt Robert.

Doch Frau Biberti ist jetzt nicht nach Späßen.

»Jetzt hör mal, Robert, ich kann dir natürlich nichts befehlen, aber wünschen würde ich mir schon, daß du ein bißchen vorsichtiger bleibst; du bist ein hübscher Bursche, manche Frauen interessieren sich aber nicht nur für die breite Brust, die finden auch dein dickes Konto attraktiv. Und wenn dein Vater damals arm wie eine Kirchenmaus gewesen wäre, gäb's dich vielleicht gar nicht.«

Harry hält die Blumen hinterm Rücken und will eben in den Laden treten, doch Frau Grünbaum steht erregt im Türrahmen.

»Nun sehen Sie sich das mal an, Herr Frommermann, ist das nicht eine Frechheit? Wo mein Mann so national ist. Beide Söhne haben wir im Krieg verloren, für Deutschland, und nun so was, eine Schande ist das. Sie zieht einen Brief hervor und reicht ihn Harry; aber der ist viel zu aufgeregt und überfliegt ihn nur – da steht etwas von Judensack und Schmarotzer, Fiedelrabbi, lauter wirres Zeug, doch er nickt betroffen.

»Ja, Frau Grünbaum, das ist wirklich eine Schande, also, ich weiß gar nicht, was ich dazu sagen soll«, er nimmt die Blumen aus dem Einwickelpapier und drückt sie etwas linkisch in die Hand der alten Frau, dann sagt er: »Stellen Sie die schnell ins Wasser, habe ich vom Juden um die Ecke, kann man sich ja denken, daß die nicht mehr richtig frisch sind.« Und dann zwinkert er ihr übertrieben fröhlich zu und ruft: »Ich sage nur der Erna ›Guten Tag‹.«

Sauerei, denkt Harry, Sauerei, die alten Leute derart

zu erschrecken. Er betritt den Laden, Erna steht wie immer auf der Leiter und kramt oben in den Fächern, Harry ist nervös, doch nicht wie sonst, von ihrem Anblick – er denkt zum ersten Mal, daß Erna vielleicht andere Gründe hat, ihn nicht zu heiraten, als er bisher dachte. Freilich, sie scharwänzelt immer noch gelegentlich um Bob herum; auch wenn sich Harry sicher ist, aber jetzt gerät er leicht ins Grübeln: Sie wird doch nicht wirklich etwas gegen Juden haben?

»Wiedersehen, und danke schön«, sagt Erna grinsend, »und – beehren Sie uns demnächst wieder«, sie hat Harry und die Grünbaums vor der Tür gehört und steigt jetzt extra aufreizend die Sprossen nieder. Harry prallt zurück.

»Was hast du denn mit deinen Haaren angestellt?« Er starrt auf Ernas Bubikopf und fragt: »Ist das die neue deutsche Mode, reicht jetzt blond nicht mehr, sind mittlerweile kurze Haare Vorschrift?«

Erna ist enttäuscht: »Ach, Frommermännchen, da gefalle ich dir gar nicht mehr? Dabei hab ich das nur für dich gemacht. – Weißt du noch, wie mich dieser miese Hans im Freibad angepöbelt hat, ob ich mir echt die Freiheit so beschneiden lassen will«, sie geht zum Ladentisch, zieht ebenfalls einen Brief heraus und hält ihn Harry vors Gesicht: Das machen wir mit Judenliebchen! Zeitungsbuchstaben, auf ein Papier geklebt, daneben eine Zeichnung, wie ein blonder Jüngling einer jungen Frau die Haare schert.

»Fehlt nur der Scheiterhaufen – liegt wahrscheinlich an der Sommerhitze.«

»Kam mit der Morgenpost«, sagt Erna. »Die haben hier schon angerufen, ob ich ihn gekriegt hätte; natürlich, habe ich gesagt, sehr aufmerksam, vielleicht darf ich Sie auch zu meiner Hochzeit in die Synagoge einladen, vergessen Sie Ihr Mützchen nicht und bringen Sie auch ruhig ein paar Freunde mit – ich denke schon, daß Hans dahintersteckt.« Und dann sagt sie: »Und weißt du, was das Schwein – entschuldige – gesagt hat? ›Es geht nicht um ihren Dämlack mit den abstehenden Ohren, kündigen Sie bei dem Musikalienfritzen, oder es passiert was‹, und dann habe ich ihn eingeladen, mich mal zu besuchen und mir das gefälligst ins Gesicht zu sagen.«

»Bist du wahnsinnig, jetzt siehst du, was du angerichtet hast, mit solchen Vollidioten diskutiert man nicht – die zeigt man an, und schon sind sie verschwunden.« Harry ist über so viel feminine Einfalt echt empört.

»Eine Anzeige, bist du tatsächlich so naiv? Mein Onkel ist schließlich bei den Tschakkos, Mensch, Harry, da könntest du gleich selber hingehen und dich als Reviervorsteher oder irgendwas bewerben, mußt nur sagen, Mütze tragen bist du sowieso gewohnt, Frisur ist dir egal.«

Erna ist ein bißchen aufgebracht; erst hat der Harry die Frisur moniert, das hätte eigentlich für einen Rausschmiß schon gereicht, und dann hat er sich auch noch angestellt, der kriegt in seiner Musikerverrücktheit einfach nichts mehr mit, und jetzt kommt er schon wieder mit so einem blöden Witz.

»Kennst du eigentlich den wunderbaren Witz? Ein Jude kommt zu seinem Rabbi und fragt: ›Sag mal, Rabbi, bist du denn tatsächlich gerne Jude?‹ Und der Rabbi sagt: ›Ach, weißt du, Jungchen, eigentlich nicht, aber wenn ich nun schon als Jude auf die Welt gekommen bin, dann bin ich es doch lieber gern.‹«

Erna lacht zwar, aber dann sagt sie sehr ernst: »Mit Witzen kommst du leider gegen die nicht an, und übrigens, denk auch mal an die Grünbaums.«

Nun endlich geht er auf sie zu und nimmt sie in den

Arm. »Jetzt haben wir es so oft vor uns her geschoben, Ernamäuschen. Laß uns heiraten und kündige, dann haben wir und auch die Grünbaums ihre Ruhe.«

Erna streicht ihm übers Haar: »Ach, Harry, wenn's so einfach wäre, heiraten und weg, so kannst du doch die Welt nicht wirklich sehen. Sie wäre voll von Flüchtlingen, und alle würden strahlen, und die Welt, die würde richtig eng.«

Nur, Harry ist im Augenblick nicht gerade zu Späßen aufgelegt, und philosophisches Gerede ist ihm ohnehin ein Greuel. Er zieht jetzt eine Eintrittskarte aus der Tasche und sagt: »Hier, wir treten morgen auf, da staunst du sicherlich – in der Phil-har-mo-nie!«

Ein Kunde sieht zur Tür herein, und Erna ist gefordert.

»Ja, bitte, kann ich etwas für Sie tun?«

Dann sieht sie Harry an: »Gib sie mal lieber der Frau Grünbaum, die kann etwas Abwechslung gebrauchen – ich hab schon eine Karte.«

Harry steht verblüfft am Ladentisch und sagt: »Ich meine, eine Karte für den ersten Abend, die Premiere!«

Erna lächelt: »Sicher, Harry, mein ich auch, eine Premierenkarte.«

»Aber nur wir selber haben die«, sagt Harry, »wie bist du denn da rangekommen?« Harry ist jetzt sichtlich irritiert.

»Ich hab mit Bob gesprochen, nach dem Anruf, dachte, daß ich ihn vielleicht mal in den Laden stelle und die Milchbärte um Hans ein wenig einschüchtere – und da hat er mir die Karte mitgebracht. War doch ein guter Einfall, oder?«

Harry läßt die Ohren hängen, und dann sagt er: »Brauchst du wirklich einen Tanzbär, um dein Schaufenster zu schützen?«

»Eigentlich hab ich gedacht, ihr wäret Freunde«,

wendet Erna ein. »Übrigens, dem Bob gefällt der Bubikopf, wahrscheinlich mag der's sowieso auch etwas frecher.«

»Im Frack is Kack«, sagt Bob, er wischt sich aufgeregt den Schweiß aus dem Gesicht und linst durch einen Spalt ins Publikum. Der schwere Vorhang tut ein übriges, das Wasser läuft ihm in den Rücken, und der Anblick der Premierengäste läßt das Schlimmste für die sechs befürchten.

»Gott, wie sehen die aus«, stöhnt jetzt Bob, »ich bin doch nicht Fidelio. Was sind die aufgedonnert! Na, ein Rosenkavalier kennt keinen Schmerz, und die verwöhnten Damen werden schon auf ihre Kosten kommen.«

Bob hat sich jetzt wieder zu den anderen gesellt, und Roman sagt: »Mensch, Bob, wir hätten vielleicht was Seriöses zur Premiere bieten sollen – wenn die uns nun von der Bühne pfeifen?«

Aber da ist Bob ganz Pädagoge: »Was Seriöseres als dich, Cycowski? Gibt es in der ganzen Stadt nicht, nicht mal in der Synagoge. Also, raus mit dir und losgesungen, sind doch auch nur Leute, die sich amüsieren wollen, und in diesen Zeiten sowieso.«

Er blickt zu Ari und denkt, beste Pferd in Stall, von wegen, sieht zu Roman, dem die Knie schlottern, drückt die Daumen, daß sich Erwin nicht gleich in die Hosen pieselt, macht ein Zeichen zu Collin, dem das Monokel von der Nase rutscht, und dann geht er noch einmal zu Harry und hält ihm die Pfote hin: »He, wird schon schiefgehen, Frommermann, du alter Musketier, hast du vergessen, daß wir uns versprochen sind: einer für alle – alle für einen.«

Dann gibt er Harry schnell die Hand, die anderen legen ihre Hände ineinander und gehen auf die beiden zu, und dann – dann geht der Vorhang auf.

Das Licht verlöscht, Gehüstel und Geraune, auf der Bühne steht ein Grammophon. Ein schönes Mädchen tippelt auf den Plattenspieler zu, legt eine Scheibe auf, verbeugt sich tief zum Publikum, und die Musik beginnt zu spielen: *Schöne Isabella von Kastilien*.

Nach ein paar Sekunden treten die Comedian Harmonists nach vorn, bewegen ihre Münder und, was wichtiger erscheinen mag, auch ihre Hintern, Bob tritt an den Plattenspieler, nimmt die Platte und zerbricht sie überm Knie. Die anderen brechen ab, und Bob sortiert die Scherben auf dem Plattenteller. Dann nimmt Ari den verlorenen Ton auf, Bob tut so, als suche er nach einem Schalter, Harry macht ein Clownsgesicht und trällert wie ein Backfisch – in den vorderen Reihen erste Lacher. Bob singt, was die Stimme hergibt, und versucht noch immer scheinbar, das Gerät zur Mitarbeit zu überreden. Harry rauft sich spielerisch die Haare, droht zu Bob hinüber, Ari hebt die Hände und die Stimme und tritt an den Bühnenrand. Applaus, Applaus und Bravorufe, aus den vornehmen Konzertbesuchern sind in wenigen Minuten plebejische Vergnügungssüchtige geworden, die jetzt das Parkett zertrampeln und mit Rosen nach der Bühne werfen; namentlich nach Ari, der natürlich eine nach der anderen aufhebt und den Eindruck wissentlich verstärkt, sie wären nur um seinetwillen abgeschnitten und nach vorn geworfen worden.

Ari küßt die Rosenblätter, und dann ruft er ins Parkett: »Hab friiher immer Pferd vergessen bei bulgarische Kavallerie, bin rausgeflogen – heute vergeß ich immer Text, und Leute klatschen, guter Tausch.«

Jetzt liegen sie in der Garderobe, schwitzen, röcheln

und sehen aus wie Pinselkästen, die versehentlich ein bißchen zu viel Sonne abbekommen haben. Immer noch strömt, mit dem Schweiß, der Beifall durch die Anziehstube, Erich hat Chantal im Arm, die zieht das Näschen kraus: »Isch liebe Ihnen, 'err Collin, aber – Sie stinken wie ein napoleonischer 'usar, kann man so sagen?«

»Nicht zu glauben, dieser Jubel!« ruft Bootz, noch immer wie betäubt. »Wie die mich bewundern müssen! Wenn die wüßten, daß ich fast die Prüfung an der Hochschule geschmissen hätte«, Erwin grinst zu Bob hinüber, der sieht, anders als die anderen, gar nicht fröhlich aus.

»Mensch, guck doch nicht so hungrig, Robert, Prüfung, das ist nichts zu essen, sondern so was wie ein Vorspiel, weißt du, so wie damals bei Charell und Levy.«

Bob steht unbeteiligt in der Ecke, blickt tatsächlich fast wie nach dem Vorspiel drein, als sie das Friedhofsangebot bekommen hatten, und gibt keinen Mucks von sich, schon gar nicht einen fröhlichen.

Die Augen Aris aber sind klatschnaß, er hat die Arme voller Blumen, und er schwärmt: »Die riefen alle Ari, Ari, hab genau geheert, nur immer Ari, Ari, immer wieder, Jott, die viele scheene Frauen.«

Harry zwinkert Bob zu, will ihn in die ausgelassene Runde ziehen und sagt: »Da hast du dich bestimmt verhört, nicht Ari, Ari – Harry, Harry haben die gerufen, hab genau geheert, nur immer Harry, Harry.«

Alle grinsen, aber Bob steht immer noch, wie leicht vertrottelt, an der Tür; die anderen freuen sich über den gelungenen Witz von Harry, sogar Ari tut beleidigt: »Machst du Witze mit bulgarisch Patriot? Du kleines jüdisch Vogelhändler, bin ich nicht dein Papagei, verstehst du, ich bin Liebling von die ganzen

Frauen, ich verdiene für dich mit auf Biiene, gib mir sofort dein Champagnerglas ...«

Harry will noch einmal nachlegen, doch Bob tritt in die Runde und sagt fest: »Das ist kein Witz mehr, Harry, du machst mit dem Rumgekaspere die Vorstellung kaputt, so geht's nicht weiter, daß du dich auf unsere Kosten lustig machst. Wir sind 'ne Gruppe, und da kann es ja nicht sein, daß einer sich als Komiker versucht, wenn sich die anderen mit den Liedern abrackern!«

Ganz still ist es geworden, und besonders überrascht ist Harry selbst, der jetzt erst einmal überlegen muß, ob er dem Bob in letzter Zeit tatsächlich einmal auf den Zeh getreten ist oder warum der sich, gerade nach der letzten Vorstellung, so aufspielt.

»Also, hör mal, Bob«, sagt Harry, »ich weiß nicht, warum du plötzlich schlechte Laune hast, und wenn dich irgend etwas in der Hose drückt, geh zu Ramona, aber nimm uns nicht den schönen Abend. Außerdem bist du ja auch nicht gerade ein Kind von Traurigkeit und produzierst dich an der Rampe mindestens genauso ...«, Harry schlägt sich vor den Kopf, »das ist doch nicht dein Ernst, Biberti, bist du etwa eifersüchtig auf die Faxen?«

Bob fühlt sich ertappt und schlägt forsch zurück: »Ach, weißt du, Kleiner, aus dem Alter ist Biberti raus, daß er auf Dummejungenstreiche neidisch wäre. Allerdings, ein Hanswurst auf der Bühne kann mich schon in Rage bringen – das hier ist ja immerhin nicht irgendeine Klause, falls ich dir das noch erklären muß, und morgen könnte in der Zeitung stehen, daß ein Schelm mit abstehenden Ohren das verwöhnte Publikum der Philharmoniker zum besten halten wollte, na, und dann: gut Nacht!«

Bob ist verärgert, und noch immer ist nicht richtig

klar, worüber. – Rätselraten ganz besonders bei den Frauen, die von der Auseinandersetzung völlig überrascht sind und die eigentlich zum Feiern hergekommen sind.

»Ich hab das steife Publikum doch nur ein bißchen aufgelockert, ist doch nicht verboten, Bob, du hast es schließlich selbst versucht, wenn auch mit weniger Erfolg ...«

»Auf Kosten anderer hast du dich nach vorn gedrängelt, Frommermann, und das ist absolut verboten, weil wir uns ansonsten selbst zu Grabe tragen würden, so was dulde ich nicht, hast du das kapiert? Nicht auf der Bühne, und schon gar nicht außerhalb!«

Bob hat sich schwer verausgabt, ringt nach Luft, sein Brustkorb bebt im Wechsel mit dem Bauch, und Harry sagt: »So müßte dir mal einer kommen, Bob; mit d e i n e m Geltungsdrang bringst du uns an den Rand, Biberti, du bist doch die ewig eingeschnappte Leberwurst, reicht es dir nicht, Geschäftsführer zu sein, was willst du noch? Ich kann die Gründung doch nicht ungeschehen machen oder dir zuschreiben!«

Erna hat sich eingehakt, sie gehen eine Weile schweigend, fast, als hätten sie sich gestritten. Harry bleibt auf einmal stehen.

»Was hast du ihm von uns erzählt? Der spielt sich doch nicht wegen der paar Mätzchen auf der Bühne auf, die Vorstellung war doch für dich. Ich dachte, daß die Sache zwischen ihm und dir erledigt wäre.«

Erna senkt den Blick ein bißchen schuldbewußt: »Ich hab ihm nur gesagt, daß ich mit dem Heiraten noch ein wenig warten will. Da hat er vielleicht Morgenluft gewittert und gedacht, jetzt muß er sich mal vor dir aufbauen und dir zeigen, daß du mich noch längst nicht sicher hast. Er hat mich irgendwann danach gefragt ...«

»Wann war denn das, das Irgendwann, und wo ...«

»Nun reicht es aber, Harry, spinnst du denn jetzt wirklich? Irgendwann kam er mal zufällig vorbei, kurz vor Geschäftsschluß ...«

»Was für 'n Zufall ...«

»... und dann sind wir halt ein Stück gegangen, und er hat mir dies und das erzählt. Ich habe ihm auch nur gesagt, es ginge um das Studium, das ich erst beenden wollte, weiter nichts. Was ist denn eigentlich passiert, du bist doch sonst nicht derart eifersüchtig?«

Harry nimmt sie bei der Hand: »Ich weiß es auch nicht, Erna, ich hab einfach Angst. Um uns, die Truppe, daß das alles nur ein schöner Traum ist und wir morgen früh erwachen, und nichts davon ist mehr da. Ich möchte wenigstens, daß ich mir deiner sicher sein kann, Erna – übrigens, wie lange dauert denn dein Studium noch?«

Ach, wenn man doch so eine dumme Frage einfach ungestellt, vergessen machen könnte, aber nun ist es zu spät, und Erna zeigt ihr ganzes Temperament, das Harry schon beim ersten Plattenkauf so unendlich beeindruckte, er hatte es nur fast vergessen, wie sie funkeln kann, die Erna, und jetzt funkelt sie, daß Harry bang wird.

»Wie bitte? Du weißt nicht mehr, wie lange ich noch auf die Uni muß? Weißt du denn überhaupt, w a s ich da treibe, also, was ich da studiere, meine ich? Das hast du mich noch nie gefragt! Da muß dir Bob erst Angst einjagen, nur, damit der Künstler sich mal für so Kleinigkeiten wie das Studium seiner Freundin interessiert, nicht wahr? Ach, ihr seid einfach alle gleich, der Bob ist auch nicht besser, große Klappe, nichts dahinter.«

Harry ist komplett verwirrt: »Natürlich weiß ich, was das für ein Studium ist, nun sage mal, du glaubst doch nicht im Ernst, ich wüßte nicht, daß du, ääh ..., daß du dich mit altdeutscher Geschichte und so weiter, mit der ganzen Gegenwart und all dem beschäftigst, ist ja klar, ich wußte nur nicht mehr so ganz genau, wie lange noch, das kann doch mal passieren, oder?«

Erna schüttelt ungläubig den Bubikopf, wie lange noch, denkt sie, gar keine schlechte Frage; wenn der Harry sich weiter so anstellt, könnte es vielleicht ganz schnell zu Ende gehen. Das ist doch nicht mehr dieses liebe, kleine Frommermännchen, das sie immer so verlegen aus dem Laden abgeholt hat; er ist genauso ein bornierter Flaps geworden wie die anderen – ach, Männer mit Marie, denkt Erna, sind beinah noch lästiger als ohne.

Sie ist ein Stück vorausgegangen, Harry steht noch immer vollkommen verdattert vor der Auslage eines Geschäftes, die sie gerade stumm betrachtet haben, und Erna hat sich einfach umgedreht und läuft davon, sagt keinen Mucks und guckt so komisch, Harry läuft ihr nach.

»Mensch, Erna, jetzt bleib doch mal auf dem Teppich, stell dir vor, i c h wäre plötzlich so empfindlich; jeder fühlt sich hier verschaukelt, du fühlst dich nicht ernst genommen, Bob fühlt sich auf einmal hochgenommen, nur, wie ich mich fühle, das ist jedem wurscht, von Roman einmal abgesehen, aber der kann nicht anders, kümmert sich nun mal um jeden.«

Heiliger, der Harry tut nicht ahnungslos – der ist es. Erna möchte ihn jetzt fast schon wieder trösten, aber da ist Harry selber vor und sagt vollendet blöd: »Schau doch mal, Erna, hättest du dir damals vorgestellt, ein solches Kleid zu tragen, so 'ne Klunkern an die Ohren zu hängen und fast immer in den nobelsten Kaschemmen von Berlin zu tafeln? Ich richte dir die Wohnung ein, ich geb dir übrigens sogar das Geld fürs Studium – woran fehlt es dir denn nun?«

Mehr – oder besser weniger – ist wohl nicht zumutbar, und Erna bleibt wie angewurzelt stehen.

»An einem fehlt es mir ganz sicher nicht, mein kleiner Clown – an Stolz, wenn du das Wort schon mal gehört hast. Ich an deiner Stelle wäre froh, daß sie dich überhaupt noch unter Frommermann anstatt als Hampelmann auf die Plakate schreiben, Bob hat recht, kein Rückgrat, kein Charakter, immer nur mit Mätzchen Eindruck schinden, aber über Roman lästern – der hat wenigstens Format und nimmt die Mary ernst.«

Nun, das kann Harry allerdings nicht auf sich sitzen lassen, jetzt schon gegen zwei der Jungs und so zu seinem Nachteil ausgespielt zu werden, fast ein bißchen amüsiert hält er sie nun zurück und fragt ein wenig zickig: »Das ist sicher nicht dein Ernst, mein Mäuschen, daß du auch so langweilige Tage und vor allem Nächte haben willst wie die beiden, oder? Niemals aus dem Hause gehen, immer nur daheim und Händchen halten, jede Mark ins Kästchen stecken«, und jetzt ahmt er Romans Stimme nach – »›kann man nie wissen, wie es kommen wird, soll man ein bißchen haben auf die Oberkante, ist viel besser, mußte ich schon früh in meine Heimat lernen‹ – trautes Heim, Glück allein, die beiden sind in Wirklichkeit noch komischer als unsere Lieder.«

»Wenn du mich genauso lieben würdest wie der seine Mary«, sagt Erna ganz ernst und unbeeindruckt, »bliebe ich abends gern daheim. Und wenn ich dir ein bißchen mehr bedeuten würde, müßtest du ja vielleicht selbst nicht jeden Abend unter Leute, nur, weil wir uns längst nichts mehr zu sagen haben.«

Traurig steht sie da in ihrem schönen Kleid, schön traurig, traurig schön, er weiß tatsächlich nicht, was er ihr sagen sollte, und so macht er das, was er vielleicht ja doch am besten kann – er stellt sich vor ihr auf, verzieht ein bißchen das Gesicht zu einer traurigen Grimasse, und dann nimmt er ihre Hand und bringt ein öffentliches Ständchen: »Ein bißchen Leichtsinn kann nicht schaden, laß der Jugend ihr Vergnügen, die frohen Tage verfliegen ...«

Und Erna hängt mal wieder zwischen Baum und Borke, ärgert sich und ist gerührt, möchte verzweifeln an dem Kerl und ihre ganze Hoffnung an ihn hängen, ihn zum Teufel jagen und ihm in die Arme fliegen. Das ist jedesmal so, wie ein Wetterumschwung auf dem offenen Meer, da fühlt sie sich wie seekrank, und nun wirft sie ihm die Leine zu.

»Du bist und bleibst ein Trottel, Harry, allerdings – ein richtiger, also – ein lieber. Nur verstehst du einfach nicht, daß wir nicht immer auf der Bühne stehen, im wahren Leben bin ich Erna, nicht Veronika, nicht Isabella, und das hat dein langweiliger Roman eben gleich begriffen, ›wahrscheinlich schon drüben in die alte Heimat‹.«

Na, das sieht doch gut aus und als hätten sie es wieder mal geschafft, die scharfe Klippe zu umschiffen; beide plinkern sich wie zwei Verschwörer zu, und Harry denkt, Herrgott, was lieb ich dieses Mädchen seit dem ersten Leiterauftritt.

Er geht auf sie zu, nimmt sie in den Arm und küßt sie: »Ja, ihr Frauen kommt eben mehr so vom Verstand her, und wir Männer eher vom Gefühl; es soll ja sogar scharfzüngige Weiber geben, die sich über einen frommen Kantor lustig machen, das muß man sich nur mal vorstellen.« Er sieht empört zu Erna. »Ich bin jedenfalls zu trottelig, solche feinen Unterschiede zwischen

Bühne und dem wahren Leben zu erkennen. Deshalb, Fräulein Erna, frag ich Sie doch lieber selber gleich: Angenommen, ich mach Ihnen auf der Stelle einen Heiratsantrag, ist das Märchen oder Wahrheit?«

Und Erna schluckt.

»Oh, Harry – das wäre ein wahr gewordenes Märchen.«

Unsere sechs stehen konzentriert nebeneinander, jeder hat vor seiner Nase einen großen Strauß – einen Strauß von Mikrophonen allerdings, denn sie sind nicht schon wieder auf der Bühne, sondern noch im Studio, um die letzten Töne in die Ohren der geneigten Radiohörer zu trällern. Alle juchzen noch einmal »Ein Freund, ein guter Freund, das ist der größte Schatz, den's gibt«.

Natürlich ist der Vortrag nicht ganz spannungsfrei, und wenn sich Bob inzwischen auch längst sicher ist, daß ihn sein Auftritt neulich eher selbst verraten hat, so knistert es doch noch ganz ordentlich zwischen den beiden Kontrahenten. Spaß muß sein – so viel ist klar seit diesem Zwischenfall, doch wer ihn machen darf und wann, da scheint das letzte Wort noch immer nicht gesprochen, ganz zu schweigen von so manchen anderen Kleinigkeiten. Sind ja auch pikante Zeilen, die sie da so zwitschern, als wär alles nur ein Gaudi; aber »wenn dein Schatz dich nicht mehr liebt«, hört auch bei Harry schnell der Witz auf, da spielt Bob ihm noch zu sehr den großen Maxen. Immerhin, der Streit mit Erna war ganz einfach prima, nun muß er sich nur noch aus dem überraschenden Finale winden; denn da war Harry plötzlich ziemlich forsch, wie er inzwischen findet. Das passiert ihm wirklich viel zu oft. Kaum fällt ihm nichts mehr ein, schon kommt er ins Erzählen und palavert halsbrecherisch vor sich hin, »und wenn die ganze Welt zusammenfällt« – nun, irgendwoher müssen solche Zeilen schließlich kommen. Aber daß er sich fortan mit ihr nur noch aus Liebe streiten wird und nicht um irgendwelchen Firlefanz wie Kunst und Leben, ist seitdem so klar wie der Kantinenkaffee.

Ungleich schwerer zu durchschauen für Harry ist der Streit mit Bob: es soll zwar unter Freunden auch schon mal zur Sache gehen dürfen, aber eben diese Sache will ihm nicht so richtig in den Kopf. Na ja, vielleicht verrennt er sich da auch, und es ist eigentlich gar keine große Sache, aber irgendwie gefällt ihm die Geschichte trotzdem nicht; die war so plötzlich da und gleich so wuchtig, etwas wütet wohl in Bob, nur – was? Das kann sich Harry noch nicht recht erklären, und ein kleiner Stachel ist bei diesem Streit mit Erna eben doch zurückgeblieben: Hat sie nicht einmal zu oft von Bob gesprochen, selbst im Hader, daß der auch nur eine große Klappe hätte und so Sachen? Oder nimmt der einfach schon durch sein Herumgedonnere und seinen Bauch inzwischen einen solchen Platz ein, daß sogar die Mädels nicht um ihn herumkommen? Nun ja, wie sagt der Jeheime Rat: Wer's nicht erfühlt, erjagen wird er's nimmer, Harry schmunzelt und denkt sich: Kommt Zeit, kommt auch Jeheimer Rat.

Ihr Vortrag ist zu Ende, aus dem Lautsprecher ertönt zuerst ein Brummen, dann ein Pfeifen. Der Ansager wirft mit geübtem Griff ein Mikrophon herum und schwatzt nun einen ganzen Haufen dummes Zeug: »Ja, meine sehr verehrten Damen, meine Herren, sicher sind Sie ebenso enthusiasmiert durch dieses neue Lied ›Ein Freund, ein guter Freund‹ von den Comedian Harmonists – ich jedenfalls bin diesen Sängern längst ein guter Freund, nicht erst seit diesem Lied, wir alle könnten diesen sechs so unzertrennlichen Gefährten sicherlich noch Stunden lauschen, aber selbst das schönste Lied dauert nun mal nicht stundenlang, nicht wahr? Na, sehen Sie, und wie sagt ein Dichter es so unnachahmlich? ›Da klagte unser Sängerlein: Mein Auftritt sollte länger sein‹, wir aber müssen uns beim nächsten Ton des Zeitzeichens Valet und Servus sagen, daß es nicht für immer ist, das hoffe ich natürlich ganz besonders ...«

Erst erneutes Brummen rettet die Comedian Harmonists vor weiterem Gegackere, der Ansager wirft sich noch einmal auf das renitente Mikrophon, das qietscht zur Abwechslung, »... und das war unser Zeitzeichen, womit ich zu den Nachrichten hinübergeben möchte«.

So ein pomadiertes Arschgesicht von einem Ansager, denkt Harry, nimmt sich eine Zigarette und sieht Bob, wie der sich kopfschüttelnd an einen kleinen Tisch begibt.

So ein öliges Gefräß von einem Ansager, denkt Bob, setzt sich auf einen Stuhl und sieht, wie Harry einen Glimmstengel entzündet.

Harry linst ein bißchen aus den Augenwinkeln, wedelt kleine Rauchwölkchen herum, und Bob blickt leicht gelangweilt auf die Studiouhr – der freundschaftliche Sängerkrieg vorm Mikrophon befindet sich in seinem letzten und entscheidenden Scharmützel: wer zuletzt grinst, grinst am längsten.

So viel Rauch war nie vor Harrys Augen, und so lange hat Bob noch nie auf eine solche große Uhr gesehen – langsam heben sie die Köpfe, bis die Blicke eine Linie bilden, hundert Geier kreisen über ihren Köpfen, aber – Roman zieht zuerst, ein Zeitungsstoß kracht auf den Tisch; und Roman sagt in seiner milden, nachsichtigen Art: »Ich hab die ersten

Kritiken dabei, ihr beide schneidet gar nicht einmal ibel ab.«

Verdammter Friedenshäuptling mit der Schläfenlocke, denkt Biberti, so kann man doch nicht zur Tagesordnung übergehen, einer mußte ja den Faxenclown zur Ordnung rufen, auch für Sie, Herr Kantor, für uns alle; aber Roman spinnt schon längst an seinem teuflischen Versöhnungsfaden weiter.

»Hab ich alle schon studiert, mit Mary gestern, weiß ja nicht, was ihr gemacht habt, haben Tee getrunken und das Wichtige gleich angestrichen; habe ich geschont meine Marie und hatte scheenen Abend mit der Mary. Hier, die ganzen Hymnen über unseren Auftritt in der Philharmonie, alle schwärmen nur von unserem Zusammenhalt, nicht eine Extrawurst haben die Herren Kritiker gebraten.«

Bob weiß ganz genau, daß das Manöver sind, hier wieder Korpsgeist reinzubringen, braucht er nur zu Ari gucken, wie der eitel nach der Zeitung greift und kräht: »Was, nicht einmal für beste Pferd in Stall, für erste Tenor Ari Leschnikoff?«

Bootz grinst.

»Hast doch gehört, der erste Tenor bei den Tintenklecksern heißt nicht Leschnikoff, der heißt Gemeinschaftsgeist. Hier: ›wunderbar ausgeglichen‹, das ist sicher Roman, ›wunderbar witzig‹, nun, das muß Harry sein, dann ›wunderbar süß‹, ach, endlich mal ich, ›ein gar nicht abschätzbares Können‹, wird wohl Erichs Art gemeint sein, das Monokel festzuhalten, und den ›Schelm im Nacken‹ sehen die bestimmt bei unserem Geschäftsführer, dem Herrn Biberti. Ari kann ich im Moment hier gar nicht finden, warst du überhaupt dabei an diesem Abend? Oder wollen sie der ersten Lerche vielleicht sagen, daß sie sich nicht zu hoch wagen soll?«

Ari grinst – und jetzt ist Bob auf einmal klar: die proben keine neue Nummer, sondern einen Aufstand, und zwar gegen ihn, das Ganze ist von vorn bis hinten abgekartet. Nun versteht er auch, warum die vor dem Radioauftritt alle schon so komisch waren, mit den blöden Zeitungen geraschelt und getuschelt haben! Guck dir den bloß an, denkt Bob, das hat der sich ja wirklich prima ausgekaspert, dieser Synagogenbariton aus Polen, einen echten Putsch, und mit gemeinen Mitteln, als wenn er den obersten Polacken stürzen müßte. Und das mit der ersten Lerche ist die Handschrift von ›das Erwinchen‹, so was liegt dem kleinen Klimperfritzen, außerdem, sonst hätten die den dummen Ari auch nicht so mit einbauen können, der ist dem Bootz schon immer nachgelaufen wie so ein bulgarischer Kasernenkläffer. Und dieser blasierte Erich braucht gar nicht so tun, als wüßte er von nischt – wer nie wat sagt, stimmt immer allem zu – ich werde ihm doch irgendwann noch mal diese beschissene Zigarettenspitze rückwärts in den Rachen hauen, vielleicht versteht er so ’ne Sprache besser, dieser polyglotte Fatzke! Ja, und was nun?

Vor ihm fällt jetzt einer nach dem anderen ins Grinsen seines Vordermannes ein, beinah so stimmig wie beim Bühnenauftritt.

Bob sieht sie der Reihe nach, noch immer wütend, an und blickt zu Harry, und dann steht er langsam auf. Das macht er allerdings schon wieder gut, ist eben alte Schule, unser Robert, wie er so um seine Jungs herumgeht, und aus den Gesichtern ist das Grinsen mittlerweile wieder fort, eins nach dem anderen, so, wie es sich kurz zuvor in umgekehrter Richtung auf jedem ausgebreitet hatte.

»Na, wat glotzt ihr wie beim ersten Mal, ihr Affen? Soll ick mich vielleicht ooch noch entschuldigen, daß mir die Zeitung recht gibt, wenn ick immer wieder sage: Keiner in den Vordergrund, nur in der Gruppe haben wir Erfolg? Soll ick dafür etwa vor euch uff die Knie fallen?«

Erleichterung im Saale – einer gegen alle, alle gegen einen – hätte dumm ausgehen können, wäre jedenfalls kein schöner Schlußakkord geworden, wissen sie hier schließlich selbst am besten. Erwin hat als erster das verlorene Lachen wieder aufgehoben: »Mensch, Bob, also, das wär wirklich toll!«

Biberti bückt sich, zieht zuerst das rechte, dann das linke Hosenbein hoch.

»Ich kriege sonst wieder Geschimpftes von der Mami«, sagt er und – fällt auf die Knie. »Entschuldigt« – und dann steht er wieder auf, zupft sich ein bißchen an der Hose rum und blickt zu Harry. Sich direkt mit einer Abbitte an ihn zu wenden, wäre Bob nun doch zu weit gegangen, kann man denken, was man will, das hat er aber wirklich pfiffig angestellt, sich vor den vollständig versammelten Putschisten in den Studiostaub zu werfen, da kann sogar der Kantor noch was lernen.

Bob geht jetzt auf Harry zu und hebt die Hand, der nimmt erschrocken beide Arme hoch, und Bob fährt durch die Deckung und verpaßt ihm eine spielerische Gerade.

Harry schmunzelt: »Riesenglück gehabt, Biberti, daß ich meinen Frühsport heute schon erledigt hab, sonst lägest du jetzt in der blauen Ecke. Meine letzten Gegner sprechen übrigens nicht gern von mir, drum bin ich auch als Kämpfer bisher noch recht unbekannt.«

Mein lieber Schwan, denkt Erwin, sie sind wirklich wie zwei ebenbürtige Gladiatoren; eben noch tat Bob, als würde er den Kleinen wieder laufenlassen, und schon hat der ihm, wie im Vorbeigehen, das nächste

Ding verpaßt, ›als Kämpfer bisher noch recht unbekannt‹, könnte ja glatt von mir sein, so 'ne feinsinnige Kampfansage, haben wirklich Witz, die beiden – also, nehmen wir es lieber für ein gutes Zeichen, wo Humor ist, laß dich ruhig nieder.

Gott, denkt Roman, sie sind wirklich Sklaven, unfrei bis in ihre Seelen, können geben keinen Frieden, immer kämpfen, immer anderen besiegen, statt einfach an Glick zu glauben, er wird sie wohl nie verstehen.

Doch mit dem Ausgang seiner kleinen Friedensfeier ist er ganz zufrieden. Gar nicht schlecht für meine erste eigene Intrige, liegen sich jetzt beinah wieder in den Armen, diese dummen Kinder, war auch höchste Zeit, sind schließlich nicht nur Bob und Harry; Bootz und Ari können auch so Mistkerls sein. Nur Erich nicht, der ist ein echter Ehrenmann, dem würde ich Millionen anvertrauen – wenn ich sie hätte. Nun, die erste ist die schwerste, sagen sie in Deutschland, wollen sehen, mit der Mary mecht' sogar auch das noch klappen.

»Mißt ja nicht gleich heiraten«, sagt Roman also jetzt zu Bob und Harry, »ach, und iibrigens: ihr seid zu eine große Feier eingeladen – jetzt kann man euch ja auch wieder vorzeigen – bei meine Vater, weil, hab auch die Mary rumgekriegt, ich bin ein großer Anstifter von ewige Verbindungen. Mein Vater ist in Prager Synagoge Kantor – na, wat glotzt ihr wie die Affen«, sagt er dann im Tonfall Bobs –, »da, wo die Hochzeit ist!«

Auf dem Friedhof hat er's ihr gesagt.

Der Vater ist ein Stück vorausgegangen, hält die Hände auf dem Rücken und den Kopf so leicht geneigt, als lausche er all dem gefiederten Geschrei, das hier auf dieser Toteninsel, mitten in der Moldaustadt, die ewig junge Vogelhochzeit pfeift.

Die beiden sollen wenigstens noch einen Augenblick für sich sein, denkt der alte Mann; der Kies knirscht unter seinen Füßen, und er grübelt weiter vor sich hin. Ist bestimmt gar nicht so leicht für sie, besonders für das Mädchen, kommt ja immerhin aus Köln, da sind sie alle so katholisch, und sie geht daher und nimmt den kleinen Juden und den anderen Glauben an. Muß meinen Roman wohl sehr lieben, hat wahrscheinlich gerade deshalb auch so lange iiberlegen missen, ist halt nicht so eine Rasche wie die jungen Dinger heutzutage öfters – ach, sie werden gut sein miteinander. So wie ich und seine Mutter, schade, daß sie schon so friih gegangen ist.

Er denkt gerührt daran, wie Roman eben noch, am Grabstein, dieses Mädchen bei der Hand genommen und der Mutter fest versprochen hat, die Mary immer zu verehren und zu achten; und er war hinzugetreten, hatte seine Arme um die Kinderchen gelegt und ihnen alles Glück der Welt gewünscht. Für sich hat er nur öftere Besuche und natürlich ein paar Enkel eingefordert, nicht so viele, wie er selber Kinder hatte – nicht gleich alle neune, hat er noch geflachst –, und dann hat er sie beide fest gedrückt, die Mary noch ein bißchen fester, und ihr ein paar Worte in das feuerrote Ohr geflüstert. Etwas in der Art, sie solle sich vor seinen mächtigen Versprechen immer gut in acht nehmen – er würde niemals eines brechen.

Nun gehen sie still den Weg entlang, dort vorne schlendert Romans Vater unterm Blätterdach der alten, zugewachsenen Bäume auf den Ausgang zu, und Roman bleibt auf einmal stehen, umfaßt sein Mädchen und sagt mit großem Ernst: »Ich habe es versprochen, Mary, und was ich verspreche, halte ich. Ich könnte nie ein Wort, das ich gegeben habe, nicht einlösen, weißt du?«

Mary sieht ihn an und antwortet genauso ernst: »Ich habe es gehört, Roman, und weiß es auch, ich kenn dich doch jetzt lange genug«, und nun wird ihr die Sache doch ein bißchen sehr, sehr feierlich, und sie sagt schmunzelnd: »Und selbst größere Schurken als so kleine, minnesingende Verführer würden es nicht wagen, ein Versprechen nicht zu halten, das sie ihrer Mutter vor der Grabstelle gegeben haben«, dann zieht sie ihn am Ohr.

Doch Roman hält nach seinem Vater Ausschau, der jetzt gleich das Friedhofstor erreicht, und denkt: Ich habe nicht nur ihm etwas versprochen, ich hab auch vor mir geschworen, daß ich es ihr sage, bis wir draußen angekommen sind.

»Nun, Mary, es kann sein, daß es nicht immer weitergehen wird mit all dem schönen Leben, den Konzerten und dem vielen Geld. Ich habe es ihm in die Hand versprochen«, Roman weist nach vorn auf seinen Vater, »daß ich Kantor werde, wenn er einmal nicht mehr auf der Welt ist, und das wär bestimmt das allerletzte Wort, das ich nicht halten würde.«

Mary sieht ihn an. »Ihr Männer seid doch wirklich dumm. Wieso hab ich so lange überlegt mit dir, Herr Kantor? – Weil ich immer einen wollte, der mehr hält, als er verspricht.«

Es ist der Sturm, der auf die Ruhe folgt.

Die Ausgelassenheit der Gäste, das Vergnügen bei den Musikanten auf der Bühne, doch zuallererst das Glück des jungen Brautpaars scheinen grenzenlos; fast alle tanzen, klatschen oder hüpfen wild, und mittendrin bejubeln die Comedian Harmonists – den scharfen Wodka.

Daran aber liegt es nicht, daß etwa einer unter ihnen wäre, der die Trauung am Vormittag nicht als zu Herzen gehend empfunden hatte; wie sie da versammelt in der Synagoge standen und erst auf die Worte des betagten Rabbis, dann auf all die wunderschönen Lieder, die der Chor von Romans Vater sang, gelauscht hatten, das war erhaben – keiner würde es geringer sagen. Harry sang fast jede Zeile mit, und sogar Erich hat ein bißchen mitgesummt, obwohl er sonst mit seinen Vorfahren nicht viel am Hut hat. Ari hat natürlich nach die wunderscheenen Meedelchen geguckt, das mecht schon einmal sein, doch selbst der Kammersänger junior hat die Gänsehaut gekriegt, und erst ganz kurz vorm Schluß hat Bob zum ersten Mal verstohlen auf die Uhr an seinem Hosenbund geblickt. Nein, das war nicht nur für die beiden da ein großer Augenblick, das spürte jeder, auch für ihre Gruppe war das kurz wie ein Gelübde ewiger Verschworenheit.

Doch nun ist Schluß mit feierlich – jetzt wird gefeiert, und wenn auch die Musiker da oben scheinbar fest entschlossen sind, den Himmel voller Geigen als Inferno voller Flöten oder sturzbetrunkener Klarinettenspieler darzubieten, na, das kann doch einen Seemann nicht erschüttern, keine Angst, keine Angst, Roman und Mary!

Bob gibt den Tanzbär, Ari spielt den Zappelphilipp, Harry will die Musikanten übertönen und fällt ihnen mit Posaunentönen in ihr trunkenes Gepiepse, Bootz versucht, die Bühne zu erklimmen und ein Solo zu erzwingen, und nur Erich, unberührt vom Drumherum, pflegt mit Chantal den artigen Gesellschaftstanz und blickt ein bißchen amüsiert auf seine losgelassenen Kameraden.

Schon schwebt abermals ein riesiges Tablett gefüllter Gläser über ihren Köpfen, Roman steuert es geschickt, und als sie ihn erblicken, halten sie auf einmal kurz wie Aufziehpuppen, deren Feder abgelaufen ist, in ihrer hackenden Bewegung inne, bis sie ihre Arme nach dem großen Deckel recken und ein Glas herunterreißen und sofort hinunterstürzen.

»Aber eins müßt ihr in dieser Runde für den armen Jakob lassen«, fordert Roman schmunzelnd, »er ist der einzige, der noch was spielt, das man erkennen kann.«

Er winkt nach einem von den Musikern und reicht ihm schnell den Wodka rüber, und der zwinkert Roman zu – Schalom!, weg ist er.

Bob, der alte Kneipengänger und Berliner Mollenfreund, der sich natürlich auch auf lauteren Festen etwas auskennt, fühlt sich überwältigt und kommt aus dem Staunen nicht heraus. »Das ist ganz einfach eine kolossale Feier, Roman«, sagt er, »und ich dachte immer, ihr sitzt abends unter eurer Leselampe, Mary hält nicht dich, sondern den Stickrahmen im Arm, und du hockst da und liest in euren alten Büchern statt in ihren Augen, und wenn überhaupt, dann wickelst du sie höchstens mal in den Gebetsschal ein: ich glaube, ihr seid alle ziemlich falsche Fuffz'jer – oder ist es bloß der Fusel?«

Roman amüsiert sich; Bob ist endlich einmal platt, zu selten zwar, doch wenn, dann eben auch ganz kolossal.

»Was glaubst du, Bob, woher die Juden alle ihre vielen, klejnen Kiinderchen bekommen, ich mein, echte Kiinderchen, nicht falsche Fuffziger. Von Moses oder von die Siinde, hm? Und iibrigens, das ist kein Fusel, das ist Woodkaa, koscher wie nix anderes auf die große, weite Welt. Sogar bei die Polacken haben sie's gewußt, war dafir aber bloß der Wodka koscher, alles andere, na ja ...«, Roman winkt ab, »... nun eben wie beim Russen, als er ist gekommen und wie er uns aushungern hat mechten, haben wir ihm seinen Wodka ...«, Roman macht eine bekannte Handbewegung, »... in den Nächten wegstibitzt, da hat er müssen wieder abziehen, ja, so einfach war das«, sagt er, dann tänzelt er zu seinem Vater weiter.

Bob ist gleich noch einmal sprachlos – dieser Roman, also, das ist wirklich ungeheuer, was in dem so alles Platz hat! Als er ihm das erste Mal begegnet war, da hatte er gedacht, mein Gott, was für 'ne Träne, singende Gebetsmühle und so was. Und dann hat der sich, so peu à peu, entwickelt, Bob grient, fast, mecht man meijnen, regelrecht entpuppt, so wie die viele kleejne Falterchen auf alte Friedhof in die Heimat driben – na, und mit der neckischen Ranküne, wie er ihn und Harry da im Studio wieder in die Truppe eingegliedert hat, das war ein echter, polnischer Husarenstreich. Oder Ulanenstreich. Oder: in seine alte Heimat sagen sie noch ganz was anderes dazu, mecht sein ein kleines Handel, eine menschliche Geschäftchen, eine günstige Gelegenheit – der Roman ist mir sicher dankbar, daß ich ihn bißchen rausgekitzelt hab, denkt Bob zufrieden.

Er sieht sich im Saal um, Roman ist bei seinem Vater, Harry steht daneben, und sie amüsieren sich scheinbar köstlich; Bob gesellt sich also erst einmal zu ihnen, könnte schließlich sein, der Frommermann will wieder ganz besonders glänzen, aber so, wie der schon angeplätschert ist, kommt er mit seinem trockenen Humor heut sicher nicht zu Potte. Bob hat recht, denn Harry gibt gerade seinen Lieblingswitz zum einhundertundzehnten Male so zum besten, als sei er ihm eben eingefallen.

»Sagt ein Jud' zum anderen: ›Also, der Goebbels, der

schaut fast aus wie Apoll.‹ – ›Fast wie Apoll? Sag, Briderchen, du bist wohl närrisch?‹ – ›Laß mich doch erst mal zu Ende reden, Briderchen, wie a polnischer Jud, das ist's gewesen, was ich wollte sagen.‹«

Harry lacht, auch Romans Vater findet ihn gelungen, Roman lächelt in der nachsichtigen Weise, für die Bob ihn manches Mal schon gerne auf den Mond geschossen hätte. Immer wieder hat ihn diese Art an ihm geärgert, diese sogenannte Toleranz, nichts Menschliches ist mir im Leben fremd und all das Zeug; er, Bob Biberti, ist doch immer lieber geradeaus, also, fast immer, meistens jedenfalls, weil, immer, da wär er natürlich ziemlich blöd, zum Beispiel jetzt, wo sie sich so schön wieder aufgerappelt haben und Erfolge feiern. Außerdem, warum so eine schöne Feier schmeißen? Dieser Vater ist ja auch ein ziemlich netter, alter Herr, und der sagt gerade stolz zu seinem Sohn: »Sehr scheene Freijnde hast du, Roman, wirklich, sehr, sehr scheene, kannst du dich bestimmt ein Leben lang auf sie verlassen, das ist wichtig, immer wichtig – und natiirlich heute ganz besonders.«

Mit so starkem Nachdruck hat er das gesagt, so daß Bob ein bißchen überlegen muß, was sich der alte Kantor mit dem Heute denken mag, die Hochzeit oder vielleicht doch die ganze Zeit, in der sie nun mal leben, und was daran, je nachdem, auch noch besonders sein soll. Offenbar sieht er ein bißchen irritiert drein, denn der Vater schmunzelt jetzt ein bißchen und sagt: »Na, Bob, nicht so ernst an diesem Tag, mein Roman hat mir viel erzählt von Ihnen, und vor allem, daß Sie auch sehr lustig sein sollen. – Kennen Sie denn auch so scheene Witze wie der Harry?«

Rums! Das ist so eine Frage, bei der sich Bob natürlich hüten wird, mit der geraden Antwort anmarschiert zu kommen, nein, da heißt es, auf der Hut zu bleiben und sich ganz verbindlich, von der aufgeklärten Seite, vorzustellen. Er wird dem Harry nicht noch Wasser auf die Mühlen gießen, ganz im Gegenteil, er wird's ihm abgraben, Kabale statt Kabbala sozusagen – und so schillert Bob jetzt wie der Haussekretär Wurm vor seinem Präsidenten.

»Leider nicht, verehrter Herr Cycowski, leider nicht. Ich glaube kaum, daß es mir zusteht, solche Witze zu erzählen, auch wenn es genügend Leute gibt, die kennen andersherum kein Pardon. Gewiß, ich kann schon komisch sein, doch nicht um jeden Preis. Ich gelte zwar im allgemeinen als recht aufgeschlossen, doch in dem Punkt bin ich eigen: Juden sollten sich mit ihren jüdischen und Deutsche sich mit ihren deutschen Witzen amüsieren, dann bleibt alles unter sich, und es gibt keine Streitereien, jeder eben nach der eigenen Façon, das ist nun mal mein tiefes Credo!«

So stolz ist er auf seine seifige Suada, daß er den Fauxpas zu spät bemerkt. Alleine die betretenen Gesichter der Cycowskis wären schlimm genug, vor peinlicher Berührtheit in die tiefsten Erdentiefen zu versinken, aber damit läßt ihn Harry nicht entkommen; und jetzt ahnt Biberti, wem die Stunde schlägt.

Schon kratzt sich Harry an der Stirn und sagt in einem Ton, als wäre er tatsächlich nicht ganz sicher: »Ich weiß nicht so genau, ob es schon arische Kalmyken oder blonde Kameruner gab; doch daß es immer noch 'ne ganze Menge deutscher Juden geben soll, davon hab ich so oft gehört, daß ich es langsam wirklich glaube.«

Bob ist rot geworden, angelaufen bis unter die letzte Haarwurzel; er stürzt das Schnapsglas hinter und sagt, mit dem Finger auf die Backen deutend: »Eigentlich vertrag ich nämlich keinen Schnaps.«

Und nun ist es der alte Herr Cycowski, der ein

bißchen überlegen muß, was Bob wohl meint: soll das nur die Erklärung für sein stark gerötetes Gesicht oder vielleicht schon die verlegene Entschuldigung für diesen Fehltritt, nicht nur Harry gegenüber, sein? Er blickt auf Bob, der sieht nach unten und tut so, als müsse er allein den scharfen Schnaps verwinden. Zeit gewinnen, denkt Biberti, nur ein bißchen Zeit gewinnen, bis die Fassung wieder da ist, Contenance, mein Junge, wie die Mutter immer sagt, mit Haltung schafft man alles. Ja, wenn das so einfach wäre, denkt Biberti, früher mag das leicht gewesen sein, da war man für den Kaiser oder gegen ihn, ging mit den Roten auf die Straße oder steckte sie ins Loch, doch heute ... – langsam richtet Bob sich wieder auf.

»Ich sag ja, ich kann schon recht komisch sein, auch wenn es manchmal anders ankommt; und daß es bemerkenswerte deutsche Menschen gibt, die allerdings aus jüdischen Familien kommen, ist mir ganz geläufig, spätestens, seitdem ich mit einem gewissen Frommermann dieses Ensemble gründete.«

Er blickt verschwörerisch zu Harry, muß jetzt das Duell ganz schnell entschärfen und das Segelohr in seine Angelegenheit hineinziehen, alter Trick, das muß so aussehen, als wäre nie was vorgefallen. Und bis jetzt scheint er zu klappen, Harry sagt erst einmal gar nichts, hat er ihm die Zunge also wieder reingestopft und gleich noch einmal klargemacht, wer Herr im Hause ist, und so wendet Bob sich wieder Romans Vater zu.

»Ja, wie gesagt, der Harry hat da einen anderen Humor, der ulkt mit jedem über alles. Mir fehlen da auch ein paar kulturelle Hintergründe, um die Witze zu erzählen, manche sind mir fast ein bißchen mystisch, will ich jetzt mal sagen, so von hinten durch die Brust, na, wie die Leute selber eben manchmal. Ich bin doch mehr geradeaus und sage es, wie ich's verstehe, selbst wenn ich mal nix verstehe ...«, und zum ersten Mal versucht er es mit einem kurzen Lachen. Hat Methode, dieses kleine Hahaha, ein gutmütiges Schmunzeln auch bei Herrn Cycowski, und Bob kann nun zum Angriff übergehen, »... beispielsweise in der Politik, da bin ich ziemlich nackig, macht nichts, andere, die hätten mehr Veranlassung und sagen gar nichts, ich mach wenigstens so meine Witze über unsere neuen Herren; das hab ich übrigens auch nur gemeint vorhin mit den verschiedenen Witzen, sind ja doch verschiedene Kulturen, bitte schön, jedem das Seine – kennt ihr den?«

Bob hält inne, blickt sich in der Runde um, ob das mit der Kultur so durchgeht, Sichern ist die halbe Miete, zwei Kulturen, eine Heimat, auch nicht so gelungen, wie er selbst schnell merkt, Kopf oder Zahl, der Witz muß jetzt zur Scheidemünze werden.

»Also, der ist kurz: Wie sieht ein tadelloser Deutscher aus?« Ringsum nur rätselhaftes Schweigen, schulterzuckendes Gegrübel, und selbst Bob denkt – war da auch schon wieder etwas falsch? Ein tadelloser Arier, ist das besser? Oder gleich – wie muß ein richtiger Germane aussehen? Blödsinn, dann kann man die Witze gleich vergessen, Harry wird wohl schon kapieren, wohin die Pointe steuert, nämlich ganz genau auf ihn zu. Gott, eh' denen etwas dämmert – immer scheejn jemiitlich – dabei müßten die doch gerade Tag und Nacht an solchen boshaften Geschichten bosseln, Bob guckt lauernd, he, was ist nun, kriegt ihr's, oder laß ich euch am Haken?

»Blond wie Hitler, schlank wie Göring, flink wie Goebbels«, sagt Biberti trocken, und genauso trocken ist der Lacher, den sich Harry, wider Willen, gönnt, ein kurzer, knochendürrer Gluckser, aber Bob verschafft er im Moment die Ewigkeit.

»Tja, Spund«, sagt er mit generöser Miene, »so ein Kraut, das gegen den Humor vom alten Bob gewachsen ist, das muß erst noch gefunden werden«, und dann klatscht er in die Hände, schiebt sie allesamt zurück zur Tanzfläche, zieht Harry, der sich noch ein bißchen ziert und sträubt, am Arm hinter sich her zu Erich und Chantal, die immer noch versunken durch die Menge walzen, zieht auch Mary in den Kreis, nimmt Ursula bei der Hand und winkt nach Erwin, der sich mühsam von der Bühne hangelt.

Bob legt Roman und auch Mary seine Arme um die Schultern, und mit Blicken fordert er die anderen auf, es ihm gefälligst gleichzutun. Das dauert eine Weile, bis sich alle eingehakelt haben, aber schließlich bilden sie einen geschlossenen Ring. Und der beginnt, sich ruhig erst, doch dann allmählich schneller werdend, rasender und immer unberechenbarer, durch die riesige Gesellschaft zu bewegen – wirbelnd, strudelnd, ohne Anfang, ohne Ende, ohne Richtung, ohne Halt, nur seinem eigenen Taumel folgend, nur noch in sich selbst verfangen und sich nur noch um die eigene Mitte drehend, die sich langsam neigt – wie diese Mondnacht.

Alle lachen, alle schwindeln.

Erna sitzt mal wieder bei den Grünbaums und schlägt sich die Nächte um die Ohren, denn die letzte Prüfung steht bevor. Und fast kommt es ihr vor, als habe sie die Uhr zurückgestellt; alles ist beinahe so wie früher, der Septembermond guckt in die Schaufenster, es ist ein bißchen kühl im Laden, und sie hat die gleiche Angst vorm nächsten Tag. Beinah die gleiche Angst, denn selbstverständlich ist fast nichts mehr so wie früher, nicht nur, weil der Hans nun endlich fort aus ihrem Leben und Freund Harry immer noch nicht richtig darin angekommen ist. Sie hat die kleine Auszeit nicht nur des Examens wegen nehmen müssen, eher, um noch mal in Ruhe über alles nachzudenken. Harry allerdings hat so getan, als habe er, allein der Kunst zuliebe, diese Pause eingeleitet, und so flunkern beide sich ein bißchen etwas vor und sind's zufrieden – scheinbar passen sie ja doch ganz gut zusammen.

Erna also büffelt wie gewohnt, und ihr ist bang wie immer. Und weil Grünbaums eine Musikalienhandlung sind, sucht sie auch hin und wieder an den Radioknöpfen nach Musik, um sich ein wenig von so vielen schweren Fragen abzulenken; aber was sie hört, ist meistens alles andere als Musik in ihren Ohren, und das macht, daß ihre kleine, alte Angst inzwischen doch nicht mehr die gleiche ist. Sie ist zu einer großen Furcht geworden, die fast jede Nacht in ihre Decke kriecht und flüstert: Du wirst ihn verlieren. Nicht an eine andere, nein, das hält sie selbstbewußt für ausgeschlossen. Aber wenn sie so die Reden zwischen den Musiken hört, die Jubelschreie, die nicht enden wollen, nun, dann wird sie schon sehr nachdenklich, viel mehr als Harry übrigens – der stochert nach wie vor in seinen Noten gerade so, als sei die Welt nicht ziemlich stürmisch, sondern nur ein Ausflugsdampfer, den man jederzeit verlassen könne.

Erna hätte nie geglaubt, daß sie sich eines Tages sogar über Politik und solche Sachen streiten würden, wie auch, alles lief so wunderbar, ein bißchen glatt vielleicht. Doch hinterher, nun ja, da ist man immer schlauer, und es gab auch keinen Grund, sich Sorgen auszudenken, die man noch nicht hatte. Aber neuerdings geht ihr sein ewiges »Man lebt nur einmal« ziemlich auf die Nerven, dieses unbekümmerte Gefasel von der Jugend, wie aus einem fleddrigen Zitatenschatz, den Blödsinn kann er zwar in seinen Liedern singen, aber doch nicht ernsthaft immer wieder ihr erzählen. Wegen solcher Sachen allerdings wird Erna nun erst recht nicht lockerlassen und ihm die Leviten lesen, aber langsam – heute wird sie ihm erst mal erklären, daß es heißen muß »Man liebt nur einmal«.

Versprechen darf man halten, ganz besonders Frauen gegenüber ist das wichtig und die noble Pflicht des Gentlemans, und so hat Erwin seine alten Schulden eingelöst und die Comedian Harmonists zu einem kostenlosen Auftritt bei Ramona überredet. Lange mußte er sie sicher nicht beschwatzen, könnte daran liegen, daß sie niemals richtig zuhören; haben nur etwas von »kostenlos« und »bei Ramona« aufgeschnappt und waren natürlich sofort mit von der Partie.

Es ist gerammelt voll, der Auftritt ist ein doppeltes Geschenk an ihren alten Laden, denn noch nie war so viel Werbung für Ramona derart billig. Fast das ganze halbseidene Publikum Berlins scheint in den Puff zu drängen – Huren, Freier, Zuhälter und Tunten, und vor allem Journalisten, die am Morgen, allerdings in weit dezenteren Tönen, schreiben werden, daß man mit den Angestellten, treuen Kunden, mit Geschäftsleuten und interessanten Menschen aus exotischen Milieus einen zwar unterhaltsamen, doch immer anspruchsvollen Abend erleben durfte.

Selbstverständlich sind die Frauen des Sextetts dabei, das heißt, so sicher schien es anfangs nicht, daß dieser Auftritt überhaupt zustande käme; denn welche Dame macht schon gerne eine Exkursion mit ihrem Liebsten just in jene Abgründe, aus denen sie, alleine sie, ihn so erfolgreich retten konnte. Aber da hat Erich sich, was selten vorkommt, bei den Jungs Meriten holen können und Chantal ins Spiel gebracht, die schließlich hier sogar schon etwas für die Rente angeschafft hat. Und am Ende war, wie's immer ausgeht, ihre Neugier siegreich über die Moral, und also sitzen sie in trauter Eintracht – bei Ramona.

Die hat schon bei ihrem Eintritt jeden von den sechsen ausgiebig an ihre Brust genommen und mit einem dicken Kuß begrüßt. Im Moment läßt sie genüßlich Ursulas prüfende Bestandsaufnahme über ihren Leib ergehen. Nun, da kann sie auch gelassen bleiben, denn sogar die Fotografen drängeln sich um sie, natürlich nicht, weil sie hier zufällig die Chefin mimt, sondern nur, um noch ein bißchen mehr von dem zu sehen, was der sonst großzügig geschnittene Fummel lediglich erahnen läßt.

Und während ringsum alles um den besten Blickwinkel ins Innenleben von Ramona kämpft, sieht die gerührt auf ihre Schäfchen und blickt tief in die Vergangenheit, zurück zu jenem Abend, als die Jungs in der Philharmonie auftraten und sie mit den Mädchen hingegangen waren, um zur Not ganz andere Beifallsstürme auszulösen, falls die für die süßen Sängerknaben ausgeblieben wären. Damals hatte sie das gleiche Kleid an, und es sitzt noch immer: paßt, wackelt und hat mit Absicht keine Luft. Sie sieht zu Chantal hinüber, ihrer Schönsten, die der Erich ihr entführt hat, dieser Schlingel, nun, so ist das Leben, schließlich ist sie auch mal jung gewesen und sah – mindestens – so wie Chantal aus, nur daß sie vermutlich noch verliebter war. Sie wollte damals sogar das Gewerbe sausenlassen, ein ganzes Schock voll Gören haben und sich nur noch um den einen kümmern, aber um den einen kümmerte sich dann der Krieg; zumindest ist er nicht zurückgekommen. Für Ramona war das irgendwann kein Unterschied mehr, und so blieb sie, statt beim großen Glück, halt bei den kleinen Freuden hängen und ist ohne Illusionen – sie befühlt den Stoff und denkt: Mensch, Kinder, wie die Zeit vergeht.

Und eh' sie selbst vergeht, in Trübsal, Selbstmitleid und Rage auf die Männer, klatscht sie in die Hände, achtet nicht auf die Begleiterinnen ihrer Jungs, will nur noch Jubel, Trubel, Heiterkeit und ruft entschlossen: »Danke, meine Herren, es war wunderbar, und weil Sie so schön für die Damen hier gesungen haben und vor allem für den wohltätigen Zweck, die Mädchen vor der Straße zu bewahren, haben Sie natürlich selbst ein Gratisangebot verdient, die freie Auswahl eingeschlossen, Damenwahl ist kategorisch ausgeschlossen.«

Sie lädt mit einer Handbewegung in das Pulk und bittet, sich ganz ohne Hemmung zu bedienen, Ari kichert und macht ein paar kurze, schnelle Schritte auf die Mädchen zu, die werfen Kußhände nach ihm und langstielige Rosen, andere schlagen schelmisch ihre Augen nieder oder theatralisch gar ein Kreuz vor ihrer keuschen Brust, wenn Ari danach greifen will.

»Wie ist's mit euch, ihr Hübschen?« fragt Ramona und sieht Roman an. Der schüttelt nur den Kopf; Ramona wendet sich zu Mary: »War ein Tip von mir damals, es mal mit einer neuen Stellung zu probieren, dachte ich mir gleich, daß es sofort 'ne Lebensstellung wird.«

Sie geht auf Erwin zu, der seine Ursula bei der Hand hat und recht blöde sagt: »Ramona, das ist Ursula, schön, daß du sie endlich einmal kennenlernst.«

Ursula knickst verspielt, und Ramona plinkert aufmunternd zurück: »Was für ein Mann, was? Aber immerhin, da hat er wieder mal Geschmack bewiesen, unser Erwin, wünsche dir viel Glück, Ursula.«

Schließlich wendet sich Ramona an Biberti: »Na, Herr Kammersänger, immer noch Solist? Hatte ja lange nicht mehr das Vergnügen, Sie in meinem Hause zu begrüßen. In den besseren Kreisen sagt man, daß Sie jetzt im Telegrafenamt ein eigenes Fräulein haben. Weil das billiger ist«, setzt sie süffisant hinzu.

Bob ist das gehörig peinlich, denn Erna sieht nicht gerade aus, als müsse sie sich gleich vor Lachen schütteln – und jetzt geht Ramona zu allem Unglück noch auf Harry zu und frozzelt: »Harry, du bist meine letzte Chance, so eine Gegelegenheit kommt nicht gleich wieder lang.«

Sie mustert Erna unverfroren und denkt: hübsche Beine hat die, und für ihren frechen Kopf, da fallen mir auf Anhieb mindestens ein Dutzend Kunden ein, die ihr den gern mal waschen würden – woher nimmt das kleine Affenohr nur so ein Mädchen? Seltsam.

Doch selbst das kleine Affenohr hat heute keinen Sinn für große Späße und huscht ans Klavier, wo Harry jetzt den *Grünen Kaktus* anschlägt. Erna funkelt wütend, Widerspruch hat sie erwartet, wenigstens ein freches Wort von Harry, der läßt doch sonst nie einen Witz aus, und nun steht sie unbeholfen hier, und er sitzt trällernd da.

»Und wenn ein Bösewicht was Ungezogenes spricht, dann nehm ich meinen Kaktus, und er sticht, sticht, sticht.«

Erna denkt an ihren jüngsten Streit, und Harry hat noch immer nichts kapiert. Sie nimmt den Mantel, geht zur Tür, dann läuft sie langsam zur Elektrischen.

»Wunderschön, so ein komplettes Mißverständnis«, sagt Ramona, »echte Mißverständnisse gibt's nur in einer wahren Liebe.«

Harry ist der Erna sofort nachgelaufen, keine Frage, aber auch sofort war viel zu spät; nun hört er nur noch die Bimmel schellen und sieht, wie die Tram, weit vorn schon, um die Ecke zieht. Er läßt den Kopf mitsamt den Locken hängen, trottet zu Ramona und den anderen zurück – ein Rempler bremst ihn wie ein Prellbock, Harry fährt zurück, und Bob sagt: »War mir auch zu blöde heute, die Ramona. Hat sie sonst doch nicht gemacht, das wär ja regelrecht geschäftsgefährdend, auch für uns, ich meine, wenn die so was öfter täte. Dat war nicht gerade die Nummer, die ick liebe.«

Harry wacht allmählich wieder auf.

»Ich geh da heute nicht mehr rein, wahrscheinlich überhaupt nicht mehr. War ohnehin ein teurer Ausstand, man soll eben nirgendwo umsonst auftreten, sonst kann man sich eines Tages vor den vielen Freunden nicht mehr retten. – Lust, noch irgendwo 'n Bier zu trinken, oder hast du noch was Besseres vor? Der Abend ist ja schwerlich noch zu steigern.«

Bob druckst erst ein bißchen rum und guckt die Schienen lang, dann grinst er.

»Vielleicht doch. Man soll die Nacht nicht vor dem Morgen tadeln, könnte sein, daß ich noch irgendeine Spur aufnehme.«

Harry ist natürlich etwas deprimiert, aber ein Freund, ein wirklicher Freund drückt einem anderen selbstlos die Daumen.

»Ach, du hast es gut, Bob, heute hier und morgen dort, kaum erst da, schon wieder fort – hej, könnten wir uns glatt fürs nächste Repertoire mal merken – also, wenn du wüßtest, wie ich neuerdings bei Erna leide, die kann ja überhaupt nichts mehr normal verbrauchen, sogar über Politik geraten wir in Streit.«

Bob stutzt für einen Augenblick.

»Was denn für Politik? Seit wann hast du denn was mit Politik am Hut? Ich dachte, ihr schwooft immer nur die Nächte durch.«

»Na eben, Bob, das ist es ja, wir haben uns doch nie für solchen Käse interessiert, stinklangweilige Reden, dußlige Debatten, trockene Artikel, Wahlen oder so was. Und auf einmal sagt sie, ich sei ein politischer Idiot – am Anfang dachte ich, das ist mal ein ganz anderes Kompliment«, er grient ein bißchen, doch der Rest ist Seufzen.

»Apropos, mal was ganz anderes; meinst du, daß sie einen anderen hat?« fragt Bob mit immer größerem Interesse. »Klingt nämlich fast so, ich will dir ja nicht alle Hoffnung nehmen, Harry«, und dann haut er ihm jovial und etwas übertrieben fröhlich auf die Schulter und sagt: »Hauptsache, kein Roter, Harry, das wäre das Ende.«

»Ach, Bob«, sagt Harry wieder, »sogar das ist möglich. Vorträge hält sie mir mittlerweile, und ich sollte mir mal langsam etwas überlegen. Aber was? Sie geht zum Pauken sogar wieder in den Laden von den Grünbaums, kannst du dir das vorstellen? Irgend etwas Ernstes steckt auf jeden Fall dahinter, vielleicht nicht unbedingt ein Kerl. Und du, verdammter Stenz, ist es bei dir denn endlich auch mal etwas Ernstes?«

Jetzt blickt er Bob schon wieder fast verschmitzt, von Mann zu Mann gewissermaßen, an.

Und Bob sagt, einen Deut verlegener als sonst: »Sieht fast so aus, muß nur noch ein paar Kleinigkeiten klären; daher bin ich ja auch so in Eile, Harry, also, mach es gut«, er reicht ihm schnell die Hand.

»Mach's auch gut, Bob«, sagt Harry – und: »Du schaffst das!«

Die Halle dampft, die Ränge qualmen, überall ist Kampf, wenn auch der wichtigste da unten tobt, zwischen den Seilen und den Kämpfern, die mit wütendem Gefuchtel aufeinander losgehen, angetrieben vom Gebrüll der Massen und den Schreien ihrer Manager – zumindest scheint es so, als würde sich mit jedem Gong, bei jedem Hieb im Seilquadrat das Schicksal der Nation entscheiden.

Die Arena bebt, die Bänke wanken, überall gibt es Rivalen, doch nur selten können sie so deutlich aufeinandertreffen wie in diesem Saal, das weiß vor allem Bob, der Draufgänger, dem es fast nie direkt genug zugeht – und eben deshalb hat er Erna einmal mitgenommen, um ihr, hier am Ring, die Spielregeln des echten Männerdaseins zu erläutern, klar, durchschaubar, fair und eindeutig. Natürlich gelten die nur in dem größeren Rahmen seiner eigenen Finte, die, beim Ringlaternenschein betrachtet, eher undurchsichtig, unfair, zweideutig, fast tückisch, also weibisch anmutet und Bob als alles mögliche, nur nicht als einen couragierten Kerl erscheinen läßt. Der brüllt zwar ohne Unterlaß ins Rund hinein und zieht die Fäuste durch die Luft, als gelte es, fliegende Drachen zu bekämpfen, doch er hat es bisher weder Erna und schon gar nicht Harry flüstern wollen, wie es um ihn steht. Als Stellvertreter schwitzender Giganten und beim Schattenboxen oben auf dem Rang kracht er Gebirge mit den bloßen Fäusten auseinander und versenkt sie in die Meere, doch im Leben, unten bei dem kleinen Harry und der irritierten Erna, sieht man ihn sich häufig ducken, eine Meidbewegung nach der anderen machend, öfter als gelegentlich zur Seite hüpfend, schließlich sogar auf der Flucht zu unsauberen Mitteln.

Und dennoch vermittelt eben dieser unentschlossene, beinah feige Bob genau den Eindruck, den sich Erna von ihm machen möchte – stattlich, zuverlässig, einer, der genau weiß, was er will, und es auch stets bekommt, ein ganzer Mann halt und kein Frommermännchen. Früher hätte sie ihn nicht mal angesehen, den Dicken, der jetzt schweißgebadet neben ihr auf seinen Platz fällt, so, als hätte er tatsächlich gerade selbst einen Fünfrundenkampf gewonnen, diesen Grobian, der durch die Halle brüllt, als wäre er in der Arena von Sevilla und als müsse er die Rindviecher durchs Haupttor dirigieren – nein, dann hätte sie Motorräder verkauft und Lederkappen, aber keine Noten oder Schellackplatten. Das war schon in Ordnung, und als Harry erstmals in den Laden trat, da wußte sie, so einen wollte sie, so einen Zarten, Unsicheren, einen, der nicht genau weiß, was er will, kein Mannsbild, sondern eben einen solchen netten Jungen. Und nun ist es wieder diese uralte Gewißheit: was man hat, wird fremd, und das, was fremd ist, will man haben, Harry kann nicht für Naturgesetze, Erna noch viel weniger. Sie muß jetzt an den Dichter denken, der geschrieben hat, daß alle, die am Ofen sitzen, sehnsüchtig nach jenen einsamen Passanten schauen, die unter ihren Fenstern gehen; und alle, die allein spazieren gehen, sehnsüchtig nach all den familiären Fenstersimsen blicken und sich an den Ofen wünschen – eine einfache Geschichte, fast so einfach wie die Sache Bobs, die in der ersten Runde schon gelaufen war. Und nicht zuletzt solcher verbürgten zwischenmenschlichen Probleme wegen.

Trotzdem bleibt es eine Hundsgemeinheit: führt der Wanst sie doch zum ersten Male aus und hat sofort ein Heimspiel.

Bob ist wieder aufgesprungen, tanzt wie Rumpelstilz und ruiniert die Stimme wie den Wanst.

»Mensch, hoch die Faust, und links, zwei, drei, den Kopf nach oben, und jetzt losmarschiert.«

Also, wenn Erna wirklich einen heimlichen Geliebten, und dazu noch einen roten, haben sollte, müßte sie sich für die Kommentare Bobs wohl echt begeistern, der sich mit dem Gong zu Erna wendet und den abschwellenden Lärm, wie's scheint, sofort für ein beinah romantisches Silentium hält.

»Na und, wie isses – schön?« fragt jetzt der Wanst mit tiefer Stimme und schiebt sich ein wenig näher an die ahnungslose Boxnovizin. »Wie gefällt es dir?«

»Ganz schön«, sagt Erna, halb verzückt und halb herablassend – nur nicht zu schnell die ganze Skala an Gefühlen zeigen, die da in ihr rauben, morden, plündern, stehlen ... – hat sie fürs Examen lesen müssen, irgendwo in einem alten Stück, und sich gemerkt, fürs Leben. »Auf alle Fälle hast du jede Menge Temperament, Bob, das muß man sicher hin und wieder kräftig zügeln«, Erna sieht ihn unentschlossen an, und dann setzt sie noch hinzu, »braucht ganz bestimmt 'ne starke Hand.«

O ja, das muß sie sein, die vielgerühmte List der Weiber; scheinbar hat sie sich ein Stück zu weit nach vorn gewagt, tatsächlich aber zwingt sie ihm nur ihre Taktik auf und schickt ihn ein für allemal in die Ecke. Denn was bleibt Bob übrig, als das einzig Folgerichtige zu tun – man weiß es nicht, man ahnt nur, wie es kommen muß.

Also ergreift Bob ihre Hand und findet sich vermutlich ziemlich klasse, wie er so die Erna eulenspiegelhaft beim Wort nimmt, und dann balzt der große Robert: »Diese brauch ich, Erna, keine andere.«

Tja, Bob, bist eben doch nur ein ganz gut bestückter Baß, kein heldischer Tenor, der die Register nur so aufzieht und mit ungeahnten Kapriolen, geistreichen Facetten oder überraschenden Nuancen all die Schönen reihenweise umfallen läßt. Und nun wird Bob sogar schon wieder praktisch, wie gewöhnlich, und drückt sie etwas unbeholfen an sich.

Dann hält er sich nicht länger mit dem züchtigen Geschmuse auf und fragt, als käme er erfrischt aus seiner Ecke, ganz unverblümt: »Na – und – was sagst du nun zu meinem Angebot?«

Und Erna lächelt, tut, als müsse sie noch einmal überlegen, welches er da überhaupt im Sinn hat, läßt ihn endlos zappeln, weil der Bob sie mit ganz großen Augen anglubscht, schließlich gibt sie Leine nach: »Also ein großes Zimmer, um zu arbeiten, das wäre schon verlockend, allerdings, ich weiß nicht, ob das deiner Mutter recht ist ...« – wirklich, sie kann auch ein absolutes Biest sein; gerade will Bob ansetzen und ihr beteuern, wie recht es der Mutter wäre, als sie ihren Satz beendet, »... und natürlich müßte ich auch Harry fragen.«

So schnell kommt selbst der Bob nicht hinterher, obwohl er sich doch wirklich Mühe gibt, im Bild zu bleiben, aber Ernas flinke Wechsel kann er nicht mehr mitgehen. Bob gerät ins Schlingern, Abbruch nach der Hälfte, Handtuch.

»Du, es würde dich zu nichts verpflichten, Erna, zu rein gar nichts. Wenn dich irgend etwas stinkt, dann ziehste einfach wieder aus.« Und um nicht ganz so elend wie ein Bittsteller zu winseln, setzt er schnell hinzu: »Na, und wenn nicht, dann bleibste einfach. – Könntest dich doch immerhin in aller Ruhe aufs Examen vorbereiten.«

So schnell wendet sich das Blatt; vor kurzem noch hat Erna das Examen Harry gegenüber schlau ins Spiel gebracht, um sich in Grünbaums Laden wenigstens ein nächtliches Refugium einzurichten, und nun kommt der Bob daher und will ihr mit dem gleichen durchsichtigen Argument den Schneid abkaufen, wenn nicht gar den Harry selbst. Na, jedenfalls hat er zumindest dran gedacht, für Harry war ihr Studium immer nur ein Spleen, auch vor den letzten Mißverständnissen. Und eigentlich riskiert sie ja auch nichts. Bobs Mutter ist den ganzen Tag daheim, und – Erna staunt jetzt selber über sich – falls sich die Sache doch ganz unverhofft zu etwas anderem als zum Studierstübchen entwickeln sollte, schenken wir ihr einen Logenplatz im Varieté.

»Ach, Bob«, sagt Erna, »warum kann denn Harry das nur nicht verstehen. Er ist ein lieber Kerl, aber so weltfremd, kann nicht einsehen, daß ich mehr sein möchte als nur seine Muse, die ihn irgendwie zu seinen Partituren beflügelt, ganz zu schweigen von all dem Ringsum, da kriegt er nun gleich gar nichts mit. Hält sich die Augen zu und denkt, dann sieht ihn keiner, wie ein Kind, das noch nicht weiß, wie man Verstecken spielt, dabei ist er nicht dumm, aber in letzter Zeit, da ist es mit ihm wirklich oft zum Jungehundekriegen.«

Bob grinst, Erna lächelt – was man aber manchmal auch daherplappert, doch jetzt wird Bob auf einmal richtig ernst: »Als du neulich bei Ramona weggelaufen bist und ich dir mit der Tram noch hinterher bin, habe ich zu ihm gesagt, ich treff mich noch mit einer Frau; da hat er mich gefragt, ob es was Ernstes ist, und ich hab ihm gesagt, vollkommen ernst, das erste Mal.«

Jetzt gibt der Bob ein bißchen an und legt die Latte für die Erna etwas höher, oder tiefer, wie man will, und die hebt prompt den Zeigefinger, mit mir nicht, Monsieur, das ist der staubigste Chapeau, den Sie hervorziehen können – es ist schließlich jedes Mal das erste Mal, das wissen Sie vielleicht noch nicht. Doch Bob ist nicht mehr aufzuhalten, stürmt entfesselt vorwärts, unten ist inzwischen längst der Gong ertönt. »Wirklich, Erna, seit ich dich das erste Mal gesehen habe, im Laden, wußte ich: das ist sie. Und das erste Mal, das ist es auch, tatsächlich, oder glaubst du etwa wirklich, daß ich schon einmal ein Mädchen hatte« – Erna guckt jetzt leicht entsetzt –, »ich meine, hier am Ring?«

Bob kostet seinen Schelmenstreich ein bißchen aus, hat lang genug gedauert, daß ihm auch mal was gelungen ist in diesem ungleichen Gefecht, und dann gleich ein Bravourstück, wie er es schon selbst nicht mehr für möglich hielt – jetzt lehnt sich Erna endlich bei ihm an, und Bob umarmt sie: Das wird Harry nie begreifen, wie man so ein Mädel anpackt.

Erich ist verstimmt und Bob verschnupft, am Klimperkasten witzelt Erwin, Ari trällert vor sich hin, und Roman harrt der Dinge, die da kommen, Harry würde endlich gern beginnen – Probenstimmung, wie sie nun seit Jahren bei den Harmonisten üblich ist.

»Tolle Arbeitsatmosphäre, Collin«, zetert Bob, und Erich kontert kühl: »Genau, Bob, Arbeit, Arbeit ist das Stichwort, solchen Unsinn bringe ich nicht einmal in der Mittagspause – ›man wird wieder das Lied der Arbeit singen‹, ich bestimmt nicht, kommt doch überhaupt nicht in die Tüte!«

Alle wissen längst, wie es die nächsten paar Minuten weitergehen wird, und schon ranzt Bob in altbewährter Weise Erich an: »So, so, kommt überhaupt nicht in die Tüte, so was singt der vornehme Tenor nun einmal nicht, auch wenn er nur der zweite ist« – oh, der ist neu –, »so sag er uns doch nur mal, was hat unser feiner Erich denn bloß gegen Arbeit? Weißt du überhaupt, wie eine Tüte aussieht, ganz besonders eine Lohntüte, du eingebildeter Monsieur? Du solltest dir vielleicht mal zwischendurch ein deutsches Mädchen suchen, damit du ein bißchen auf dem Boden bleibst,

Cherie« – der mußte sein –, »vergißt sonst glatt noch, daß es dir zu Hause ziemlich gut geht, eben weil hier mehr gearbeitet wird als beim Franzmann. Zieh doch einfach hin, da fällste jar nich uff.«

Erich weiß, daß Bob ihn provozieren will – die Sache mit Chantal war wieder mal 'ne große Schweinerei –, doch Collin ist nicht Ari, der wäre ihm für so was ins Gesicht gesprungen, ganz egal, wie's ausgeht, ist eben ein echter Balkanese.

»Gratuliere, Bob, was für 'ne volksverbundene Rede, wirst es wohl weit bringen in dem neuen Frühling, der gerade in die Heimat einmarschiert – im übrigen, ich habe gar nichts gegen Arbeit, höchstens gegen Arbeitsdienst, mein Lieber, kannst dich gerne einziehen lassen. Und was meinen Part als zweite Geige angeht, hochverehrter Kammersänger junior, nur ein Wort: ich nehme jetzt einmal kein Notenblatt mehr vor den Mund. Sie könnten es vermutlich ohnehin nicht lesen, und doch haben Sie's mit Ihren höchst bescheidenen Mitteln und dem prallen ›Isis-und-Osiris-Repertoire‹ recht weit gebracht, also noch einmal und von Herzen – gratuliere, Bob!«

Der steht, einem Erstickungsanfall nahe, neben Bootz, der ihn am Ärmel hält, bis es vorbei ist, und dann in die Runde sagt: »Nun mal ganz langsam, meine Herren, und immer schön die Ruhe. Jedes Ding hat, wie Sie vielleicht wissen, mindestens zwei Seiten – mindestens dieses hier zum Beispiel kann man so und so sehen.«

Und dann setzt er sich an sein Klavier und spielt den neuen Frühling mal als dumpfen Marsch, mal als profane Sinfonie in Moll.

»Das war die Arbeitsdienstvariante, ginge auch noch dunkler«, sagt er grinsend, und dann spielt er eine andere Version, sehr leicht, beschwingt, ein bißchen übermütig, so daß Ari ganz verzückt ist und sich sofort singend an dem Spiel beteiligt.

»Wunderscheen, Mensch, Erwinchen, genau so meine Tonart, wie fir mich erfunden, muß ich sofort einstudieren«, kräht er, und Bob weiß mal wieder nicht, ob er sich drüber freuen soll.

»So werden die uns das nicht abnehmen«, sagt Harry plötzlich. Roman blickt verwundert, Erich neugierig, Bob konsterniert und Ari wütend.

»Wieso nicht abnehmen, wie meinst du denn das, Harry? Ich werd singen, daß man wird vergessen, wer Caruso ist, so scheen werd ich das Liedchen machen«, Ari will sofort die Probe aufs Exempel geben, aber Harry winkt nur ab.

»Dafür ist es ganz einfach nicht gedacht. Sie werden sich nicht solche Zeilen wie ›Es geht im Schritt und im Tritt auch das Herze wieder mit‹ von uns als Wandervögellied verhunzen lassen, glaubt mir das.«

Doch Bootz saust einmal mit dem Zeigefinger über die gesamte Tastatur und sagt kokett: »Dann ist es eben für den ersten Frühling n a c h dem neuen Frühling, irgendwann wird jeder Frühling alt und geht vorüber, allemal einer, der schon von Beginn an braun ist. Und dann haben wir das erste neue Lied im nagelneuen Frühling.«

»Genau«, läßt sich auch Bob jetzt wieder mal vernehmen; er sieht Harry ins Gesicht und sagt dann, beinahe ein bißchen mitleidig, »und bis es soweit ist, verscherbeln wir's als Liebeslied, versteht ihr? Neuer Frühling – neue Liebe.«

Harry schüttelt nur den Kopf, sieht abgrundtraurig hoch.

»Du bist naiv, Bob, glaub mir, wirklich absolut naiv.«

»Seit wann bist du denn so politisch, kleiner Klassenkämpfer«, schreit Bob wütend auf.

»Seit gestern, Bob.« Dann holt er ein Kuvert hervor. »Ist gestern mit der Post gekommen, eine Vorladung zur Reichsmusikkammer, ›Betreff: die nichtarischen Mitglieder ...‹«, und dann wird er ganz still.

Harry denkt mit Wehmut an den Tag zurück, als er schon früh am Morgen mit dem Doppeldecker unterwegs zu Levys Agentur gewesen war und vor dem aufgebrachten Schaffner flüchten mußte, auch an Levys väterliche Art und daran, wie er hinterher fast unter die Elektrische geraten ist. Hier hatte alles angefangen – aber das muß wirklich tausend Jahre her sein, grübelt Harry traurig, und obwohl er nicht mehr mittellos im Bus sitzt, sondern mit Bob im eleganten Wagen jetzt die Oranienburger runterpfeffert, spürt er einen leisen Druck im Hals, der langsam wächst und sich zur Größe eines Königsberger Klopses mausert. Immerhin ist es die gleiche Straße, laufen noch dieselben Menschen auf den Bürgersteigen, fahren die gleichen Busse an die Haltestellen. Ein paar Fahnen sind dazugekommen, andere Uniformen, Lautsprecher, die's damals wohl noch nicht gegeben hat; nur die Plakate sehen ein bißchen anders aus, die jetzt mit ihren vielen Sonnenaufgängen die Nachtschwärmer von damals ausgetrieben haben und den neuen Frühling preisen.

Sie sind unterwegs zur Reichsmusikkammer; Bob hat die Angelegenheit im Handstreich übernommen, und nun sitzt er neben Harry, um ihm letzte Instruktionen zu verpassen.

»Also, ick halt direkt vor der Tür, ick schließ den Wagen ab, dann gehen wir hinein, wir haben schließlich den Termin; und sollte so ein Uniformheini da im Foyer die große Klappe haben, hältst du trotzdem deine und läßt mich mal machen. Schließlich bin ick Arier, das ist immer noch was anderes, da können sie nicht mit mir umspringen so wie mit irgendeinem Itzek oder Abraham, das müssen die von Anfang an begreifen.«

Harrys Kloß ist wieder da, er sieht Biberti von der Seite an.

»Vielleicht geh ich allein, Bob, selbst wenn alles in die Hose gehen sollte – immerhin ist ja der Brief an mich gerichtet, als Gründer«, sagt er und versucht, seine Erregung zu verbergen.

»Papperlapapp«, widerspricht Bob, »ich bin doch genauso Gründer, schließlich hatten wir zusammen die Idee, ick hab die Sänger angeschleppt, die Truppe aufgebaut und das Geschäft organisiert, der Rest ist Nebensache, oder? Sei jetzt bloß nicht noch empfindlich, Harry, du verdirbst sonst alles, klar? Gib jetzt mal her, den Wisch, und das vorhin da, mit den Itzeks, hab ich übrigens nicht so gemeint«, sagt Bob, um von der Urheberdebatte wegzukommen, »'tschuldige«, und Harry nickt wie immer, und wie immer haut ihm Bob eins auf die Schulter: »Du, die schlagen wir mit ihren eigenen Waffen, jetzt heißt es getrennt marschieren – vereint zuschlagen.«

Direkt vor dem Eingang steigen sie jetzt aus dem Wagen, Bob wirft mit Getöse seine Tür zu und verschließt sie, dann betreten beide kurz entschlossen die geschwungene Treppe.

Bob blickt an den Fensterfronten hoch, unbehelligt treten sie ins Treppenhaus und auf den langen Flur, und irgendwo an seinem Ende hat die Röhre sie verschluckt, die Schritte sind verhallt, und nur das Klappen einer Tür verrät, daß sie mit ihrem Löwenmut jetzt in der Höhle angekommen sind.

Der Sekretär ist mächtig, doch der Mann dahinter sieht ein bißchen aus wie Ari, wenn er aus dem Führersitz des Riesenautos blickt, das er sich im vergangenen Frühjahr zugelegt hat – nur nicht annähernd so gut gelaunt. Kein Wunder, hört er sich doch eigentlich schon viel zu lange diese Hymne von Biberti an, mit der er die Erfolge der Comedian Harmonists besingt.

Der Uniformierte läuft jetzt um das imposante Möbel, hält vor Bob und sagt in spöttisch scharfem Ton: »Jetzt hören Sie endlich auf, hier anzugeben wie 'ne Lore Affen, Herr Biberti, und gestatten, daß ich in den eigenen Räumen auch einmal zu Wort komme.«

Dann wendet er sich beiden zu.

»Zum ersten: Wer nicht Mitglied in der Reichskulturkammer ist, hat kein Recht, in einem kunstausübenden Beruf zu arbeiten.

Zum zweiten: In der Reichskulturkammer kann jeder Deutsche Mitglied werden, unter der Voraussetzung arischer Abstammung.

Zum dritten: Ihre Truppe hat drei nichtarische Mitglieder. Ein ganz einfacher Fakt, den sogar Sie bei gutem Willen einsehen und ...«, er hält kurz inne – »... ändern können. Punkt.«

Der Beamte geht um den Tisch herum zu seinem angestammten Platz, fällt in den Ledersessel und verschwindet beinah wieder in den Lehnen, nur der Mittelteil des Protokollaltars erlaubt ein wenig Einblick und verrät, daß seine Füße ständig von der einen auf die andere Seite wechseln.

Bob hat sich erhoben, tritt jetzt an den Tisch heran und ätzt mit ordentlichem Spott: »Sie sind vielleicht noch nicht so lange in Ihrem Hochamt, da ist verzeihlich, wenn Sie nicht alles überblicken, allerdings, so einfach, wie Sie es sich gerne machen würden, ist es nicht. Sie sprechen mit dem Leiter der Comedian Harmonists; Millionen Platten liegen in den Schränken unserer Volksgenossen, und auch international sind wir inzwischen sehr bekannt. Sie sollten sich vielleicht mal überlegen, wieviel an Devisen Sie verlieren, falls es Auftrittsschwierigkeiten geben sollte. Außerdem gibt es Verträge – oder gelten selbst die Paragraphen jetzt in Deutschland nichts mehr?«

Bob tritt einen Schritt zurück und wartet, blickt zu Harry, der auf seinem Stuhl hockt und ganz offenbar entschlossen ist, die Lehnen abzureißen, so weiß sind die Fingerknöchel.

Bob ist unsicher, ob der Kulturkämmerer wirklich so nervös ist, wie er es vorhin gesehen haben will; vielleicht ist er ja selbst zu forsch gewesen und hat offene Türen eingerannt, denn eigentlich ist doch ganz klar, worum es – und womöglich nicht nur diesem machtbesessenen Amtsschimmel da – geht.

Der ruckt ein bißchen an dem Sessel, dann an seiner Brille und sagt noch einmal: »Ich hatte Sie gebeten, Herr Biberti, nicht so kindisch aufzutrumpfen, und vor allem nicht die Sachverhalte zu vermischen. Also werde ich es Ihnen, auch auf die Gefahr hin, mich zu wiederholen, noch einmal erklären. Erstens: Es kann überhaupt gar keine Rede davon sein, daß abgeschlossene Verträge nicht erfüllt werden, gerade auch im Ausland, das mit großer Sympathie auf die Erfolge unserer Bewegung blickt. Ein Zweites: Selbstverständlich kenne ich auch die Erfolge Ihrer Gruppe, allerdings, ich würde nur sehr ungern dafür bürgen, daß sie fortzuführen sind. Wir wissen alle, welchen Umständen sie sich verdanken, und ich glaube nicht, daß sich die neue Volksgemeinschaft in der gleichen Weise für eine

Musik begeistert, die an unserem nationalen Aufbruch doch nur wenig teil hat. Und da sind wir schon beim Wichtigsten, dem Dritten: Niemand will Sie in der Ausübung ihrer erprobten Tätigkeit behindern, ganz im Gegenteil, Sie sollen weiter arbeiten, vielleicht sogar an einem neuen Repertoire mit einem neuen, deutschen Namen. Sie wollen doch ihr Publikum behalten, nun, dann dürfen Sie auch das gesunde Volksempfinden nicht mehr länger aus dem Blick verlieren – und das dürfte sich inzwischen mit den alten Liedern wie mit Teilen des Ensembles schwertun.«

Harrys Stuhl ist umgefallen, so empört ist er auf einmal aufgesprungen; über eine Stunde hat er keinen Mucks gesagt, doch jetzt stützt er sich auf die Schreibtischkante und fragt ungläubig: »Sie wollen doch nicht wirklich sagen, daß Sie das Ensemble spalten wollen, indem Sie die Hälfte der Kollegen schlicht – verbieten!?«

»Das Ensemble *ist* gespalten, Herr Kollege, und zwar nicht, weil es inzwischen auch gesetzlich festgeschrieben ist, das wissen Sie so gut ich, Herr Frommermann.«

Die Füße werden unterm Schreibtisch eingeholt, hart aufgestellt, und dann beugt sich der Hausherr leicht nach vorn.

»Im übrigen, wir sind nicht päpstlicher als seine Heiligkeit und haben schon so manchen Weg gefunden – unorthodox, wie es nun einmal dem neuen Geist entspricht. Vielleicht sind Sie ja gar kein Volljude und haben ein paar arische Verwandte, sagen wir mal, eine Großmutter zum Beispiel?«

Er blickt beinah erwartungsvoll auf Harry, doch der schüttelt so bestimmt den Kopf, daß sogar Bob die Schultern zuckt.

»Aber – ich kann doch beim besten Willen nicht

dafür, daß ich nun einmal keine arischen Verwandten habe ...«

»Sehen Sie, ich auch nicht. Nun verstehen Sie mich sicher schon viel besser, mir sind doch die Hände auch gebunden, schließlich hab ich die Gesetzeslage nicht geschaffen, sondern lediglich darauf zu achten, daß sie eingehalten wird – nur so wird die Erneuerung auch auf dem Felde der Kultur erreicht.«

Er lehnt sich weit zurück und zieht die Schublade heraus, er fischt nach einer Zigarettendose, stellt sie auf die Tischplatte und kramt nach einem Feuerzeug herum.

Biberti hat bereits ein Streichholz in der Hand, er nimmt zwei Zigaretten und will Harry Feuer geben – seine Hände zittern. Harry, immer noch geschockt, doch äußerlich die Ruhe selbst, nimmt es Bob apathisch aus der Hand und gibt ihm Feuer. Dann zündet er sich die eigene Zigarette an und hält dem Gastgeber die Streichholzschachtel hin, doch der wehrt lächelnd ab. »Nein, danke, Nichtraucher – wie unser Führer.«

Und weil ihm das kurz darauf wohl selbst zu dumm ist, will er es mit einem Scherz verschlimmbessern: »Das sind Besucherzigaretten – aber nur, wenn er auch hoch genug ist.«

Bob ertappt sich, daß er seit dem Eintritt in das riesige Büro zum ersten Male still in sich hinein grient – also, einen Deutsch spricht der Herr Reichskulturwart, daß man ihm sofort wieder zu Hause schicken müßte, denkt er amüsiert, mit dem mach ich am liebsten die Verträge selbst – doch schon ruft Bob sich streng zurück. Er weiß natürlich, daß auch er es nicht mit irgendeiner Knallcharge zu tun hat, sondern daß ihm ein gewiefter Tunichtgut mit intellektuellen Ambitionen gegenübersitzt, der sich nur kurz verplappert und längst wieder fest im Griff hat. Ein indignierter

Blick trifft Bob, und dann beginnt das Spiel noch einmal.

»Also, meine Herren, ich will Ihnen nicht verhehlen, daß es Möglichkeiten gibt, vorausgesetzt, daß Sie sich kooperativ verhalten. Wozu gibt's Probleme, außer, sie zu lösen, nicht?« Bob grinst schon wieder, aber diesmal bleibt der Emissär der neuen Zeit gelassen und sagt ein bißchen unwillig: »Sie sollten sich den Frohsinn überaus bewahren, Herr Biberti, ich will gerne alles dafür tun, daß er begründet bleibt.«

Oh, Mist, denkt Bob und könnte sich verfluchen, eben hat er sich noch selbst verwarnt, nicht leichtsinnig zu werden, und nun dieser Wiederholungsfehler. Wenn er jetzt nicht wirklich auf der Hut ist, fährt der Zug am Ende ganz ab, und sie sitzen alle drin. Er hat doch schließlich die Verantwortung für Bootz und Leschnikoff, er muß sich jetzt zusammenreißen, oder alles ist zu spät, so frischbesohlte Würdenträger sind meist ziemlich nachtragend – er preßt die Kiefer aufeinander.

»Kooperation bedeutet, daß es Regeln gibt, für die man auch mal eine Ausnahme erwägen kann. In der Partei zum Beispiel sieht man Ihre Gruppe in der Regel lieber gehen als bleiben – kleiner Scherz, die Herren –, aber Ausnahmen gibt's auch, ganz unten wie ganz oben. Selbst von der SA liegt eine Anfrage auf meinem Tisch, ob es von unserer Seite Vorbehalte gäbe, Sie dort auftreten zu lassen. Also, warum nicht, wenn die für ihre Kameradschaftsabende so etwas wollen.

Unerträglich – Harry hat längst alle Hoffnung fahrenlassen, Erna, denkt er, was bin bloß ich für ein Idiot gewesen; ein Wunder, daß sie nicht schon lange über alle Berge ist. Wahrscheinlich, weil sie aus dem Flachland kommt und ihr die Kletterei zu anstrengend gewesen wäre, was für ein verdammt gescheites Mädchen – Harry wird ab heute alles, alles anders machen.

»Nun mal Spaß beiseite, Herr ...«

»Abteilungsleiter!«,

»Herr Abteilungsleiter!« wiederholt er und denkt, wenn sie mich jetzt sehen könnte. Harry ist wie ausgewechselt und will diese seltsame Audienz jetzt nur noch als Premierenbühne für den ersten Akt des neuen Lebens nutzen. Sollen alle anderen vom neuen Frühling reden, Harrys hat in diesem Augenblick, in diesem Raum begonnen. Das ist verrückt, aber die reine Wahrheit. Und was macht ein echter Baum im Frühling – er schlägt aus.

»Nun also, welche Regeln sind das, die man an den Ausnahmen erkennt, und was verstehen Sie unter Kooperation, zum Beispiel einen Auftritt wie den von Ihnen gerade erwähnten? Wissen Sie, wir sitzen jetzt seit zwei Stunden bei Ihnen rum, aber konkreter sind Sie bisher nicht geworden.«

Harry drückt die Zigarette aus und kann es beinah selbst nicht glauben, was er da gesagt hat, und auch der Abteilungsleiter schaut sehr ungläubig auf Harry. Bob schwankt zwischen Stolz auf seinen alten Kontrahenten und Besorgnis um das eigene Fell, aber zum ersten Mal denkt er: Siehst du, Junge, so kann's gehen, wenn man sich mit uns einläßt, wir sind eben die Comedian Harmonists, das haste nun davon, daß dir der Hals anstatt wie sonst der Kamm schwillt – aber daß jetzt irgendwas passieren muß, das ist ihm klar.

»Die Liebe tu ich Ihnen gern, Herr Frommermann, ein wenig deutlicher zu werden. Also, wie ich erstens fürchte, habe ich nur wenig Spielraum, sowohl Ihnen selbst als Ihren beiden jüdischen Kollegen Kompromisse einzuräumen, auch wenn ich der erste bin, der dies aufs äußerste bedauert – aber in der jetzigen Besetzung müssen unsere Vorstellungen kollidieren.«

Und dann läßt er Harry einfach sitzen und fährt, nur noch an Bob gewandt, mit seiner Präzisierung fort.

»Zum zweiten geht es uns bei Ihrem Repertoire nicht nur um die Erneuerung der Inhalte. Sie sollten sich vielmehr bei Ihrer Auswahl auch einmal Gedanken machen, Herr Biberti, ob Sie weiter wie bisher fast ausschließlich mit nichtarischen Komponisten, Textern oder Arrangeuren arbeiten, zumal die Kompetenzen jüdischer Agenten und Veranstalter, so oder so, an arische Betreiber übergehen werden – vollständig.«

Er strafft sich noch einmal und holt zum letzten Schlag aus.

»Und zum dritten und zum letzten, Herr Biberti, darf ich Ihnen nochmals sagen, daß wir durchaus interessiert sind, neue, also bessere und zeitgemäßere Verträge für Sie auszuarbeiten, natürlich unter Einhaltung der angebotenen Bedingungen – ich glaube, daß Sie mich verstanden haben, Herr Biberti, jetzt liegt alles eigentlich bei Ihnen.«

Eigentlich brauchst du sofort geradeaus eins in die Fresse, du verfluchtes Schwein, mit deiner ewigen Dreifaltigkeit, denkt Bob, und schon im nächsten Augenblick: versuch es noch ein allerletztes Mal vernünftig, Bob, wer weiß, wozu es gut ist; und so zwingt er sich zur Ruhe.

»Das wird nicht gehen, Herr Abteilungsleiter, sehen Sie, unsere Stimmen sind seit Jahren sozusagen aufeinander eingesungen, das ist so, als wollten Sie den Klang von sechs präzise abgestimmten Stradivaris plötzlich nur mit dreien erreichen, schwerlich vorstellbar, nicht wahr? Das ist doch schließlich das Geheimnis unseres

Erfolges, der uns erst zu den Comedian Harmonists gemacht hat.«

»Mein lieber Herr Biberti«, sagt der ungeduldige Parteiarbeiter, »glauben Sie tatsächlich, daß ich meine Zeit verschwenden möchte, mich mit Ihnen über Ihre Phantasie und spitzfindige musikalische Problemchen zu verständigen? Ich habe Sie da für vernünftiger gehalten. Und daß drei Bratschen nicht klingen wie ein halbes Dutzend, kann selbst ich verstehen.« Jetzt trieft er vor Sarkasmus, »vielen Dank für Ihre Unterweisung und auch dafür, daß Sie Ihr Erfolgsgeheimnis hier so einfach lüften – aber das bleibt unter uns, wie alles hier Besprochene.

So, und nun noch einmal abschließend: Zum ersten geht es hier nicht um Verzicht, sondern vor allem um Veränderung. Zum zweiten sollen Sie die nicht von heut auf morgen, sondern sachlich und in ansehbaren Zeiträumen herbeiführen. Und drittens, Herr Biberti, habe ich Sie während unserer Unterredung wiederholt gebeten, doch hier nicht so anzugeben. Auf Wiedersehen, Sie hören umgehend von mir.«

Durch die Straßen schlurfen Dick und Doof – zumindestens sieht es für die Vorübergehenden so aus, denn Bob und Harry trotten über die Trottoirs, als ginge es zur Henkersmahlzeit. Doch erst einmal geht es zu den halben Litern, und die nehmen sie – wo sonst – in Aris alter Wirtschaft, denn natürlich ist jetzt bei Ramona noch nichts los. Den Wagen haben sie aus diesem Grunde irgendwo in einer Seitenstraße, nahe der Reichskulturbehörde, abgestellt, und jetzt wollen sie sich einfach richtig schön besaufen.

Allerdings, so richtig einfach wird es nicht, das

spüren sie genau; denn schon, als sie nach der Visite übereingekommen sind, das Auto stehenzulassen, haben beide voneinander den Verdacht gehabt, die Kneipe sei vielleicht ein Vorwand, und sie würden nach der Unterredung selbst als völlig nüchterne Verkehrsteilnehmer nicht einmal bis an die nächste große Kreuzung kommen.

Das ist noch das Geringste, was, von Erna abgesehen, an Mißtrauen mittlerweile zwischen ihnen hin und her geht; zu ungleich waren ihre Karten in dem Spiel verteilt. Und dann saß dieser windige Abteilungsleiter zu allem Übel in fast allen Runden vorn, hat sie gereizt, geblufft, bis Harry scheinbar unvorsichtig wurde und sie keine andere Wahl mehr hatten, als es hinzuschmeißen. Ja, genauso wie zwei Luschen kommen sie sich jetzt vor, nur glauben beide insgeheim, die jeweils andere Lusche habe eben doch zu übertrieben aufgetrumpft und so alles vermasselt.

»Schöner Scheiß«, sagt Bob, »jetzt ist die Kacke echt am Dampfen; na, zum Glück kann Erwin ja so ziemlich alles schreiben, pflanzen wir dann eben nur noch Blumentöpfe auf die Bühne, Hübsches, Unverfängliches wird immer gern genommen.«

»Weißt du noch«, fragt Harry, »wie die Erna bei Ramona plötzlich rausgestürmt ist ...«

»Na, und ob ich das noch weiß«, sagt Bob mit einem Schmunzeln.

»... gar nicht wegen der Ramona, sondern wegen unseres Blumentopfs: ›Und wenn ein Bösewicht was Ungezogenes spricht‹, von wegen unverfänglich. Ich treibe mit dem Unheil Possen oder so was, hat sie mir danach erzählt – es gibt nichts einfach Hübsches mehr, Bob.«

»Jetzt fang du nicht auch noch an, mich zu belehren, erst da drin den großen Rand riskieren und hier draußen Untergangsgerüchte in die Welt setzen, dat lieb ick gerade«, poltert Bob, doch dann setzt er beruhigend hinzu: »Nun laß mal, Harry, Erwin macht das schon, sei unbesorgt, der wird genügend Liedchen schreiben, die wir ruhigen Gewissens singen können.«

»Aber Bob, als ob es darum geht. Viel schlimmer ist doch, was wir alles nicht mehr ruhigen Gewissens singen können, unser ganzes Repertoire ist für die Katz', die Arbeit all der Jahre aus dem Fenster, wieso merkst du das denn nicht?« fragt Harry ungehalten, fassungslos, das ist so etwas wie ein Schrei, ein Aufschrei, auch ein Hilferuf vielleicht an den gescheiten Bob.

Doch der, wie immer, wiegelt ab.

»Mensch, Harry, bleib doch mal ganz ruhig, abwarten und Bier trinken heißt die Devise, alles andere bringt jetzt sowieso nichts. Die wollen uns doch nur ein bißchen einschüchtern, nix wird so heiß jejessen wie't jekocht wird, hat mein Vater mir beizeiten beijebracht. Und außerdem, die Erbsjesichter machen sowieso nicht lange, oder traust du diesem Milchgesicht 'ne tausendjährige Karriere zu – da muß der aber sehr jesund sein und vor allem diesen janzen Uffrejungen aus dem Wege gehen, die sein dollet Amt bereithält, so wat hat schon andere Kaliber früher hingerafft«, Bob freut sich lausbübisch über den Einfall, richtig aufgeräumt ist er auf einmal – »und bis dahin tun wir einfach so, als würden wir uns kümmern, ihre Wünsche zu erfüllen.« Und Harry überlegt, warum er wieder mal kein Wort versteht.

Eene meeene Muh, und raus bist du, raus bist du noch lange nicht, sag mir erst, mit wem du bist – die Sache duldet keinen Aufschub mehr, sie muß entschieden werden, Männersache, Ehrensache! Also haben Bob und Harry sich ein bißchen nett zurechtgemacht und sind jetzt auf dem Wege zu den Grünbaums, um gemeinsam Erna von der Arbeit abzuholen, sie im Anschluß auf ein schönes Essen und ein Fläschchen reinen Wein zu bitten.

Schon von weitem sehen sie die Menschentraube, die sich vor der Musikalienhandlung angesammelt hat.

»Da ist wohl unsere neue Platte eingetroffen«, witzelt Bob. Das Lachen bleibt ihm unversehens im Halse stecken, Scheiben klirren, und auch aus dem Inneren des Geschäfts kommt Lärm. Sie laufen beide los, Bob ist als erster vor der Ladentür, da drinnen toben sich ein halbes Dutzend Uniformen an dem Mobiliar aus. Erna schreit und strampelt, neben ihr der alte Grünbaum, der den Arm um seine Frau gelegt hat und erschüttert dem gespenstischen Spektakel zusehen muß. Bob hat die beiden Sturmtruppblusen schon am Kragen und versucht, sie wegzureißen, Erna zu befreien, er vergißt sich, schlägt sie mit den Köpfen aneinander, bis er selbst nach hinten fällt. Er brüllt, er rast, er wehrt sich heldenhaft, verzweifelt, aber drei sind auch für Bob zuviel, der schließlich reglos auf dem Boden liegt und unter einem Hagel von gezielten Knüppelschlägen, Fußtritten und Hieben nur noch zuckt.

Der Riese ist gefällt und liegt zu Füßen des enthemmten Mobs, befriedigt tritt das Trio einen Schritt zurück und kümmert sich jetzt um die beiden, die mit ihren Brummschädeln kaum besser aussehen als der hingestreckte Bob.

Allmählich löst sich Harry aus seiner Erstarrung, will zuerst zu Erna, dann zu Bob, doch hinterm Ladentisch erscheint der letzte Koppelträger und sagt zynisch: »Nicht, daß du gedacht hast, wir wären hier zu sechst, um in der Überzahl zu sein. Im Gegenteil, wir dachten, ihr wäret alle hier, weil ihr die junge Frau doch offenbar gemeinsam nutzt, sechs gegen sechs, so war's gedacht, wer sollte wissen, daß die Erna heute nur zu zweit empfängt?«

Hans muß nicht aus der Schummerecke treten, damit Harry ihn erkennt, der Erna ansieht und sich augenblicklich seines Schwurs erinnert; also macht er einen Schritt in Richtung Hans und sagt mit der Courage eines Lebensmüden: »Das hättest du besser nicht gesagt – vor allem nicht getan«, dann blickt er sich im Laden suchend um und greift nach einem abgebrochenen Stuhlbein.

»Bitte nicht«, haucht Erna, »das hat keinen Sinn.«

Und auch Frau Grünbaum greift jetzt ein: »Vielen Dank, Herr Frommermann, bemühen Sie sich nicht, ich glaube, Ihr Kollege braucht Sie dringender.«

Bob wälzt sich eben auf die andere Seite, Blut rinnt aus dem Mund, die Augen sind nicht mehr zu sehen, und Harry packt das Stuhlbein noch ein wenig fester und geht einen weiteren Schritt in Richtung Ladentheke. Hans faßt hinter sich und zieht ein Fahrtenmesser aus dem Gürtel, richtet es auf Harry; der läßt den Prügel tonlos fallen.

Hans geht mit dem langen Dolch auf Harry zu, der kreidebleich wird, und gibt seinen Kompagnons ein Zeichen. Mit der Messerspitze fährt er Harry unterm Kinn entlang, den Hals hinab und führt es schließlich unterhalb der schmalen Brust mit leichtem Druck ein Weilchen über Harrys Rippen. Er genießt das Flackern in den Augen seines Opfers, denn nichts anderes ist Harry im Moment für Hans, und dieses Opfer will er Erna auf dem Altar des endgültigen Abschieds bringen. Hans packt Harry im Genick, er stößt ihn zu den Grünbaums und zu Erna, und dann sagt er großspurig: »Ich hatte dich vor diesem kleinen Aufschneider gewarnt, jetzt kannst du ihn gern haben, deinen Schlottermann; guck ihn dir nur genau an, und was von der großen Klappe übrig ist – so sind sie alle, diese krummnasigen Raffkes.«

Erna bebt, und auch die Worte zittern vor dem Mund wie Espenlaub, als sie zu Hans sagt: »Gegen dich ist sogar er ein Held – du pinkelblondes Schwein, mit deiner rosa Haut und deinen ekelhaften ...«

Hans schlägt sofort zu, mitten ins Gesicht, daß Erna taumelnd rückwärts stolpert; Bob stöhnt und versucht, sich aufzurappeln, Grünbaum stellt sich hilflos als Beschützer vor ihr auf, nur Harry steht, wie angenagelt und von einem Bann getroffen, ohne sich zu rühren. Hans weist auf den stummen Frommermann, er blickt auf Erna. »Pech, mein kleines Flittchen, daß ich nicht in eine Synagoge gehe, wär sonst gern zur Taufe deiner Sechslinge gekommen«, und dann stürmt er mit den anderen davon – nur an den Trümmern sieht die traurige Gemeinde, daß es mehr war als ein Spuk.

Harry zieht ein Taschentuch hervor und will es Erna geben, aber die schüttelt den Kopf und wischt sich mit dem Handrücken das Blut aus dem Gesicht; dann beugt sie sich zu Bob herab, der nach wie vor am Boden liegt und sich kaum rühren kann. Sie nimmt behutsam seinen Kopf, schlottert noch immer und am ganzen Leib, so daß, zumindest im Herzen Bobs, schon wieder der Beschützer aufsteht.

»Na, kleines Fräulein, war der Polterabend schon für heute vorgesehen?« Er ächzt, dann sieht er die Splitter rings umher und flucht in sich hinein: »War wohl mehr so ein Scherbengericht, wie? Na ja, was soll's, vielleicht bringt es ja wirklich auch mal Glück.«

Er zieht sich jetzt mit Hilfe Ernas langsam an der Wand hoch; Harry steht noch immer stumm und reglos in der Ladenmitte wie ein abgerücktes Möbel.

»Bob, du mußt sofort zu einem Arzt«, fleht Erna und sieht sorgenvoll auf seine zugeschwollenen Augen und den eingerissenen Mund; doch Bob winkt ab, und wenn er könnte, wie er wollte, würde er ihr jetzt am liebsten zwinkernd einen Kuß verpassen, aber beides sieht im Augenblick recht schwierig aus.

»Unkraut vergeht nicht, erst mal kümmern wir uns jetzt um deine Schönheit, Erna, die hat auch gelitten – meine kam ja sowieso nicht heute erst abhanden; ›Schönheit ist vergänglich, aber doof bleibt doof‹, hat meine Großmutter mir beigebracht, man kann auch sagen: ›aber stark bleibt stark.‹« Bob will den Arm anwinkeln und den Humpenbizeps spannen, aber er verzieht nur das Gesicht und sagt lakonisch: »Voll erwischt – gebrochen!«

»Komm, Bob, sei vernünftig«, Erna wiederholt sich, »du mußt sofort zum Arzt, ich bringe dich«; Bob stützt sich auf ihre Schulter, und Erna sagt: »Es wird nicht lange dauern, ich bin bald zurück, Frau Grünbaum, und dann räumen wir hier auf. Also, bis irgendwann.«

Sie wirft den Grünbaums einen aufmunternden Blick zu. Der lädierte Bob hängt sich bei Erna ein, und jetzt gehen sie zur Tür.

Harry räuspert sich: »Soll ich vielleicht mitkommen, ich meine, ist ja besser, wenn wir dich von beiden Seiten stützen, oder?«

Erna fährt zusammen, rückt ein Stückchen von der Tür ab, dreht sich um: »Ach, laß mal, Harry, keine Angst, das schaffen wir nun auch noch«, und schiebt Bob zum Ausgang.

Harry hat den Unterton genau gehört, und Bob erst recht, der jetzt sogar schon wieder leise brummt: »Ich hab für dich 'nen Blumentopf, 'nen Blumentopf bestellt, doch leider ist der Blumentopf ganz unverhofft zerschellt ...«

Na, so leicht will sich Harry allerdings nicht ausrangieren lassen, und schon gar nicht, wo er jetzt so hochfliegende Pläne hatte, nicht nur mit der Erna, ganz und gar hat er doch jetzt das alles packen wollen, und selbst gegen diese Schweinehunde hat er sich eigentlich ganz gut gehalten – also stellt er sich ein bißchen quer und in den Weg.

»Ich hab gestern eine Wohnung für dich angemietet, wolltest du doch immer, laß es uns noch mal versuchen.«

Aber Erna druckst erst gar nicht lange herum, sondern wehrt sofort entschieden ab: »Ich habe jetzt bei Bob ein Zimmer, Harry, tut mir leid. Es ist zu spät. Du hättest früher was kapieren müssen.« Und dann zeigt sie auf all das zerdroschene Mobiliar, »nicht einmal das hier hast du sehen wollen, und das habe ich dir wirklich Tag für Tag vorausgesagt, von anderen Sachen will ich gar nicht reden. Schade, Harry, aber das kommt dabei raus, wenn man das ganze Leben nur für eine fröhliche Musik hält.«

Fassungslos steht Harry vor der Tür, auch Bob hebt nur die Schultern, Erna schiebt ihn aus dem Laden, und sie humpeln einträchtig die Straße hoch, bis sie beinah verschwunden sind. Im Türrahmen zurück bleibt Harry, sieht den beiden nach und denkt: Von weitem sehen sie wie die Blinde und der Lahme aus, wir würden auch zu dritt ganz gut zusammenpassen – stumm und taub, wie ich anscheinend bin.

Er geht jetzt wieder in den Laden. Schluchzend ist Frau Grünbaum auf den letzten, heilen Stuhl gesunken. Hinter ihr versucht Herr Grünbaum, sie ein wenig zu beruhigen, und tätschelt unbeholfen ihren Scheitel.

»Oh, Herr Frommermann«, sagt die, ein Glück, daß Ihnen wenigstens nicht auch noch was passiert ist«, und bei Harry macht sich ein Gedanke breit, der an

Gemeinheit dem gerade Erlebten kaum mehr nachsteht und für Harry die Tragödie auf den Punkt bringt: Warum konnten die nicht mich zusammenhauen?

»Ist das nicht ganz einfach furchtbar, Harry?« fragt Frau Grünbaum.

»Ja, Frau Grünbaum, das ist einfach ganz, ganz schrecklich.«

Harry steht vorm elterlichen Grab, er dreht wie immer ein paar Steine in der Hand und träumt. Es ist tatsächlich ein ganz wunderbarer Ort zum Träumen, so ein Gräberfeld im Häusermeer, denkt Harry, liegt fast wie das Auge des Zyklopen auf der Erde und scheint den Besucher fragend anzublicken: Bist du wirklich vorbereitet, Zwerg, wenn's eines Tages darangeht, die Mütze abzulegen? Bislang hat er angenommen, daß die Leute immer nur vom Ort des Friedens, von der letzten Ruhestatt und ähnlich schöngefärbten Anwesen erzählen würden, weil die Angst es ihnen eingibt und sie sich vor allem, was nach Grube oder Totenacker klingt, gehörig fürchten. Aber dieser Schattenhain ist ohne Frage ein Refugium, ein kühler Grund, sich hinzulegen und zu sterben, ja, da wär's auf einmal still, so still wie nach der Aufnahme, als selbst der Techniker vergessen hat, die Kabel einzuholen, so berührt war er von dem Gesang.

Sie hatten sich wie immer hingestellt, Bob absichtsvoll gleich neben Harry, mit seinen dicken Augen und der breiten Schlinge um den Arm. Bootz schlug die ersten Töne an, und Bob hat einen Harry vor dem Mikrofon erlebt wie nie zuvor in all den Jahren; der hat nicht mehr mit dem Mund gesungen, sondern mit der Seele – das hat Bob genau gespürt, dem hat es selbst das Herz beinahe abgedrückt, als er versteckt zur Seite sah, wie Harry das »Mein Liebchen ist verschwunden« sang und mit dem Handrücken so tat, als müsse er sich nur den Schweiß vom Auge wischen. Ja, und als sie dann zu Ende waren, blieb es völlig still im Studio, eben friedhofsstill, und alles hat geschluckt.

Und nun sagt Harry in die Stille: »Ach, ihr Lieben, was soll ich euch bloß erzählen? Daß ich hundeelend ausseh? Daß sie fort ist? Daß ich noch im nachhinein ins offene Messer laufen würde, wenn ich könnte? Daß ich nicht mehr weiß, was morgen wird? Na ja, das weiß ich gerade noch, da treten wir in Nürnberg auf; wird sicher ein ganz toller Abend – in der Stadt der Lebkuchenparteitage, sie werden uns wohl vor Begeisterung gleich von der Bühne jubeln. Ist nicht viel, was? Aber warum soll ich auch noch euch was vormachen – das wäre wohl das Traurigste.«

Harry geht noch einmal um die Grabstätte herum, legt auf dem Stein, wie immer, seinen Kiesel ab und sagt, nachdem er alles für korrekt befunden hat: »Soll ich dir noch 'nen Witz erzählen, eh' du dich im Grabe umdrehst, Paps? Paß auf: Zwei Ärzte treffen sich, der eine sagt, Heil Hitler, und der andere, tut mir leid, bin Internist ...«, jetzt macht er eine kleine Pause, so, als müsse er tatsächlich die Pointe vorbereiten, und dann fährt er fort: »... und kein Psychiater. Lustig, oder?«

Ihn überkommt erneut der Kummer, er will nur noch heim, fast, wie der Taugenichts von diesem Dichter, der den kühlen Grund besungen hat.

»Ich hab Heimweh, Mama, aber – wo soll mein Zuhause sein? Wo meine Wiege stand? Wo ich die Liebste fand? Sie hat ja recht, die Erna, Lieder sind was anderes als das Leben – komisch, sieht so aus, als wären nur die davongekommen, die zur rechten Zeit gegangen sind – also, macht's hübsch, ich liebe euch.«

Die Fenster flimmern; da, wo sich die Balken biegen, hat man neues Fachwerk eingezogen, und Flaggen wehen aus den Häusern wie frisch gestärkte Kleider auf den Leinen.

»Was für ein Empfang«, hat Harry sich, als sie am Mittag aus dem Zug gestiegen sind, das Maul zerrissen, »riesig, wirklich toll – die Fahnen hoch, die Fräcke fest geschlossen – schade, daß wir nicht vom Himmel fallen wie der Führer, wenn der hierher zu seinen Großauftritten kommt.«

Seit jener unseligen Vorladung hat Harry sich verändert, sicher nicht gleich ganz so heldenhaft, wie er es sich vorm Sekretär des Kulturwartes geschworen hatte, aber immerhin – von Kummer keine Spur, im Gegenteil, es ist beinahe komisch; denn je kleiner Harrys Aussichten erscheinen, sich den Traum von einer einzigartigen Musik in seiner Heimat zu erfüllen, desto größer wird sein Aufmupf.

Sehr zum Unwillen von Bob, der mißtrauisch mitansieht, wie sich Harrys Mätzchen immer öfter von der Bühne auf die Straße wagen und natürlich bei Passanten nicht nur Heiterkeit erregen. Und so hütet er sich tunlichst, wie es früher gang und gäbe war, auf Harrys anzügliche Sprüche einen draufzusetzen; denn inzwischen geht es längst nicht mehr ums Monopol des größeren Witzes, sondern darum, den Erhalt der Gruppe noch so lange, wie es irgend geht, zu sichern – und erst recht, für später vorzusorgen.

Sicher, leichter ist es seit der unerfreulichen Geschichte in der Reichskulturkammer nicht gerade geworden, aber Bob sieht – und jetzt muß er in Erinnerung an diesen lausigen Kanzlisten grinsen – erstens: volle Auftragsbücher, zweitens: volle Häuser, und zum dritten also: Grund genug zu voller Zuversicht.

Denn schlechter sind sie wirklich nicht geworden, nein, das kann man selbst in den Kritiken lesen, die noch immer überschwenglich ihre Abende bejubeln. Freilich, hin und wieder schleichen sich inzwischen ein paar Töne ein, die nicht mehr so begeistert klingen. Unlängst mußten sie sich sagen lassen, daß sogar der neue Frühling, den sie für die neue Heimat kommen sehen und besingen, nichts als Heuchelei und Schwindel sei, das aufbruchswillige Theaterpublikum zu täuschen. Allerdings, das war bestimmt so ein Einhundertprozentiger, mit zweihundertprozentiger Verstopfung, denkt Biberti; die gab's auch schon früher, ohne daß sie jemand ernst genommen hätte, all die Nölnasen und unglücklichen Langweiler, die Professoren, Kritiker und Besserwisser, die gern selber auf der Bühne selig wären – nur, Bob weiß noch nicht, daß es Gedanken gibt, an die man glaubt wie an die eigene Unfehlbarkeit, die große Liebe oder an das Glück auf einsamen Koralleninseln, bis zu deren Untergang.

Die Politik ist auf der Bühne ganz vergessen, denn dort oben tanzt der *Onkel Bumba aus Kalumba*.

Bester Laune stehen sie beieinander, wiegen sich wie all die Jahre zu den Klängen ihrer Lieder. Harry wackelt wie immer ausgelassen mit dem Allerwertesten – jedenfalls wirkt es von unten so, in den vorderen Reihen, wo die Betuchten sitzen, die sonst immer gleich in die ersten Töne einstimmen, um zu zeigen, daß sie echte Routiniers sind. Trampeln und klatschen sich ihre Alabasterfinger wund und machen regelmäßig das Entree kaputt.

Nicht so an diesem Tag in Nürnberg, wo die Betuchten feinen Uniformzwirn tragen und auf den Gesang der Gruppe und auf Harrys Rumgewackele erst einmal belustigt, mit verhaltener Neugier reagieren. Harry müht sich, die gewohnten frühen Störungen herbeizuzappeln, nicht, weil er sie in Kalumba für ganz unerläßlich hält, nicht, weil er goldene Fasane fliegen sehen möchte – Harry denkt an Erna und den fröhlichen Disput, als sie ihm eine Platte der Revellers aus dem oberen Regal gereicht und Harry wortlos ihre straffen Beine auf der Leiter angestarrt hat.

»Negermusik«, hatte Erna seinerzeit gesagt, »steht sogar vorne drauf«, und Harry hatte heftig dementiert und ihr versprochen, Fotos von den weißen Sängern zu besorgen, um auf alle Fälle einen Grund zu haben, Erna wieder zu besuchen – und nun steht er hier in Nürnberg auf der Bühne, unten sitzen die, die sonst in oberen Etagen residieren, und Harry gibt den hellhäutigen Bumba, tanzt mit irgendeinem braunen Palmenwedel an der Rampe, daß man Angst bekommen könnte – richtig dolle Angst.

Doch die ist im Moment noch unbegründet; weder muß man in den ersten Reihen fürchten, Harry würde demnächst von der Bühne fallen, noch muß Bob sich sorgen, Harry würde derart aus dem Ruder laufen, daß er jetzt die Szene übermütig zum privaten Tribunal erklären wollte.

Alles Böse kommt in Nürnberg stets von oben, und so wird es auf dem Rang auf einmal unruhig, weil, noch vereinzelt, Sitze klappen, plötzlich ganze Reihen knarren und sich schließlich scharenweise junge Männer über die bespannte Brüstung beugen.

»Juden raus!« Es hallt durch das Theater wie ein Schuß, der irrtümlich im Deckenleuchter einschlägt, oder wie ein Irrläufer, der sich betrunken unterm Schalter ins Foyer geschlichen hat und nun den ersten großen Auftritt seines Lebens feiert.

»Juden raus, Juden raus«, der Irrläufer hat sich zum

Chor gemausert, »Juden, Juden, Juden raus, Juden, Juden, Juden raus, Juden, Juden, Juden ...«

Und auf einmal fühlt sich Bob getroffen; nicht erschlagen, nein, vom Geistesblitz getroffen, denn – das muß sie sein, die luziferische Erkenntnis, die ihm dieser schlierige Kanzlist vermitteln wollte: Seien Sie nicht blöd, Bob, lassen Sie die falschen Freunde sausen, und den Rest erledigen wir später.

Bob brummt weiter tapfer seinen Part, die anderen verstummen einer nach dem anderen, und Harry hört zu zappeln auf, er hebt den Arm, fast wie ein Schiedsrichter, und bricht das Spiel ab. Oben herrscht noch immer Sturm im Rang, die Jungen an der Brüstung haben sich jetzt eingesungen und skandieren unverdrossen ihre Forderung, bis sich im Saal die ersten lautstarken Proteste regen – Unmut macht sich breit, und vorstellbar wird augenblicklich, daß sich von den tausend angetanen Zuhörern zwei Dutzend gutgebauter Herren aus dem festlichen Parkett jetzt auf den Weg nach oben machen und den dekolletierten Damen ihrer Wahl mal zeigen, was man mit so ungezogenen, jungen Schnöseln macht, die nicht mehr wissen, was Manieren sind.

Doch – plötzlich richtet sich ein Mann vor dem Orchestergraben auf, er dreht sich freundlich zu den hinteren Reihen und blickt dann, wie irgendein verträumter Astronom, in den Theaterhimmel, der so viele Überraschungen bereithält.

Auch zur Linken und zur Rechten von ihm stehen auf einmal ein paar schön livrierte Herren in der ersten Reihe vor den Sitzen, blicken, wie der Mann aus ihrer goldenen Mitte, unmutig ins Dunkel unterhalb der Decke. Gauleiter Streicher legt den Zeigefinger auf die Lippen – Gruß und Kuß, dein Julius –, und es verschlägt den jugendlichen Störenfrieden, auf den Ton genau, die Stimme.

»Sie sollten sich nicht ganz so einfach irritieren lassen meine Herren, bitte machen Sie doch weiter.«

Komisch, denkt Biberti, so viel Harmonie, ganz einfach aus dem Stiefelstand heraus – da können wir direkt was lernen.

Harry hebt erneut den Arm, sie setzen auf den Punkt genau dort ein, wo sie die, scheinbar unverhofft erschienenen, Banausen unterbrochen haben, denn man »ist vom Rumba ganz besessen in Kalumba«, was inzwischen wirklich denkbar ist, weil Nürnbergs erste Reihe swingt, daß man um die Bestuhlung fürchten muß.

So endet alles doch noch wie gewohnt in einem Schlußapplaus, der diesen grölenden Zwischenfall fast vergessen macht. Die fünf Sänger und der Pianist verbeugen sich artig, singen sogar eine Zugabe mehr als sonst und huschen dann erschöpft in die Garderobe.

Dort werden sie schon von Uniformen erwartet; an der Tür steht eine schwarze und mitten in dem Raum, der eigentlich den Künstlern vorbehalten ist, eine braune. Bevor der Schreck die Männer voll erfaßt, tritt das Braunhemd einen energischen Schritt nach vorn und grüßt militärisch korrekt.

»Staffelführer Menzheim«, salutiert der Mann mit steifem Arm, »ich bin hier, um mich des angenehmen Auftrags zu entledigen, Sie höchstpersönlich auf ein Glas beim Gauleiter zu bitten. Volksgenosse Streicher würde sich sehr freuen, Sie in seinem Hause zu empfangen, bitte sehr.«

Harry sieht zu Bob, verdreht die Augen, Roman hüstelt wie ein Schulbub nach dem ersten, klammheimlichen Zigarettenzug; Erich steckt sich, schnell wie immer, seine Spitze in den Mund und rückt an seinem Augenglas herum. Doch nicht nur Bob, auch Erwin und die anderen wissen, daß die Geste keinen Widerspruch erlaubt, selbst wenn Ari jetzt auf Menzheim zugeht.

»Angenehm, Herr Rottenfiihrer, Leschnikoff, Reserveleitnant von bulgarische Armee.«

Bob ist wieder einmal unsicher, ob Ari einfach nur ein Trottel oder ein besonders Ausgekochter ist, doch prophylaktisch tritt er ihm erst einmal auf die Leutnantsstiefel und blickt Menzheim gerade ins Gesicht.

»Staffelführer, Herr Reserveleutnant,» rüffelt der noch Ari, »Staffelführer – wenn sie mir bitte folgen möchten, um den Herrn Gauleiter nicht ungebührlich warten zu lassen, meine Herren.«

»Wir nehmen gerne an«, sagt Bob.

Menzheim führt die sechs hinaus zu einer ganzen Flotte schwarzer Limousinen, die in ihrem eigenen, hochpolierten Glanz unter den Straßenlüstern stehen und auf die Passagiere warten. Er tritt zum ersten Wagen, reißt den Schlag auf; die anderen Wagentüren öffnen sich von unsichtbarer Hand. Sie steigen, einer nach dem anderen und mehr als zögerlich, in die bereitgestellten Autos; ganz zum Schluß zwängt sich auch Harry auf den zugewiesenen Sitz. Dann setzt sich der Konvoi in Bewegung und folgt einem Motorrad, das überm Vorderrad die Gauleiterstandarte Streichers führt.

»Heil Hitler!« eine Ordonnanz hilft Harry aus dem Mantel und weist ihm den Weg in den Empfangsraum, wo bereits mehr als ein Dutzend anderer Uniformierter entweder in Sesseln und auf Couchen lümmelt oder grüppchenweise beieinander steht.

»Drei Litter«, murmelt Harry, geht hinein und

staunt erst einmal über den gewaltigen Kamin und eine wahre Flut von dicken Teppichen, in denen sogar die Schäfte der Uniformierten fast versinken und er beinahe ins Stolpern kommt. Es geht gediegen zu, kein Stiefelknallen, nicht ein lautes Wort, auch ein paar Zivilisten sieht er jetzt im hinteren Teil des Saales sitzen. Harry nimmt erst einmal einen Kognak vom Tablett; er leert das Glas in einem Zug. Die Ordonnanz reicht ihm ein zweites, Harry nimmt es und blickt ins Foyer zurück, wo sich die anderen aus ihren Mänteln wuseln.

Schade, daß es keine Frauen gibt, denkt Harry und geht etwas tiefer in den Salon, um vielleicht hinter einem Sims, in einer Ecke doch noch angenehme Überraschungen zu finden, aber – wieder einmal Pustekuchen.

Streicher stürmt statt dessen in die Villa, weht herein wie ein Schirokko und wirft im hohen Bogen seinen Mantel in die Runde.

»Meine Herren, ich freue mich ganz außerordentlich, ich war natürlich nicht aus Zufall heute abend im Theater, das erlaubt die Fülle meiner täglichen Verpflichtungen für unsere Sache leider nicht – ich bin vielmehr als wirklicher Verehrer ihrer grandiosen Kunst gekommen. Und nur das hat mich ermutigt, Sie um die Gefälligkeit dieser Visite in mein Haus zu bitten, das ja, wie Sie sicher wissen, längst dafür bekannt ist, ganz besonders unsere Künstler gern in seinen Hallen zu empfangen.«

Du kokettes Arschgesicht, denkt Bootz und guckt, ein bißchen wie gelangweilt, durch den Salon.

»Ich weiß, Herr Bootz«, sagt Streicher überraschend, »daß der Auftritt zweifellos für Sie und auch die anderen Kollegen äußerst strapaziös war; um so stärker wüßte ich es nun zu schätzen, wenn Sie mir einen Wunsch erfüllen könnten. Ein Lied nur, ein kleines Lied.«

Streicher weist auf einen Steinway in der Ecke; und im Empfangsraum donnert der Applaus, als hätte unser eloquenter Gauleiter tatsächlich wie der erste Streicher in der fünften Sinfonie brilliert. Jetzt verbeugt der sich auch noch; die Chargen, die im Sessel oder auf den Couchen flezen, haben sich erhoben, und der Gauleiter sagt, beinah bettelnd: »Einen Augenblick noch, meine Herren, darf ich mir vielleicht sogar ein deutsches Volkslied wünschen?«

Erwin zuckt die Schultern, warum nicht? Er blickt zu Harry, setzt sich an den Flügel, spielt ein paar Akkorde an und wartet, was Biberti vorschlägt. Schließlich hat der diesem Menzheim sofort zugesagt, der Himmel weiß, weshalb, denn früher war er anders, also soll er sich gefälligst auch ein Lied ausdenken. Aber Streicher hat auch das schon längst entschieden.

»Wenn ich bitten darf – *In einem kühlen Grunde*, das hab ich als Schulbub schon geliebt, das einzige, wo ich im Unterricht beim Vorsingen nicht steckenblieb«, sagt Streicher leutselig, »ein wahres, deutsches Lied; das hat man, wie es scheint, selbst schon als Kind gespürt.«

Schreckensbleich sieht Harry plötzlich aus, als Bootz das Intro in die Tasten streichelt; sie beginnen noch behutsamer als sonst, es klingt unglaublich schön, vielleicht waren sie nie besser. Offenbar ist es nicht nur für Harry eine echte Qual, der bei den ersten Takten ungläubig zu Bob hinübersieht. Mein Liehiebchen ihist verschwuhundehen, und Harry torkelt rückwärts, kaum, daß Bob ihn auffängt; er bricht ab und sagt, mit fast erstickter Stimme und in Richtung Streicher:

»Entschuldigung, Herr Gauleiter, da waren Sie

schon in der Schule besser – bitte sehr, entschuldigen Sie, ist hier irgendwo ein Klo?«

Und ehe Streicher sich entschieden hat, ob er sich amüsieren, ärgern oder Harry ganz einfach hinausgeleiten lassen soll, ist der durch das Foyer und hat mit sicherem Gespür die schmale Tür am Ende eines düsteren Ganges ausgespäht, durch die er jetzt verschwindet, einen Riegel in die Schelle legt und sich vors Becken kniet, als wäre es für eine innige Umarmung.

Das Schweigen droben hoch im Walde könnte unerträglicher nicht sein, als Streicher an die fünf verbliebenen Harmonists herantritt, die sich unbehaglich hin und her winden.

»Sieht aus, als wäre dem Kollegen Frommermann nicht wohl, das haben wir hier schon des öfteren erlebt – die Leute sind von diesem ganz normalen Umgang miteinander doch zu überrascht, sensible Künstler selbstverständlich ganz besonders. Können sich wahrscheinlich einfach nicht so schnell daran gewöhnen, daß die ganze Aufregung umsonst ist und die Unterschiede längst verschwunden sind – es gibt kein Oben und kein Unten mehr, und unsere Volksgemeinschaft, sie ist doch kein leerer Wahn« – er lächelt wissend –, »sie ist die Wirklichkeit.«

Jetzt hat sich Streicher warm geredet, doch selbst Bob empfindet den Applaus, der aus den Uniformen an die Decke steigt, viel angenehmer als die unheimliche Stille, die sich wie ein Lauffeuer verbreitet hatte, nachdem Harry abgegangen war.

»Sie können aber sicherlich das Lied zu fünft zu Ende bringen, so, wie ich es von der Platte kenne, oder«, sagt er grinsend, »ist im wahren Leben auch bei Ihren Auftritten die Kette nur so stark wie's schwächste Glied?«

An der Toilettentür steht Harry, knöpft sich vollkommen entrückt die Hose zu und wischt sich ein paar Perlen von der Stirn.

»Genau so ist es«, hört sich Bob auf einmal sagen, »ganz genau, Herr Streicher, besser hätte ich es selbst nicht formulieren können: Wie ihr schwächstes Glied. Wir hatten schon im Plattenstudio Schwierigkeiten mit dem Lied, nicht mit der Melodie, nein, nur, der Text sieht einfacher aus, als er für uns ist. Wir hatten ihn da vor uns liegen, sonst wär's sicher überhaupt gar nichts geworden, deshalb haben wir ihn auch aus dem Konzertprogramm genommen. Freut mich sehr, daß Sie gerade dieses Lied so lieben, allerdings, wir würden es gewissermaßen vorziehen, Sie und Ihre Gäste doch mit einem anderen zu erfreuen.«

Streicher schmunzelt.

»Wissen Sie, Biberti, ich bin selten so von Künstlern angetan gewesen wie von Ihnen. Selbstverständlich weiß ich nicht, ob das auf Gegenseitigkeit beruht, ich kann Sie nur versichern: daran wird es ganz bestimmt nicht scheitern.«

Und dann gibt er Menzheim einen Wink.

»Den Eichendorff, der steht da oben neben ... na, das sehen Sie ja selber, Menzheim, vielleicht kriege ich ihn auch allein zusammen, »hat mir Treu versprochen, gab mir den Ring dabei, sie hat die Treu gebrochen ...«, wie die Frauen so sind, sagt Streicher und grinst vielsagend zu Bob hinüber, doch da hat er ausnahmsweise mal aufs falsche Pferd gesetzt.

»Ich und die gesamte Gruppe wären Ihnen außerordentlich verpflichtet, wenn es nicht gerade dieses Lied sein müßte; es ist nämlich so, Herr Gauleiter, daß wir bei unseren Auftritten die absolute Perfektion, Vollkommenheit und sozusagen einen kollektiven Wohllaut suchen, wenn Sie wissen, was ich damit meine.

Und erst recht bei unverhofften Einladungen unserer neuen Honoratioren, da wollen wir zuallerletzt enttäuschen.

Streicher sieht ihn an, die Augen scheinen ausdruckslos; denn nicht nur das Gefecht zwischen Biberti und dem Gauleiter steht unentschieden, sondern Streicher selbst kann sich noch nicht entscheiden zwischen absoluter Wut und wirklicher Verwunderung.

»Sehr schade, Herr Biberti«, sagt er schließlich, »wirklich – sehr, sehr schade.«

Dann nickt Streicher seinem Staffelführer zu und geht mit raschen Schritten auf den Ausgang zu; beinahe rennt er dabei Harry um, der, immer noch wie frisch gebleicht, soeben in den Saal zurückkehrt. Menzheim wedelt ihn mit seinem Handschuh ins Foyer zurück, dann dreht er sich zum Rest der Harmonisten um.

»Ich danke Ihnen, meine Herren, das war zweifellos ein großer Abend, der nicht ohne Folgen bleiben wird. Der Gauleiter läßt sich entschuldigen, er hat noch andere Verpflichtungen. Auf Wiedersehen.«

Dann trabt er zum Kamin zurück, nickt seinen Kameraden zu, die führen jeden der herumstehenden Harmonisten ins Foyer und helfen ihm, beinahe übertrieben freundlich, in die Garderobe.

»Kommen Sie gut heim«, sagt Staffelführer Menzheim, »leider kann ich Ihnen nicht einmal ein Taxi rufen, der Herr Gauleiter wohnt hier wie ein Polacke – ohne Telefon.«

Ein Glühwürmchenquintett schwirrt durch die Vorortstraße, und nur Roman hat die Hände in den Taschen und versucht herauszufinden, warum er die Gruppe damals unbedingt zusammenhalten wollte. Hätte sich und ihnen mancherlei erspart, zum Beispiel diesen Abend heute, und vielleicht wäre er selbst inzwischen längst wieder in einem ordentlichen Haus beschäftigt, ganz egal, ob nun in Rostock oder als Chorist, doch das hier wär womöglich nicht passiert.

»Ich war von vornherein dagegen, Bob«, kräht Harry, »du mit deinem ausdauernden Nicken neuerdings, dir muß doch abends regelrecht der Hals weh tun; ist glatt ein Wunder, daß der Kopf noch fest auf deinen Schultern sitzt.«

»Paß du gefälligst mal auf deine Rabbirübe auf, du kleine Ratte, und halt hier gefälligst deinen Schnabel«, sagt Biberti aufgebracht, »du bist wohl lebendsmüde. Paß bloß auf, daß ich dir nicht deine verlogenen Löffel runterreiße, Aladin aus dem gelobten Land, was glaubst du, warum wir die Schwierigkeiten haben – wegen mir und m e i n e r Großmutter vielleicht?!«

»Hast du ein einziges Mal in das Blatt von diesem Gauleiter geguckt?« Harry ist außer sich. »Du kennst den *Stürmer* doch nicht mal, du großspuriger Ignorant. Für den sind wir nicht einmal Hottentotten und Huronen, für den sind wir Untermenschen, du verdammter Anschmeißer! Erzähl mir doch um Himmels willen nicht, daß i c h unser Problem bin, Bob: d u bist es, wenn du dir nicht bald die Äuglein reibst und endgültig begreifst, daß u n s e r e M u s i k hier keine Chance hat – Bob, wir müssen weg von hier, kapierst du das allmählich?!«

»Jetzt werd mal nicht hysterisch, kleiner, selbsternannter Untermensch«, sagt Bob ironisch, »von so dämlichen Parolen fällt vielleicht ein Harry um, aber die Welt noch lange nicht in Scherben – du mußt endlich lernen, daß die derben Sprüche zwar das eine sind, das Leben aber etwas völlig anderes ist. Das gilt genauso für die Politik wie für die Kunst, mein Lieber.«

Harry fängt auf einmal an zu zittern.

»Bob, du darfst nicht solche Sachen sagen, oder ich muß langsam glauben, daß du entweder ein hoffnungsloser Blödmann oder schon genauso ein verdammter Dreckskerl bist. Der hat in seiner Zeitung Hans und all die anderen Idioten aufgehetzt, die dir bei Grünbaums beinah deinen Dickschädel zertrümmert hätten – warum willst du das denn nicht begreifen?!«

Alles, was sich in den letzten Monaten in Harry angestaut hat – eine unglückliche Liebe, eine unselige Politik, ein unheilvoller Freund –, das alles bricht auf dieser mitternächtlichen Chaussee aus ihm heraus; er speit wie ein Vulkan und ist im Augenblick der Krakatoa unter den schon längst Erloschenenen ringsum, nur kalte Asche rieselt noch hernieder und erstickt die Insel, die endgültig unbewohnbar wird.

»Bob, versteh doch endlich, daß es nicht einmal mehr möglich ist, vor solchen Schweinehunden unschuldig ein deutsches Volkslied vorzutragen, Perlen vor die Säue – das sag ich bei aller Tierliebe. Du denkst vielleicht, der hält die Hand, bei guter Laune, über uns, aber das ist gar keine Hand, das ist ein Schweinelauf, wann siehst du das denn bloß?!«

»Ich kann mich nicht um dich, die Politik u n d Erna kümmern«, sagt Biberti trocken, und die anderen blicken, wie verabredet, zu Boden, auf die unbekannte Piste, und sehen aus, als wollten sie, so weit die Füße tragen, ihre Hängehäupter nie mehr hochnehmen. Bob haut Harry wie gewohnt eins auf die Schulter.

»Brauchst mir keine Nachhilfe zu geben, Frommermännchen. Hauptsache, wir finden irgenwie aus dieser Nacht heraus.«

Ari knabbert an den Nägeln, Harry sieht gelangweilt aus den Fenstern, und nur Roman tut zumindest so, als würde er die Speisekarte aufmerksam studieren. Sie sind unterwegs nach Hamburg; doch anstatt daß sich Harry freut, ein ganzes Jahr nach dieser unerquicklichen Begegnung in der Reichskulturkammer noch immer zum Konzert zu reisen, auch im zweiten, neuen Frühling sozusagen in der Heimat unterwegs zu sein, sitzt er vollkommen trübsinnig herum. Roman denkt: wenn er so weitermacht, dann müssen sie die Gruppe gar nicht mehr verbieten, dann wird das Programm verboten sein, weil niemand sich mehr solche Trauernudeln auf der Bühne anhört!

Dabei hätten sie doch allen Grund, ein bißchen aufgekratzter auf den Tisch zu hauen – immerhin, denkt Roman, haben sie's geschafft, noch auf den Zug zu springen, während Bob, Collin und Bootz jetzt sicher irgendwo der Weg versperrt ist.

Untern Linden, untern Linden nämlich stand vor kurzem noch die Luft, und zwischen Brandenburger Tor und Ecke Friedrichstraße auch noch eine Tschakkokette, die so dicht war, daß nicht einmal eine Maus versucht hätte, sich in ihr Nest am Bahndamm durchzuwieseln. Um vieles chancenloser war noch vor ein paar Minuten dieser Mann, der aufgeregt aus einem Taxi sprang und dann auf die kopfschüttelnden Polizisten eingeredet hat, daß er unbedingt zum Bahnhof müsse.

Roman aber zog Autogrammkarten aus seinem Mantel, reichte sie dem ersten besten, dessen Schulterstücke ihm am imponierendsten erschienen, und der nahm auch prompt die Braue hoch und Haltung an und sagte dann zu seinen wachsamen Kollegen: »Das ist ein Ding, tatsächlich, meine Herren, der Gentleman gehört zu den Comedian Harmonists. Ich müßte eigentlich sehr böse auf Sie sein«, Roman stockte für den Augenblick der ohnehin schon kurze Atem, doch der Obertschakko lächelte jovial, »fast jeden Abend quält die Frau mich mit den Liedern, wissen Sie. – Ja, also ein Konzert, schön, schön, in Hamburg, zwanzig Uhr, so, so, da wünsche ich der Truppe viel Erfolg – ich hoffe, daß Sie nicht vor leerem Hause singen, denn der Führer spricht ja dort zur gleichen Zeit, daher die Umstände, entschuldigen Sie also und – Beeilung bitte, weil: der Führer wartet nicht. Sie werden sicher noch ein paarmal kontrolliert.«

Zum Abschied grinst er fast verschwörerisch: »Den kleinen grünen Kaktus also, für den Bösewicht, der immer Ungezogenes spricht, den lassen Sie mal besser hier, sind zu viel Spitzen dran, Sie wissen schon!«

Dann hat er Romans staunendes Gesicht genossen und ihn zur nächsten Absperrung begleitet. Roman hat sich derart umständlich bedankt, daß ihm fast übel wurde, ist in Windeseile losgerannt und freilich mindestens noch dreimal flüchtig, zweimal richtig angehalten worden. Ganz zum Schluß, kurz vor dem Bahnsteig, auf der unteren Treppe, haben sie ihn sogar abgetastet, und es ist ihm gar nichts anderes übriggeblieben, als gelangweilt in die Luft zu gucken. Und da oben, in der Luft, hat Roman tatsächlich gesehen, wie der Führer, der nicht weniger versonnen hoch zur Bahnhofsdecke starrte und die Turtelspiele der verdreckten Tauben interessiert beobachtete, plötzlich in den hinteren Wagen schwebte und verschwunden blieb.

Nun also sitzen sie zu dritt im Speisewagen, Roman hat den Kopf voll, sorgt sich um die Zurückgebliebenen genauso wie um Harrys schlechte Laune und um Aris fehlende Manieren.

»Laßt uns einen Kognak trinken auf den Schreck«,

sagt Roman, »kommen wir auf andere Gedanken, und – nimm doch die Finger aus die Zähne, Ari«; aber der sagt nur »Nein!«, und nach einer kurzen Pause: »Lieber Wodka«.

Harry nickt dazu, so daß auch die Bestimmung des Getränkes Roman überlassen bleibt, er grübelt noch, womit ihm selbst im Augenblick am ehesten geholfen wäre, und dann hebt er kurz die Hand und sieht sich nach dem Kellner um, der steht, fast wie nach einem unhörbaren Zauberwort, schon neben ihnen, wartet, eine riesige Serviette überm Arm, diskret auf ihre Wünsche.

»Meine Herren?«

»Nicht mal auf Station von meine Vater hab ich so etwas erlebt, nicht mal, wenn Keenig da gehalten hätte,» wettert Ari; »Kremikowski, ist er oft vorbeigekommen, hat mein Vater missen Schranke runtermachen und Salute, und der Keenig hat gewunken; wär vielleicht auch ausgestiegen mit ein bißchen Zeit und hätte alle Leut die Hand geschittelt, aber so was ...«

»Bitte?« fragt der Kellner.

»Der Kollege ordert seinen Wodka immer in Zusammenhang mit einer lustigen Geschichte – wenn's mal eine traurige ist, meint er einen doppelten.«

»Oh, das ist wirklich interessant – und Sie? Ich meine, womit kann ich Sie erfreuen?« fragt der Kellner Harry.

»Mit nichts so sehr wie mit dem Weltrekord im Kognakschwenken, hätte gern in zehn Sekunden eine große, braune Pfütze.«

»Bitte sehr«, erwidert der Befrackte unbeeindruckt, »stelle nur die Uhr, Sie werden sehen, meine Herren«, sagt er ziemlich laut zum Wagenende hin, »in zehn Sekunden steht ein großer Kognak auf dem Tisch. Und, bitte schön, was darf ich Ihnen bringen?« wendet er sich jetzt an Roman, aber Harry, mißlaunig und übermütig gleichermaßen, kräht über den Kognakschwenker, der tatsächlich schon an ihren Tisch gebracht wird.

»Der Herr Kantor trinkt nur koscheren Wodka, immer nur in einem Zug, sogar in diesem, und auf unseren Führer. Bringen Sie ihm ruhig einfach auch die Sorte, die ein Schrankenwärter auf dem Balkan gerne trinkt, Sie haben ja gehört; und da Sie eben unterwegs sind – schieben Sie doch, nur so zur Erholung, Ihrem Weltrekord die deutsche Bestmarke gleich hinterher.«

Roman hockt versteint in seinem Sessel. Neben ihm setzt Ari jetzt, mit einer langsamen Bewegung und mit schreckensweiten Augen, seinen Wodka auf den Tisch zurück und scheint zu keiner Silbe fähig. Harry, ihnen gegenüber, hebt den Schwenker und will grinsend auf die Posse anstoßen – das hätte Bob erleben müssen, denkt er noch, der dicke Angeber –, denn Harry glaubt noch immer, dieser kolossale Witz da eben hätte sowohl Roman als auch Ari derart überrascht, daß sie so schlagartig verstummt sind. Nur die Reaktion des Kellners, der auf einmal wie gelähmt an ihrem Tisch verharrt und starr zur Seite sieht, die findet er ein bißchen übertrieben; so derb ist der Scherz nun wieder nicht gewesen, daß hier alle ganz betreten in die Ecke gucken müßten. Harry folgt den Blicken seiner Freunde, die noch immer reglos in die Polsterbank gedrückt, an ihm vorbeisehen. Harry dreht sich um und – er erstarrt zur Salzsäule.

Im Türrahmen steht der Führer; unbewegt wie ein übergroßes Bild in einem viel zu kleinen Flur. Harrys ganzer Körper, vor Entsetzen gerade noch fast steif, beginnt zu kribbeln; das Gefühl steigt von den Füßen auf, passiert die Waden, läßt die Schenkel kurz vibrieren, greift entschlossen in die Hüftgegend, um sich schließich, unaufhaltsam, seinen Weg, über das Herz hinauf, zu seinem Hals zu bahnen. Und selbst, wenn sich Harry jetzt spontan erheben wollte – seine Beine ließen es nicht zu.

Er schafft es immerhin, zumindest in die Richtung des Erschienenen noch ein verhaltenes Nicken auszusenden, und dann dreht er sich wieder herum, nicht hastig und auch nicht unendlich langsam.

Jetzt scheint sich der Führer vorwärts zu begeben, Harry hört in seinem Rücken Schritte und sieht in den glitzernden Pupillen Aris eine größer werdende Gestalt. Auch Roman hat die Speisekarte vor sich aufgebaut wie einen Paravent, er liest und liest und liest, bis das Getrappel stärker wird und Roman spürt, es könnte ungehörig wirken, würde er nicht wenigstens einmal die Augen heben.

Mit dem Führer ist der schöne Hess hereingetreten, hinter ihm sucht Goebbels Schritt zu halten, und zum Schluß schiebt Göring ächzend seinen Bauch heran, und Roman denkt ganz unwillkürlich: sieht fast aus, als kämen Ari, Erich und am Ende Bob hereinmarschiert.

Ein kurzes Aufsehen, und dann gibt es kein Zurück für Roman – er hat in das Antlitz des Erhabenen gesehen, natürlich in der ängstlichen Ermangelung anderer Möglichkeiten; doch auch, wenn der Blick, zum Heile Romans, nicht erwidert wird – er scheint ins Mark getroffen und kann gar nicht glauben, daß die Hammerschläge seines Herzens unerhört geblieben sind. Er nimmt apathisch die Parade ab, die schnell vorüberzieht, kein Würdenträger würdigt sie nur eines Blickes, der Erhabene sieht über ihren Tisch hinweg mit seinen ernsten, basedowschen Augen in die Weite der bestellten Felder, wo der Bauer gerade, jedenfalls nach einem schönen, deutschen Lied, die Rößlein einspannt.

Und schon sind sie durch die andere Tür verschwunden – nur ein Luftzug bleibt zurück, der Hauch von einer flüchtigen, wenngleich unglaublichen Begegnung. Und ein aufatmender Kellner, der dem Atem der Geschichte hinterherschnuppert, bis seine Speisewagentür ins Schloß fällt, dessen durchgedrückte Knie sich langsam wieder, eingeknickt, entspannen wie die Mundwinkel, die er allmählich in die alte Form bringt. Und die alte Form strahlt Harry fettig an und wartet auf die neuen Wünsche, so, daß Harry, selbst noch mit herabgerutschten Schultern, gar nicht anders kann, als diese Larve endgültig in einem zweiten Anlauf zu erledigen.

»Der Mann da eben mit dem Schnurrbart, wissen Sie, der gerade hier durch ist, der lädt große Schuld auf sich«, und nun tritt der erschrockene Ganymed doch einen Schritt zurück, und Harry schüttelt etwas kummervoll den Kopf, bevor er aufblickt. »Seinetwegen kommen wir nicht mehr zusammen – es ist jetzt schon viel zu spät.«

»Im tiefen Köller sitz ich hür bei ahaheinöm Glas vooll Weune. Ich nöhm das Glas und höhöhöbe es, und ich trihünköhe, trihünköhe, trinköh.«

Bob hat Lust auf ein spontanes Ständchen und mit Erna seine Mutter eingerahmt; um den großen Eßtisch in der guten Stube sitzt, mit Ausnahme von Harry, auch der Rest des gutgestimmten Unternehmens und verfolgt den idealen Lebenszweck – natürlich nicht mit Borstenvieh und Schweinespeck.

»Ihr Sauerbraten ist ein Satansbraten, Frau Biberti, schmeckt so teiflisch gut«, sagt der große Schweiger Roman. »Man kann sagen, was man will, so einen Braten gibt es eben nur in Deitschland. Selbst in meine alte Heimat ...«

»Oh, bitte, Pan Cycowski, nehmen Sie ein Scheibchen mehr«, Bob fällt ihm in die Rede, schneidet ein besonders dickes Stück vom Braten. »Stopf es in den Mund, bevor es kalt wird.«

Biberti verdreht die Augen so sehr, daß sich Bootz verstohlen mit der fettigen Serviette über seine Zitterbacken fährt.

Er kann's nicht lassen, der Cycowski, Erwin kichert still in sich hinein; nein, dieser Bob wird es wohl niemals lernen, einfach drüber weg zu gehen oder wenigstens zu sagen: Polen, Polen, hab ich irgendwie schon mal gehört, wo mag das liegen, irgendwo in Rußland sicherlich, nach alledem, was Roman so erzählt, kann es ja nur in Rußland sein, vielleicht fahren wir da irgendwann mal hin und treten für ein Dutzend Fässer Wodka oder für ein halbes Dutzend nagelneuer Bastschuhe in deiner alte Heimat auf, mein lieber Kantor. Ja, so würde Erwin das erledigen, wenn er Biberti wär, was Gott sei Dank der Himmel gerade noch vermieden hat. Doch wenn Cycowski die Polacken aus der Tasche holt, ist Bob wie ausgewechselt. Sogar wenn Harry seine Mätzchen macht, wenn Erich sein Monokel geraderückt und mit der Zigarettenspitze rumstolziert, wenn Ari wieder mal mit Kußhänden und Kinderwitzchen um sich wirft – nichts regt Bob so auf wie das moralinsaure Gewäsch von früher, dieses sittliche Getue, als sei Roman so was wie der letzte, noch verschont gebliebene Armenier, der nicht nur die grausigen Massaker überlebt hat, sondern auch noch seine gute Seele retten konnte. Nein, das findet Bob vom ersten Tag an schon ganz unerträglich, diese ewige Apostelnummer, Kantor Roman, unerschütterlich, tritt allen Anfechtungen, die das Leben so bereithält, unerschrocken und im tiefen Glauben an das Menschliche entgegen. Soll er beten, dreimal täglich, meinetwegen, seiner Mary vorlesen und schnell das Licht ausmachen, wenn er abends zu ihr rüberrutscht, ganz wurscht – er soll nur nicht den letzten Mohikaner geben und so tun, als wisse er als einziger, was Elend ist.

Frau Biberti allerdings läßt sich das erste Essen mit der Erna nicht von Robert, diesem alten Wechselbalg, vermiesen, und so reißt sie nun mit mütterlicher – oder, wie sie vielleicht glaubt, schon schwiegermütterlicher – List das Tischgespräch an sich.

»Ja, Herr Cycowski, langen Sie nur tüchtig zu, Sie wissen ja: Essen hält Leib und Seele beieinander. Schön, wenn's Ihnen bei mir schmeckt. – Sie kochen sicher eher selten, Fräulein Erna, nicht? Das Studium, die Arbeit im Geschäft, wie soll man da noch in die Töpfe gucken, in die eigenen jedenfalls, was? Von der Zeit für andere Sachen will ich gar nicht reden ...«

Bob hat die Serviette aufgewedelt, als sei er dabei, ein Tischtuch auszuschütteln, aber Frau Biberti läßt sich nicht so ohne weiteres beirren.

»... aber sicher kommen auch für Sie mal andere Zeiten, Fräulein Erna. Wenn Sie wüßten, was ich seinerzeit für Pläne hatte, oh, Sie hätten mich erleben sollen. Unabhängig wollt' ich sein und mir ein eigenes Leben aufbauen – damals war das alles noch viel schwerer, heute ist natürlich alles möglich –, aber dann kam Roberts Vater und hat mich im Sturm genommen. Ja, da kommt der kleine Robert ganz nach seinem alten Herrn: man ist fast machtlos gegen ihn.«

Der kleine Robert quirlt tatsächlich unruhig auf seinem Stuhl herum, als warte er auf die Erlaubnis seiner Mutter, endlich aufstehen zu dürfen; doch als Erna Frau Biberti jetzt auch noch im vollen Ernst versichert, daß ein Studium ja nicht ewig dauere und sie tatsächlich kochen könne, gibt es für Bobs Mutter keine Bremse mehr.

»Ach, Erna, ist das schön!«, sie läßt das »Fräulein» bereits aus der Anrede heraus. »Gerade bei meinem Robert geht die Liebe nämlich wirklich durch den Magen, auch wenn man das meistens nur so sagt.«

Der Runde schmeckt es ausgezeichnet, und sie amüsiert sich zudem köstlich. Erwin grinst, und Erich tastet schon nach seiner Spitze, Ari füllt sein Glas nach, Roman lächelt Frau Biberti freundlich an. Bob könnte mit der Faust in diese scheinheilige Runde fahren, aber er entscheidet sich für die gemäßigte, die elegantere Version, auch wenn die Brüder da mal wieder eine Tracht gebrauchen könnten. Also streicht sich Bob gelassen über seinen stramme Brust und näselt:

»Da ich vielerlei Entscheidungen, zu denen ihr, liebe Kollegen, durchaus niemals in der Lage wäret, aus dem Bauch heraus zu treffen habe, solltet ihr ihm eine kleine Lästerpause gönnen, es gibt wahrlich schlimmere Gebrechen.«

Alles grient, am meisten Erna, allerdings nur so lange, bis Bob das Thema wechselt.

»Wo nur Harry bleibt! Er müßte längst mit dem Bescheid zurück sein, wollte doch nur schnell zu seinem Briefkasten. – Nicht, daß du noch umsonst gekocht hast, Mutter, und es gibt gar nichts zu feiern. Na, egal, auch eine Henkersmahlzeit sollte gut gemacht sein, aber: langsam wird mir flau im Magen.«

Bootz grinst nur ein ganz, ganz kleines bißchen, Roman blickt besorgt zu Bob, Erich legt seine Spitze weg, und Ari sieht durch sein Likörglas, wie sich Erna müht, ihre Erregung zu verbergen.

»Ich hab ein ungutes Gefühl«, sagt Bob, »ein Mann wie dieser Streicher läßt sich doch nicht ungestraft von einem Männeken wie Harry einfach vorführen, und schon gar nicht vor den eigenen Leuten, das gibt ganz bestimmt ein Nachspiel. Hoffentlich macht Harry keinen Unsinn, wenn er eine schlechte Nachricht findet – der neigt neuerdings dazu, die eigenen Schwierigkeiten immer gleich auch für das Ende der Comedian Harmonists zu nehmen, und das ist nun wirklich Quatsch.«

Jetzt blickt ihn Erna an – er sieht ihr eine Spur zu siegessicher aus, wie er sich da zum Richter über Harrys Sorgen aufspielt. Kunststück, er hat sie ja schließlich nicht.

Doch ehe sie etwas erwidern kann, sagt Roman: »Bob, es ist nicht Harrys Schuld, falls du das meinst, wir hatten alle keinen guten Abend. Und wenn Harry nicht mehr auf die Bühne darf, dann s i n d wir fertig, oder arrangierst d u unsere Lieder? Alles schafft auch Erwin nicht, und außerdem – ich würde Harry nie im Stich lassen, verstehst du?«

Nein, denkt Bob, nicht jetzt schon wieder dieses scheußliche Gequassel; erst zu Hause desertieren, und dann, nach geglückter Fahnenflucht, noch andere unterrichten wollen, was ein Mann, was Ehre und was Treue ist – da hört doch alles auf. Ich könnte dir mal eine Rechnung präsentieren, welche Umwege wir alle mitbezahlen, wenn wir irgendwo ein Gastspiel haben, für das der Zug durch deine »alte Heimat« fahren muß, zum Beispiel Königsberg beim letzten Mal, das war doch eine Weltreise, und zwar 'ne ziemlich teure, ohne irgend etwas von der Welt zu sehen, nur deinetwegen, Unschuld aus dem Pommernlande.

»Ich auch nicht«, zetert Ari eben, »ich werd Harry iimmer helfen. Schreibt die scheensten Liider von die ganze Welt – die Leiite lieben seine Lieder, und die Frauen lieben mich, weil ich sie so scheen singe. Publikum wird nicht erlauben, daß wir nicht mehr siingen diirfen, außerdem braucht Fiihrer unser scheenes Geld von Ausland, Bob, du mußt kapiiren besser und dir merken, Bob.«

Biberti blickt auf Ari, als wenn er ihn, nur mit einem tiefen Atemzug, verschlucken wolle – aber er besinnt sich.

»Freilich, Ari«, sagt er gönnerhaft, »gerade an der Bank von Sofia hat der Führer ein besonderes Interesse, kannst du sicher gut verstehen; außerdem kommt Fiihrer auch von auswärts und trägt eine kleine, dunkle Schnurrbart, so wie du, ist klar, daß ihm die Frauenherzen ganz genauso zufliegen ...«

Es klingelt, Frau Biberti hievt sich ächzend aus dem Stuhl und sagt, schon im Hinausgehen: »Jetzt hört mal auf mit dem Politisieren, Jungs, das hilft doch keinem. Roberts Vater sagte immer ...«

»Hätt' er mal lieber weniger gesoffen, dann hätt' er weniger verquastes Zeug erzählt«, sagt Robert, »und vielleicht würde er heut sogar noch leben.«

»Robert, ich verbiete dir, so über deinen Vater zu reden, man muß ja fast dem lieben Herrgott danken, daß er nicht mitanhören muß, zu welchen Worten so ein undankbarer Sohn imstande ist«, sagt Frau Biberti.

Roman denkt an seinen eigenen Vater, wie der ihn fürs erste vor dem Militär bewahrt hatte, ihm dann die Tür nach Deutschland geöffnet und gesagt: »Geh, mein Junge, bei den Deutschen lernst du, was Kultur ist.« Und so war er damals aufgestanden, so wie jetzt, wo er der Mutter aufmerksam die Tür aufhält und, als sie auf dem Flur verschwunden ist, zu Bob gewandt, sagt: »Weißt du, Bob, es ist ein Gliick, daß wir dich haben, und ich war der erste, der dir sein Vertrauen ausgesprochen hat, daß du unsere Geschäftchen machst, du weißt doch noch, in Leipzig damals, gleich am Anfang, hab ich dir gesagt, mach du's, Bob. Aber du brauchst uns genauso, eigentlich noch mehr – nicht nur, weil du als Baß sehr einsam bist – aber was machst du, wenn du plötzlich keinen Harry mehr hast, auf den du verrückt sein kannst, der deine Fehler macht, Bob?«

Halt, halt, halt, jetzt ruhig Blut, nur nicht sofort den nächsten Fehler machen, denkt Biberti, und will gerade zur Erwiderung seines Lebens ausholen, als Harry, an der Seite seiner Mutter, in die volle Stube tritt, in seiner rechten Hand ein amtliches Kuvert.

Mutter Biberti nimmt sofort ein Glas, gießt Harry ein und barmt geradezu: »Soll ich den Rest vom Fest schnell noch mal aufwärmen, Herr Frommermann? Sie wissen doch, Essen hält Leib und Seele ...«

»Mutter«, sagt Biberti, und zu Harry: »Na, was ist es?!«

Harry blickt zu Boden wie ein Schulbub, den der Lehrer wegen einer unbotmäßigen Bemerkung gerade in die Ecke über dem Papierkorb schickt.

»Lies selber, Bob; der Brief ist zwar an mich gerichtet, aber, wenn ich alles recht verstehe, meinen sie erst einmal dich – ich kann die riesige Verantwortung dafür nicht übernehmen.«

Bob nimmt den Brief – es ist jetzt keine Zeit mehr, noch das Zittern seiner Hände zu verbergen. Er hat es geahnt, daß dieses ganze Angeschmeiße beim Kulturkammerkanzlisten für die Katz' gewesen ist, der neue Frühling eine Peinlichkeit zum Nulltarif. Es war ihm klar, daß Frommermann sie eines Tages alle reinreißt, ohne Unterschied, und daß er nicht nur seine eigenen Leute, sondern auch die anderen drei gefährden würde. Was für 'n Mist, denkt Bob, vor allem auch, daß es nun so schnell gekommen ist.

Er öffnet das Kuvert und nimmt den Brief heraus,

liest die ersten Zeilen mit gefurchter Stirn, dann läßt er das Papier zu Boden gleiten, faßt sich an die linke Brust, daß Frau Biberti einer Ohnmacht nahe ist, und sagt zu Harry: »Also doch: Nicht einmal dir hab ich das zugetraut, mich so hereinzulegen.«

Harry geht jetzt einen Schritt zurück, Bootz kommt von seinem Stuhl heran und will vermitteln, sogar Erich ist bemüht, das Schlimmste zu vermeiden, Roman denkt, sie werden sich doch nicht mit einer Rauferei verabschieden, und Ari ballt die Fäustchen, weiß nur noch nicht recht, für wen.

»Zu traurig«, sagt Biberti – und dann wirft er sich auf Harry, wälzt sich mit ihm auf dem Boden hin und her, »das hättest du mir sagen müssen, du verfluchter Mistkäfer!«

Die anderen stehen unsicher herum, die Mutter ringt die Hände, Erna denkt, nein, nicht schon wieder. Und auf einmal richtet Bob sich auf, auch Harry rappelt sich vom Boden hoch, er klopft ein bißchen an der Hose rum.

Bob murmelt tonlos: »Daß es nun gleich soweit kommen mußte.« Und dann grinst er übers ganze, schwitzende Gesicht und sagt nur noch: »Amerika.«

Sie brauchen alle einen Augenblick, um zu verstehen, was vorgefallen ist, und Bootz schwant als erstem, was die ganze Vorstellung bedeuten könnte. Erwin bückt sich nach dem Brief, er hebt ihn auf und nimmt ihn vor die Augen, »... laden wir Sie hiermit und im Namen ...«, nun beginnt auch Bootz zu fliegen, »... für den Zeitraum vom ...« – er wirft den Bogen in die Luft, er stürmt auf Bob und Harry zu, auch Erich hat inzwischen mitgekriegt, was hier passiert ist, und nur Ari weiß noch nicht so ganz genau, wohin die Reise geht.

Jetzt liegen sie einander in den Armen, tränenaufgelöst, und schwören, wie die Backfische, erst einmal alles durcheinander: daß es keinen größeren Tag als diesen gäbe, daß sie immer beieinander bleiben würden und die Treue mehr als nur ein leerer Wahn sei.

Bob löst sich als erster aus dem trunkenen Pulk; er geht auf seine Mutter und auf Erna zu.

»Wir fahren nach Amerika, auf Einladung, für ein paar Wochen.« Und dann setzt er selbstbewußt hinzu: »War doch nicht so verkehrt, dem Kammerfritzen klarzumachen, daß er mich nicht einfach abservieren kann, die Piefbacke; und wenn Harry noch ein bißchen doller mitgezogen hätte, na, wer weiß ...«

Der sieht jetzt ungläubig zuerst zu Bob, dann zu Erna.

»Glückwunsch«, sagt die trocken und: »Hurra, hurra, Amerika.« Dann blickt sie Harry an und fragt: »Ich hab nur eins nicht ganz verstanden: seid ihr eingeladen oder ausgeladen worden?« – und die Landeskinder sehen sie an, als wolle sie die Jungs für dumm verkaufen.

Das also ist es nun, denkt Bob – das Land der unbegrenzten Möglichkeiten und das Reich der Freiheit, wo der Blick nie weiter reicht als bis zum Eingang des Geschäftsgebäudes vis-à-vis und wo tatsächlich schon das Himmelreich bei jeder leichtfertigen Straßenüberquerung winkt. Der Mief daheim, der aus den vielen, kleinen Häuserdächern steigt, reicht immer bis zum Horizont, da hat das Auge was zu tun, auch, wenn's nicht viel zu sehen gibt. Hier in Manhattan allerdings tut Bob allabendlich der Nacken weh, zu oft versucht der Blick, nach oben auszubrechen und ein Stück vom Himmel zu erhaschen. Von New York ist Bob enttäuscht, von der nervösen Hektik, den verstopften

Straßenschluchten, all dem Lärm um nichts, und auch die anderen sehen nicht so aus, als käme ihnen diese steinerne Monstranz als Abwechslung gerade recht. Nur Erich fühlt sich sichtbar wohl, scherzt hier mit einem Taxifahrer, da mit einem Boy, palavert selbst mit einem Polizisten und genießt den Ausflug mindestens so sehr wie die Gelegenheit, sich vor den anderen mal wirklich weltläufig zu geben – nicht nur immer so mit Zigarettenspitze in den Lippen, mit Chantal im Arm und diesen paar Französischbrocken; nein, Erich kommt hier in der großen weiten Welt so richtig gut zurecht.

Und Bob kriegt jedesmal fast einen Krampf, wenn er ihn immer wieder bitten muß, ihm eine Kleinigkeit zu übersetzen, ihm die Schilder in den Schaufenstern zu buchstabieren oder, schlimmer noch, statt seiner die Termine abzusprechen, Gagen auszuhandeln, kurz: für diese Wochen die Geschäfte voll und ganz zu übernehmen – da kommt sich der große Bob sehr klein vor.

Manhattan ist für Bob so etwas wie die Insel der Verdammten oder wenigstens ein Eiland für Verrückte, auf das man ihn kurzerhand verbracht hat, um ihn hilflos hier im Dschungel auszusetzen. Vor der Insel liegt zu ihrem Schutz die graue Festung, riesig, furchterweckend, uneinnehmbar, denn sie ist so hoch wie Bobs Berliner Mietshaus und beinah so lang wie seine Straße. Und genauso laut. Die ganze Festung lärmt geradeso, als wolle man der feindlichen Armada schon auf hundert Seemeilen signalisieren: Macht gar nicht erst die Leinen los, bleibt zu Hause, und ihr bleibt gesund.

Die Festung ist der Flugzeugträger »Saratoga«, und den Lärm macht die Kapelle, die an Deck den Navy-Marsch trompetet und die Schaulustigen aus dem Inneren der Insel an den großen Strand lockt. Hunderte, vielleicht auch Tausende von weiß bemützten Burschen wuseln hin und her, und wer genau hinsieht, erkennt im Zentrum all dieses geziefrigen und undurchschaubar anmutenden Treibens auch sechs kleine, schwarze Käfer – die Comedian Harmonists.

Bootz sitzt am Klavier, die anderen stehen um ein großes Radiomikrofon herum; und auf ein Zeichen Harrys reißen sie die Köpfe militärisch hoch, beginnen, auf der Stelle zu marschieren und – auf englisch natürlich – die *Liebe der Matrosen* zu besingen, von der jeder einzelne an Bord durchdrungen ist, vom Kleinsten und Gemeinsten bis hinauf zum Kapitän – dank der modernen Technik, die das Lied direkt in jeden Lautsprecher und die Kajüten der Besatzung überträgt. Und die liegt swingend, mit den Fingern schnipsend in den Kojen und glaubt ihren Ohren nicht zu trauen.

Sie enden, und der Schrei, der jetzt zum Himmel steigt, ertönt aus Tausenden von Kehlen, die sich an der Pier versammelt haben; nein, denkt Bob, das ist kein Beifall, wie sie ihn schon oft erlebten, das hier ist ein Anfall, massenhaft und völlig unvorhersehbar, der Taumel einer riesengroßen Menge, deren Jubel sich jetzt auf die »Saratoga« zubewegt wie eine Invasion von einem anderen Planeten. Die verschreckten Sänger weichen vorsichtig zurück, doch auch an Deck marschiert schon eine weiße und hurraschreiende Masse auf, rückt Stück um Stück heran und schüttet die Comedian Harmonists mit Ovationen zu – sie stehen vor dem Klavier, zu keiner Silbe fähig, äußerlich vollkommen unbewegt und innerlich bis in die Grundfesten erschüttert.

Unterhalb der »Saratoga« brummt auf einmal eine Schiffssirene, kurz, fast wie die Hupe eines unwilligen Autofahrers, dröhnt sie in die Dämmerung, bis eine zweite antwortet, ihr Ton wird von der dritten aufgenommen, pflanzt sich fort zur vierten, wabert von der fünften nun zur sechsten, schon entfernteren Sirene, die verführt die siebte, die im Bunde mit den folgenden schon bald das erste Dutzend voll macht, das sich mit den Beifallsstürmen mischt.

Und schließlich, gerade so, als wäre es mit einer großartigen Überraschung nicht getan, geschieht das Wunder.

Denn im nächsten Augenblick gehen vereinzelt, wie von unbekannter Hand gezündet, auf dem Hudson River ein paar Schiffslaternen an. Aus den ersten Lichtern wird alsbald eine Lichterkette, die sich allmählich zum Lichterteppich weitet; und mit jedem Licht, das, in nun immer größerer Entfernung, zu den anderen kommt, fällt auch ein neuer Ton aus einer weiteren Sirene ein. Und, je ferner jedes neue Licht erscheint, mit um so größerem Getöse mischt sich das hinzugekommene Signalhorn in das überraschende Konzert. – Der Lärm der Schlacht vor den verwaschenen Felsen von Trafalger kann nicht furchteinflößender gewesen sein, zumindest für die sechs noch immer fast gelähmten Sänger, die jetzt ungläubig die angestrahlte Schiffsparade und den Hudson sehen, sich ihrer letzten Stunde sicher sind und glauben, daß sie augenblicklich in dem tosenden Gebrause untergehen würden. Noch ein letztes Mal, wie Moby Dick im Angesicht des Sonnenballs, vom Lichtermeer geblendet – Lebe wohl, Reise, Reise.

Nelson schreitet jetzt die Treppe von der Brücke bis an Deck herab, zumindestens ein Admiral, der sicher scheint, daß dieser Augenblick wie selbstverständlich in die Reihe anderer, zurückliegender maritimer Großtaten gehört. Er tritt ans Mikrofon:

»Phantastic, absolutly!«, und der Dolmetscher raunt in das Mikrofon: »Phantastisch, absolut!«

Dann salutiert er, Ari reißt die Hand über den Scheitel, und der Admiral läßt, irritiert, ein kleines Lächeln zu. Wie aus einem Guß steht Leutnant Leschnikoff, bis sich der Kommandant mit einem Kopfnicken verabschiedet, dem Dolmetscher den Rest der kurzen Rede in die Hand drückt und auf gleichem Wege wieder in der Schiffsbrücke verschwunden ist.

»Phantastisch, absolut phantastisch, Ari!« murmelt Erich grinsend und nimmt dessen Hand wieder herunter. »Einen Admiral nach Hause schicken, und in aller Form, phantastisch, absolut!«

Und ehe Ari überlegen kann, ob sich der Admiral da wirklich aus Versehen von ihm hochgenommen fühlte und nur deshalb so schnell wieder raufgeklettert ist, oder ob Erich wieder mal auf seine Kosten einen dummen Scherz gemacht hat, liest der Übersetzer, das zurückgelassene Papier vor Augen, stockend und gewissermaßen aus dem Stegreif, schon den Rest der feierlichen Worte: »Gentlemen, ich meine, sehr geschätzte Herren, heute ist ein großer Tag, für unser Vaterland Amerika, für die Marine und für Ihnen. Weil, die vollständig gesammelte Atlantik- und Pazifikflotte ist hier her gekommen, um zu feiern und zu zeigen, wieviel Können bei amerikanische Marine in der Lage ist.«

Collin hat Lust, sich nach dem Schnürsenkel zu bücken, doch der Übersetzer dreht den Zettel um und guckt, als sei er unverhofft am Ende, also sehr erleichtert; er verliest ein paar diffuse Zahlen, und nun wacht selbst Ari wieder auf.

»Dreihunderttausend, may be, vierhundert ...«, und Leschnikoff kneift Erich in den Arm, der legt den Finger auf den Mund, der Übersetzer sucht nach Worten, die vielleicht ein bißchen weniger numerisch, nicht so nackt dahergehen: »... einen viertel, vielleicht sogar einen halben Million ...«. Erich zuckt erneut zusammen, Ari hat schon wieder zugekniffen und hört ungläubig, mit welchen Summen der da vorne um sich wirft, »... sind an die Radios und natürlich hier dabeigewesen, um sich von die hohe Kunst ein Bild zu machen.«

Artiger Applaus, ein Infanterist kennt keinen Schmerz, ein kleiner Musiker jedoch, der darf sich ruhig einmal gehenlassen. Also rafft sich Ari noch einmal mit letzter Kraft zusammen – besser eine traurige Gewißheit als ein schönes Mißverständnis: »Erich, hab nicht ganz verstanden, was ist nun mit die Millionen?«

»Die sind glücklich, Ari«, erwidert Collin, »sehr, sehr glücklich – allerdings nicht auf der Bank, sondern vor ihren Radioapparaten und den vielen Schiffsanlegestellen mit den neuen Lautsprechern. Es ist beinah wie zu Hause, nur die Technik ist hier besser – brauchen nicht einmal mehr selber klatschen, l a s s e n applaudieren: Schalter an und losgepfiffen, ist doch toll, nicht wahr? Das dauert in der Heimat sicher noch, bis die soweit sind.«

Er räsoniert ein bißchen vor sich hin und blickt zu Roman, der herangetreten ist und anfangs noch ein bißchen amüsiert, zum Schluß nur noch betreten zugehört hat, und der jetzt mit einem Räuspern sagt: »Mal abwarten, ihr beiden – manchmal geht's auch schneller.«

Einfach bleiben – Anker werfen, absteigen, mit ein paar Sachen auf dem Buckel übers Fallreep wanken, kein Sichumdrehen, nicht mehr winken und dann – einfach bleiben.

Harry und die anderen stehen an der Reling, und vor

ihnen liegt die Skyline von Manhattan, hinter ihnen der Atlantik, jedenfalls im Augenblick noch. Denn in ein paar Tagen wird es wieder umgekehrt sein; hinter ihnen wird New York zurückbleiben, erst immer kleiner werden, schließlich nicht mehr sichtbar und nur noch eine Erinnerung, ein zurückgebliebener Traum, und vor ihnen wird der Ozean in seiner Endlosigkeit, seiner ganzen Weite liegen. Auf dem Dampfer werden sie gelegentlich noch über die verrückten Yankees grinsen und ein bißchen trinken, Karten spielen, öfter nach den Ladies gucken als aufs Meer und wenig gute Worte für die große Pfütze finden, die seit Wochen zwischen ihnen und der Heimat liegt und sie so lange schon von ihren Frauen getrennt hat. Ja, so wird es kommen, wenn nicht bald etwas passiert, denkt Harry, wenn sie weiter nur mit diesen Kinderaugen in New York herumspazieren wie in einem riesengroßen Spielzeugladen und sich um den Ernst des Spiels herumdrücken; er sieht sie schon in den Kabinen sitzen, hört sie reden, kann die Ausflüchte und Selbstrechtfertigungen schon vorhersagen, der ganze trügerische Schein von einem längst vergangenen Sein wird über ihnen schweben – Harry aber wird daneben sitzen und sich zehnmal klüger, also zehnmal jämmerlicher fühlen.

Harry blickt zurück – was war er selber leichtgläubig gewesen, all die Jahre und nicht erst, seit Erna ihm gehörig die Leviten lesen mußte! Viel, viel früher, nach der Levypleite schon und ihrer sturzbetrunkenen Bruderschaft im Namen der drei Musketiere. Was soll uns denn schon passieren, hatte Harry damals zu Porthos Biberti voller Zuversicht gesagt: wir sind doch glatt wie zweimal die drei Musketiere – und nun muß er einsehen, daß sie mittlerweile a l l e zwischen Richelieu und ihrem Treueschwur von damals aufgerieben werden. Harry schmunzelt, Königsebene, Treue, haben sie tatsächlich damit jemals was am Hut gehabt? Doch, doch, denkt Harry, heb jetzt nicht im nachhinein den Zeigefinger, Frommermännchen, solche Stunden gab es; schon zu Anfang, als sie sich nach dieser großartigen Peinlichkeit des ersten Vorsingens nicht sofort trennten, oder am Wannsee draußen, als sie Hans im Glück nach Hause schickten; und noch viel mehr, als Roman sie versöhnt hat, damals, als sie Bob mal die Geräte zeigen mußten und der prompt den Schwanz, na gut, den Bauch hat einziehen müssen. Sogar in Grünbaums Laden standen sie noch auf der gleichen Seite, wenn auch jeder nur auf seine Art beteiligt, aber Harry konnte schließlich nicht dafür, daß Bob, in solchen Augenblicken jedenfalls, das breitere Kreuz besitzt, vielleicht auch einfach nicht so furchtsam ist wie er. Doch was hat schon die Großmutter dem kleinen Harry eingetrichtert: Nur die Dummen haben Angst – und schließlich war ja wirklich Bob am Ende tatsächlich der Dumme, lag da mit zerschlagener Nase auf dem Boden. Und daß Harry seither bei der Erna, ohne zugedrückte blaue Augen, wiederum den Dummen macht, das ist ein anderes Kapitel – damit hat Amerika nicht mehr zu tun als mit der Überlegung, ob sie bleiben oder wieder heimfahren sollten.

Harry blickt auf die Kollegen: nein, mit breitkrempigen, federbuschbewehrten Haudraufs hat das alles längst nichts mehr zu tun, die Jungs da wirken eher aufgeplustert wie die Ecke eines Hühnerhofes, überfüttert und dennoch gelangweilt – Harry muß an Wilhelm Busch und diesen hundsgemeinen Streich von Max und Moritz denken, wo die beiden Schwerenöter dicke Brotbrocken mit Bindfäden verknüpfen und genüßlich zusehen, wie sich die verschiedenen Hühnerlager gegenseitig niederstrecken.

Wer wird wohl bei uns an welchem Ende ziehen, denkt Harry: wer mag tiefer scharren, stärker hacken, doller zerren? Oder werden sie am Ende doch die Fäden unter all dem Hühnerdreck erkennen, die sie wie ein Spinnenetz verbinden, werden sie vielleicht doch um die Fangleinen herum zur Mitte tippeln und sich lieber ein paar Krumen holen, anstatt selbstverschuldet in der Backröhre zu landen?

Harry hat die Szene schon seit Monaten vor Augen: auf der einen Seite Ari, Bob und Erwin, Bob mit seinem großen Schnabel in der Mitte, wie ein Römer beim Gefecht auf seinem Zweispänner, und gegenüber Erich, Roman und er selbst – nicht einmal für Minuten eine ausgeglichene Partie, es sei denn, auch im gegnerischen Lager würden auf dem Rassehühnerhof und im Gegackere um den besten Platz auf einmal Unterschiede sichtbar, Bob müßte ganz plötzlich nicht mehr nur nach vorne, sondern auch nach links und rechts, zu Bootz und Ari sehen.

Wochenlang hat Harry sich, fast wie ein pensionierter Militär, die Zeit mit Strategie und Taktik am umkämpften Sandkasten vertrieben. Da hat sich natürlich auch zum ersten Mal der Hühnerhofvergleich begeben, und er hat ein paar hoffnungsvolle Flügelvorteile erkannt. Am ehesten bei Ari, dem man einfach zwei Fünfdollarstücke vor die Augen halten müßte.

»Schau mal, Ari, sehen sie nicht blank und rund aus wie die Brüste von Marie?«

Und Ari würde kichern und zu Harry sagen: »Ganz genau so, Harry, aber nicht wie von die alte Dicke, sondern von die junge Dünne, is viel besser, Harry, laß uns bleiben bei die Junge.«

Auch bei Erwin kann sich Harry vorstellen, daß er gar nicht unbedingt den deutschen Mief so wie die Luft zum Atmen braucht; er ist kaum weniger gewandt als

Erich, radebricht oft nach dem dritten Glas drauflos, als hätte er bisher noch jedes Lebensjahr in einem fremden Land oder bei einem unbekannten Stamm verbracht und würde mindestens zwei Dutzend Sprachen fließend sprechen. Außerdem ist er ein exzellenter Pianist, und Harry ist ganz sicher, daß es sogar in Amerika nicht viele gibt, die Ellington und Mozart gleichermaßen virtuos beherrschen. Na, und Ursel wäre in Amerika wahrscheinlich sogar besser dran, hier gibt es schließlich Dutzende von Radiostationen, müßte sie nicht mehr bei Lilienthal die Türen auf- und zumachen und sich zur Schnecke machen lassen – Harry hält kurz inne, und dann fällt ihm ein, ach nein, der ist ja selbst schon rausgeflogen – um so besser, können sie zusammen in Amerika beim Radio anfangen.

Und während Harry noch versonnen auf das Wasser blickt, im Geiste die Figuren seines großen Dioramas hin und her jongliert und seine Planspiele allmählich weltgeschichtliches Format annehmen, dreht sich plötzlich Roman ganz gemächlich um, sieht einen nach dem anderen an, dann weist er mit dem Arm an Land und sagt, als hätte er die ganze Zeit, wie Hanussen, in Harrys Herz gesehen: »Also, bleiben wir doch einfach hier.«

Es ist nicht auszumachen, wer zuerst nichts sagt, denn sprachlos sind sie augenblicklich alle und natürlich Harry ganz besonders, der an Romans Menschenkenntnis nie gezweifelt, allerdings auch nirgendwann den Hellseher in ihm gesehen hat.

Er darf jetzt bloß nichts überstürzen, vielleicht träumt er das ja alles nur, denkt Harry – »Waas hast du gesagt, Roman?« Famos, famos, ganz harmlos muß er tun, er kann es gar nicht glauben, daß er wach ist, Harry muß ganz vorsichtig vorsichtig noch einmal fragen: »Hierbleiben, du meinst, hier in Amerika?«

Er darf sich nicht verraten, denkt er, bloß jetzt keinen Fehler machen, sonst ist alles gleich von vornherein aus; ach, er könnte schreien, könnte ihn umarmen, diesen Roman, doch er muß sich noch beherrschen und ein letztes Mal den Überraschten spielen.

Harry fährt sich mit den Händen durch die Haare, zieht die Augenbrauen skeptisch hoch, als habe er zum ersten Mal gehört, daß es doch nicht der Klapperstorch gewesen sei, und dann schlägt er sich – ein perfekt gespieltes Heureka! Ich hab's gefunden! – vor die Stirn.

»Mensch, Roman, ganz genau: das ist es! Warum sind wir nur nicht schneller drauf gekommen?! Einfach unsere Siebensachen in sechs Koffer, und dann nichts wie weg da – ist doch sowieso längst tote Hose, nur 'ne Zeitfrage, wann wir zu Hause nix mehr kriegen ...«

Erich schließt das Feuerzeug mit einem leisen Klick und sagt mit einer ruppigen Bestimmtheit, mit der Harry nicht gerechnet hat, zumindest nicht bei Erich: »Es gibt Sicherheiten; man kann sicher vieles gegen Deutschland sagen, aber eines gilt in diesem Land: Verträge sind Verträge, Bankkonten sind Bankkonten. Und unsere Frauen sind schließlich auch noch dort.«

Nun kommt sich Harry allerdings vor wie Hanussen; keine fünf Minuten ist es her, da hat er ihre Ausreden und Rückzieher im Geiste schon vorweggenommen, und nun hört er sie wortwörtlich und zu allem Unglück noch von Erich, diesem Weltbürger, von dem er angenommen hat, der würde lieber heut als morgen mit Chantal das Weite suchen, na, da lag er schön daneben. Harry bastelt hastig an einer Erwiderung, doch Roman sagt auf einmal, so lakonisch wie vorhin: »Das ist ja eine interessante Reihenfolge, Erich: erst Verträge, dann die Konten, und zum Schluß die Frauen.«

Er grinst auf eine Art, die man bei ihm bisher so gar nicht kannte, hintergründig und beinah ein bißchen hämisch, und auch scheint Roman bestens aufgelegt, seitdem sie hier im Hafen abgestiegen sind. Macht Witze, rennt an jedem Morgen in die große Synagoge, schwatzt dann halbe Tage in den Straßen mit den alten Juden rum und – grinst.

»Nun guck mal nicht so sauer, Erich, war ja nur ein Scherz, ich denk doch auch an Mary, glaubst du vielleicht nicht – obwohl, ich miißte mir bestiimmt um sie nicht solche großen Sorgen machen wie du um Chantal ...«

Ja, solche Witze macht der Roman neuerdings, und wären die beiden nicht tatsächlich wie ein Herz und eine Seele, könnte Erich jetzt wahrscheinlich richtig böse gucken, aber Roman ist schon selbst zum Ernst der Angelegenheit zurückgekommen.

»Mary hat ja eine Vollmacht, schon von Anfang an. Sie hebt das Geld ab, kauft ein Ticket und kommt hinterher. Du könntest es mit deiner Schwester ganz genauso machen, Erich, Bob mit seiner Mutter, oder man kann seinem Anwalt eine Vollmacht schiicken, is viilleicht sogar noch besser – stellt euch doch mal vor, wir alle in Amerika, wir könnten hier frei arbeiten und endlich wieder singen, was wir wollen.«

War er also doch nicht ganz allein mit seinen Überlegungen, denkt Harr; Vollmacht, Anwalt, Donnerwetter, sieh mal an, wie der sich heimlich vorbereitet hat, der Roman, hätt ich dem Schlawiner gar nicht zugetraut. Na ja, für seine Mary kommt der auf die abenteuerlichsten Einfälle. So wär ich für die Erna auch gern dagewesen, Harry schluckt ein bißchen, schade, wird ihr Bob nicht bieten können, auch nicht mit der breiten Brust, und überhaupt, ihn hätte sie allein gehabt, wer weiß, wie lange sie sich Bob mit seiner Mutter teilen muß, er blickt zu Bob, der noch kein Wort gesagt hat, also gut, was soll's, vergessen und vorbei, zumal sich Erich jetzt auf einmal doch noch in die Brust wirft und zu räsonieren anfängt.

»Frei? Hast du gesagt, frei arbeiten?! Was soll denn das für eine Freiheit sein, die ich mir nicht mal selber wähle, die mir irgendwelche Leute umhängen wie eine abgetragene Joppe und die mir dabei auch noch erklären, es wär nur, weil sie nicht wüßten, wohin sonst mit all den Lumpen! Was ist das für eine Freiheit, Roman, wenn ich mir nicht einmal aussuchen darf, wohin ich gehöre?! Könnte doch gut sein, daß mir die Heimat auch etwas bedeutet, Mensch, ich fühl mich nicht als Jude, dieser ganze religiöse Quatsch ist mir egal, ich bin sogar getauft – da hat mich schließlich auch kein Mensch gefragt?!«

Roman ist erschrocken – nie im Leben hat er jemanden verletzen wollen, jedenfalls nicht absichtlich, und Erich wäre sowieso der allerletzte, dem er weh tun wollte, und so sagt er nun, wie man ihn kennt, mit großem Ernst: »Entschuldige, ich hab's nicht so gemeint, Erich; du fiihlst dich nicht als Jude, gut, was soll iich sagen? Nur, bei mir ist's noch viel schlimmer, ich fiihl mich als Jude, und ich liebe Deutschland.«

He, denkt Harry, so schnell dreht sich der Planet; erst schauen sie fröhlich nach Amerika, und dann, nur zwei Minuten später, rattern sie zwei Plädoyers für Deutschland runter, daß der Reichskulturkämmerer seine Freude hätte. Harry muß jetzt auf der Hut sein, sonst läuft ihm das Ding gleich wieder aus dem Ruder, da ist zu viel Eifer bei der Sache. Er muß jetzt etwas Leichtes finden, wäre schade sonst, fing doch so gut an, er kann auch was Dummes sagen, nur nicht diese Strenge; kein Mensch kann in Ruhe überlegen mit so schmalen Lippen und so steilen Zügen um den Mund.

»Ach was«, sagt Harry und sieht beide an, »ob nun getauft oder ob deutscher Patriot, ein Jud bleibt doch ein Jud, da kann er schrubben wie er will, da hilft keen Wasser.«

Jetzt blicken auch die anderen entsetzt auf Harry.

»Ist nur so ein dummer Spruch von meinem Hauswart«, haspelt der entschuldigend und grient, »doch falls ihr es vergessen habt, es gibt 'ne Menge solcher Häuser in der Heimat und 'ne Menge Hauswarte dazu; nur zur Erinnerung, eh' euch das Heimweh endgültig um den Verstand bringt. Ich hab jedenfalls von deutschen Hauswarten die Schnauze voll, genauso wie von deutschen Bademeistern und Abteilungsleitern, Polizisten oder Kellnern – mich verbindet eigentlich mit diesem blonden Reich schon lange nichts mehr.«

»Aber mich, du Spinner, falls dich andere noch ein bißchen interessieren!«

Bob hat die ganze Zeit dabeigestanden; unfähig, ein Wort zu sagen oder zu verstehen, hat er die ganze Zeit geschwiegen, doch jetzt braust er auf und wendet sich an Bootz und Ari: »Ihr müßt auch was sagen, Himmelarschundzwirn, der Spunt ist vollkommen verrückt geworden, hat nicht die geringste Ahnung, wovon er spricht. Das hier in Amerika ist eine Maschinerie. Hat jemand zufällig bei unseren Radioauftritten bemerkt, was für ein Kommen und ein Gehen das war, Tür auf, Tür zu, die nächste Nummer, hurry up, und ist vielleicht jemandem aufgefallen, wieviel deutsche Unterhaltungskünstler so dabei waren? Alles liebe, reizende Kollegen, die nur auf uns warten, schließlich sind wir so berühmt, daß nicht einmal die Zeitungen sich trauen, etwas über uns zu schreiben.«

Bob hat sich in Wut geredet, alle wissen, nun kommt nicht viel Neues mehr hinzu, jetzt wird er nicht mehr besser, nur noch lauter.

»Seid ihr übergeschnappt? Oder habt ihr wieder eine friedliche Verschwörung vor? Na, diesmal nicht mit mir, das sage ich euch gleich! Was habt ihr euch dabei gedacht, Ihr müßt mal eure Augen aufmachen, dann seht ihr: überall, wohin ihr hier hinkommt, sind längst die anderen. Habt ihr vielleicht schon mal etwas von Konkurrenz gehört? In Deutschland ganz bestimmt nicht, also bitte, dann kann es doch unmöglich euer Ernst sein wegzugehen. Das kommt überhaupt nicht in die Tüte, überhaupt nicht! Die sind alle mindestens schon ein, zwei Jahre hier und überall hineingeschlüpft, Amerika ist lange zu, und da kommt ihr – Hereinspaziert, hallo – und könnt noch nicht mal Englisch.«

Na, da muß der Erich doch ein bißchen Licht ins Dunkel bringen und läßt noch einmal das Feuerzeug kurz klicken, um sich eine Zigarette anzuzünden; gar nicht mal so einfach mit dem Zug an Deck, er tritt ein bißchen in den Windschatten von Roman, klickt noch einmal, drei Gesichter leuchten auf, und Harry blickt hinein und denkt: Tatsächlich, wie die Hühner stehen sie schon mal – doch vorläufig ziehen sie nur an den Zigaretten.

Nun wird es also doch wieder ein richtiges Komplott, so zufällig, so absichtsvoll wie das vorangegangene, das gleiche Personal, die gleichen Kontrahenten, und auch diesmal wollen alle nur das Beste.

Ari geht in seinem Zimmer auf und ab, raucht eine Zigarette nach der anderen und versteht immer noch nicht ganz, was da zwischen Bob und Harry vorgefallen ist und weshalb sich sogar Roman mit Freund Erich kurz gekabbelt hat, irgend etwas Jüdisches;

Erwin hat ja auch die ganze Zeit dazu geschwiegen. Na, und eben, weil das Erwinchen die ganze Zeit kein Wort gesagt hat, denkt Ari sich, vielleicht hat er da um so besser zugehört und mehr verstanden, und so läuft er schließlich auf den Flur, klopft beim Erwinchen, öffnet die Tür und sieht hinein, doch es ist niemand da. Die nächste Tür ist die von Harry, frag ich eben ihn noch mal, denkt Ari sich, klopft, öffnet und sieht hinein – und da sitzen sie schon alle, ohne Bob natürlich, beieinander, winken ihn herein und legen sehr geheimnisvoll den Finger auf den Mund.

Nun hockt Ari schon den ganzen Abend in der Runde, doch viel schlauer ist er nicht geworden. Und jetzt fängt Roman auch noch an zu predigen anstatt zu sagen, was sie machen wollen.

»Mein Vater hat mir oft gesagt: Groß ist die Macht der Könige, deren Gesetze schmerzen – und auch klein. Die Menschen wenden sich von ihnen ab und suchen neue Könige, deren Gesetze heilen. Laßt uns also bleiben und hier auf die Suche gehen.«

»Sehr schön, Roman, wirklich«, Harry wirkt ein bißchen ungeduldig, »also würdest du es auch versuchen?«

»Sicher«, sagt Cycowski, »hab sogar schon kurz mit Mary in Berlin telefoniert. Sie kommt, wenn ich ihr sage – komm.«

»Na, um so besser«, grantelt Harry noch ein wenig, »solche Anrufe muß ich ja nicht mehr machen, ich bin ungebunden und werd's bleiben – unabhängig von den Frauen, unabhängig von den Deutschen, unabhängig von den Paragraphen – so, da sind wir schon zu zwein.«

Dann knufft er Erich so ein bißchen in die Rippen, daß der pikiert ein Stück zur Seite rückt.

»Wie steht's bei dir, Erich? Ich war vorhin nicht sicher, was du meinst; es ging alles so ein bißchen durcheinander, bist du mit von der Partie?«

Erich blinzelt Roman zu und sagt gelassen: »Sicher, hab sogar schon kurz Chantal zu Hause angerufen, sie soll unseren Anwalt mit dem Geld beauftragen. Sie kommt, wenn ich ihr sage – komm.«

Sie grinsen wie zwei Lausbuben, und Harry fragt mit künstlich strenger Miene: »Ist das so eine Art Vorkomplott, oder was soll das Spiel?«

»Das Kleine treibt das Große, sagt mein Vater immer, und das ist auch bei Komplotten so«, sagt Roman fröhlich.

Erich aber knufft jetzt Harry kräftig in die Rippen: »Sollte ich dir etwa sagen, daß ich nur dabei bin, weil Chantal zu faul ist, Deutsch zu lernen?« Er zwinkert ihm noch einmal zu, fängt das Monokel auf.

Harry schüttelt den Kopf, dann fragt er Ari: »Und was singt unsere kleine Nachtigall aus Kremikowski?«

Ari zuckt die Schultern.

»Mir egal. Ich mecht nur singen. Mache ich, was ihr macht. Scheene Frauen gibt es iiberall. Bin ich gekommen von Bulgarien nach Deutschland, komme ich auch nach Amerika.«

Wie auf ein Zeichen blicken alle nun zu Bootz, den einzigen, der sich noch nicht geäußert oder gar entschieden hat.

»Was guckt ihr mich so wie den letzten Mohikaner an? Ich weiß es nicht«, sagt der und klimpert mit den Fingern auf den Boden, »es ist nun mal nicht einfach.«

»Erwin«, sagt da Roman, »es ist sogar ziemlich einfach, Ursula ist Jüdin, Mensch, da kommt sie doch wahrscheinlich lieber heut als morgen nach Amerika.«

»Ich habe dir doch gerade gesagt, daß es nun einmal nicht so einfach ist«, sagt Erwin noch einmal und blickt für einen Augenblick verlegen drein; dann aber springt er plötzlich auf: »Das ganze Hin und Her ist doch vollkommen sinnlos. Ohne Bob ist diese ganze Diskussion ein riesengroßer Quatsch. Wenn er nicht will, dann geht es ohnehin nicht. Sitzen da oben auf dem blöden Sofa wie die Hausherren und erzählen dem Rest hier unten, was für ihn am besten ist. Ich bin doch nicht in eurer Synagoge.«

»Na, Moment, Moment«, sagt Roman, »lassen wir die Synagoge mal beiseite, Erwin; aber wenn es sein muß, geht es schlimmstenfalls auch ohne Bob, ein Baß wird in Amerika ja noch zu finden sein, im Land der unbegrenzten Meeglichkeiten, muß man halt ein bißchen tiefer suchen«, Roman schmunzelt, doch dann wird er wieder ernst. »Das wird aber nicht nötig sein, weil Bob die Gruppe über alles geht. Der braucht nur ab und zu seinen Papierhelm und ein großes Holzschwert, und dann rasselt unser kleiner Robert mal ein biißchen, daß es eine Freide für die Mutti wäre, und am nächsten Tag, da kann man wieder prima mit ihm reden. Und das sollte Harry machen.«

Harry zögert einen Augenblick; er denkt daran, wie Bob das erste Mal in seiner Kammer stand, an ihre ersten grandiosen Pleiten und Triumphe, die Jahre mit Biberti, »Baß und Boß der Gruppe« – und er denkt an Erna.

»Einverstanden, ich versuch's gleich morgen früh«, dann blickt er Bootz an: »Bis morgen mittag sollte jeder wissen, was er tut.«

Er geht zu Bootz, legt ihm seinen Arm über die Schulter, zieht ihn kurz heran, den kleinen, leicht blasierten Erwin, der ihm ständig in den Partituren rumgestrichen und oft genug gesagt hat, daß ihm eigentlich das Handwerk fehle; diesen kleinen Schnösel also drückt er jetzt ganz flüchtig. Dann steht er in dem vollen Zimmer, und sie spüren, daß noch irgend etwas ungesagt geblieben ist vor diesem morgigen erbarmungswürdigen und gnadenlosen Tag.

»Du vor allem, Erwin, solltest überlegen – gerade, weil es einen solchen Arrangeur und Pianisten selbst in ganz Amerika nicht noch mal gibt.«

Bob hat die Füße hochgenommen und starrt an die Decke, läßt den Blick zum Fenster wandern und die Wände hoch und runter laufen, bis er schließlich an den Schuhen hängenbleibt. Er liegt noch immer angezogen auf dem Bett, im Glas die schale Neige seines Schlummertrunks, der nicht geholfen hat, und grübelt sich, wie schon durch die vergangene Nacht, nun in den Vormittag.

Bob versteht die Welt nicht mehr, denn die ist plötzlich unerklärlich weit geworden, setzt ihm zu mit ihrer Nebelhaftigkeit wie eine lärmende Sirene, ohne ihn, Biberti, zu verführen. Nie hat er daran gedacht, aus Deutschland oder nur Berlin fortzugehen, und nun ist diese Welt über Nacht so groß geworden und traktiert ihn wie da nebenan die Jungs, die er, Bob Biberti, groß gemacht hat. Die würden wahrscheinlich immer noch durch ihre Kleindarstellergarderoben summen, hätte er sie damals nicht in einer Reihe aufgestellt, nach seinem Bild geformt und immer wieder hochgezogen, wenn sie unten lagen. Ja, da ist sich Bob ganz sicher, ohne ihn gäb's die Comedian Harmonists nicht, allerdings, dann hätte er jetzt auch nicht den Konflikt mit diesen undankbaren Weichlingen, die immer gleich davonlaufen, wenn irgend etwas einmal nicht nach ihren pomadierten Köpfen geht.

Er ist schon wieder wütend, auch, weil er natürlich

weiß, daß er jetzt ungerecht ist, hilflos und vor allem irritiert, und Bob weiß auch, daß er, genaugenommen, den berühmten Esel meint und auf den Sack einschlägt. Denn eigentlich ist Bob, seitdem sie in Amerika gelandet sind, nur eines: abgrundtief, unendlich, eben ozeanisch traurig.

Es klopft, Biberti ruft »Herein« und wälzt sich mißmutig vom Bett; die Tür geht auf, und Harry kommt ins Zimmer, sagt keinen Mucks, nicht »Guten Morgen«, nichts zu Bobs zerlegenem Anzug, Harry läuft nur wortlos auf und ab, dann setzt er sich zu Bob und sieht ihn an.

»Na, Spunt, was ist? Gar nicht beim Packen? Oder kriegst du wieder mal den Koffer nicht alleine zu, soll Onkel Robert helfen und die bösen Schlösser zumachen?«

»Die Gruppe ist das Wichtigste«, sagt Harry völlig ungerührt, »sie bleibt in jedem Falle wichtiger als jeder einzelne von uns, erst recht, als irgendwelche Dritten. Mit der Maxime hatten wir Erfolg, ich weiß, vor allem ihretwegen, also ganz besonders deshalb, weil gerade du sie immer wieder durchgesetzt hast, gegen alle und jeden, nicht zuletzt auch gegen mich und meine ›Mätzchen‹, Bob – das war in Ordnung. Warum soll das nicht mehr gelten?«

Ohne Stocken hat er seine kurze Rede bis zur Gretchenfrage abgespult, doch Bob gibt ganz genauso ungerührt zurück: »Das frage ich mich auch. Für mich bleibt sie das A und O, das Alpha und das Omega, falls so ein frommer Mann das kennt.«

Es ist ein zähes Wortgeplänkel, Harry hat noch nie so wenig Lust auf einen geistreichelnden Zweikampf wie im Augenblick verspürt, er will nur eins: die Gruppe retten und – seine Musik.

»Du bist der einzige, Bob, der sich weigert, Deutschland zu verlassen, also weigerst du dich, unsere Satzung einzuhalten.«

»Ihr seid das«, sagt Bob mit Eiseskälte, »ihr verwöhnten Muttersöhnchen ohne Arsch und Rückgrat, fallt sofort in Ohnmacht, wenn es einmal nicht nach euren langen Nasen geht. Ich dachte, gerade ihr glaubt an die auserwählte, ewige Gemeinschaft, aber ihr denkt nur an euch, ihr eingebildeten Mimosen – ihr stellt eure eigenen Interessen über alles andere und zieht Bootz und Ari auch noch mit hinein. Am Ende glaube ich noch selber an den Quatsch von eurer Weltverschwörung. Außerdem: ich hab euch meine Gründe vorgetragen, klipp und klar«, schließt Bob, und nun sitzt Harry wieder vor den weißen Steinen.

»Bob, du weißt genau: das stimmt nicht. Gründe sind was ganz, ganz anderes – was du erzählst, sind Ausflüchte. Musik ist international, *Ein Lied geht um die Welt*, denk doch bloß an *Les Gars de la Marine*, hat in Frankreich glatt die Marseillaise verdrängt, beinah wie du den Beifall auf der ›Saratoga‹, schiebst ihn weg, als hättest du auf ihr die erste Seekrankheit in deinem Leben durchgemacht. Wir müssen uns doch nicht vor deutschen Fahrstuhlführern oder Kabelhaltern fürchten, Bob, wir sind noch immer die Comedian Harmonists, wir können hier von vorn anfangen und die Zeit noch einmal ganz zurückstellen.«

Du aufgeblasener Spatz, denkt Bob, du bist bestimmt nicht die Comedian Harmonists, du bist ein kleines, blaugefrorenes Segelohr, mit Eiszapfen an deinen Schläfenlocken, das der Onkel Robert in der Hinterhofremise fand und aufgetaut hat.

Aber um ihm das noch einmal zu erklären, müßte Bob tatsächlich wieder ganz von vorn anfangen, also sagt er lieber: »Weißt du, Harry, meistens sind es Kleinigkeiten, die man früh begreifen muß; ich kann auch nicht dafür, wenn dich dein Vater immer nur zu seinen Proben mitgeschleppt hat, statt dir lieber ein paar Grundregeln mit auf den Weg zu geben. Eine hat mein Vater mir zum Beispiel schon mit drei oder vier Jahren eingebleut: Man darf die Uhr nie rückwärts stellen, immer nur nach vorn, sonst wird die Feder schlaff und zieht nicht mehr.«

Er darf sich jetzt nicht provozieren lassen, das weiß Harry so genau, und trotzdem tut es weh, denn Bob weiß ebenso, wie sehr er an dem Vater hing, wie oft er auf den Friedhof rennt – es ist wohl wahr, er ist kein guter Mensch, der Bob, da hat Roman einfach recht, aber er darf ihn nicht entwischen lassen. Bob muß sagen, wo er steht, und dann ... – dann wird klar Schiff gemacht.

»Hör zu Bob, das sind fadenscheinige Geschichten, komm mir jetzt nicht noch mit deinem Vater oder deiner Mutter, es geht hier um eine lebenswichtige Entscheidung ...«

»Ja, was glaubst denn du, was es für mich ist, du verblendeter Primat?! Du führst hier große Reden, dabei hast du es viel besser, deine liegen schließlich unterm Acker, aber ich hab meine Mutter in Berlin!«

Das hat gesessen, doppelt, dreifach, zehnfach sticht es Harry in die Brust; zuerst den Vater, dann die Mutter, schließlich gar den Tod der beiden, mit dem Harry es viel besser habe, und zum Schluß die eigene Mutterliebe in die Waagschale zu werfen, das hat allerdings schon rabenschwarze Größe. Schade, daß ihn keiner von den anderen hören kann. Roman würde sich wahrscheinlich gleich von Bob verabschieden, mit einem letzten Händedruck, soviel ist sicher. Erich würde eine letzte Zigarette rauchen und die Spitze mit besonderer Betonung an den Mund führen, und dann würde er vermutlich grußlos aus dem Zimmer gehen. Wir haben eben Haltung, unvorstellbar, über die verstorbenen Eltern eines anderen so unempfindlich und nur aus Berechnung herzufallen, denkt Harry und: wahrscheinlich sind wir doch – zum Glück – sehr anders.

Aber im Moment geht es nicht darum, Bob zu einem besseren Menschen, sondern erst einmal zum Bleiben zu bewegen. Der geht jedoch nach diesem regelwidrigen Verstoß schon zum Angriff über.

»Du spielst mal wieder die verfolgte Unschuld, Harry, die von allen nur gehetzt wird und der jeder Böses will. Dabei bist du es, der die ganzen Wochen hetzt, die anderen aufwiegelt, die Heimat zu verlassen, nur, weil du es willst, nur du. Wie sollte denn ein Mann wie Bootz zum Beispiel auf den Einfall kommen, Deutschland zu verlassen, kannst du mir das sagen? Nein? Dann sage ich es dir: weil du mit deinen Raffkemärchen alle irremachst, mit deinen Dollarklimpereien spielst du ihnen vor, sie würden hier das große Glück erobern, und nur hier und nur, weil du es willst – so seid ihr nämlich wirklich alle, bloß Dukaten auf den Augen.«

»Du liest wahrscheinlich doch zu viele deutsche Zeitungen, Bob, das bleibt selbst für eine ›unumstößliche‹ Persönlichkeit wie deine nicht ganz ohne Folgen, wie man sieht – du schwatzt inzwischen fast mehr krauses Zeug als dieser junge Sturmtruppführer, der uns irgendwann einmal begegnet ist, du wirst dich nicht erinnern. Sowenig wie daran, daß Ursula die Frau von Bootz und Jüdin ist – nur, um die Frage zu beantworten, warum ein Mann wie Erwin auf den Einfall kommen könnte, Deutschland zu verlassen. Meinen Raffkemärchen glaubt der sicher weniger als du den Gruselmärchen aus den Zeitungen.

Und falls du sogar das vergessen haben solltest: Wie

ich fürchte, habe ich nur wenig Spielraum, erstens, zweitens, drittens – Bob, wir w o l l e n nicht weg, wir m ü s s e n.

Für uns drei ist das kein Ausflug in die Sommerfrische, und selbst Ari hat begriffen, daß für ihn in Deutschland nichts so bleibt, wie's ist, wenn wir uns trennen. Warum willst denn ausgerechnet du das nicht verstehen, Bob, du warst doch sonst immer der Schlaueste, wirst du alt, kriegst du denn überhaupt gar nichts mehr mit?«

Gelungene Dreierkombination, hat sich Harry auch mal aus der Defensive rausgewagt, nicht schlecht; erst Deckung öffnen, scheinheilige, linke Gerade auf den Kopf zu, dann für wenige Sekunden Hände baumeln lassen, einen Haken höchstens in die Luft, um dieses leichtsinnige Kompliment an den verdutzten Mann zu bringen, und ihn dann, mit dieser abschließenden, bösen Rechten in die Wirklichkeit zurückzuholen, alle Wetter, Harry – und der schwer getroffene Bob sagt resigniert: »Hau endlich ab, nimm alle mit, obwohl ich nicht mal glaube, daß du deine beiden Glaubensbrüder einfach überredet kriegst, geschweige Bootz und Ari – noch ist selbst hier in Amerika nicht aller Tage Abend. Ganz im Gegensatz zu dir liebt Roman nämlich dieses Deutschland zufällig, und Erich findet allemal einen Trick, zu überwintern, bis der Spuk vorbei ist. Ich sage es dir noch einmal: D u bist es, der aus Deutschland weg will, du allein. Und irgendwann wirst du genau so dastehen, Harry – so allein wie eine Mutterseele. Und nun gute Fahrt, man soll bekanntlich Reisende nicht aufhalten.«

Bob steht jetzt auf, die Sache ist für ihn erledigt, morgen wird sich zeigen, wer hier nichts mehr mitkriegt; schade, daß er keine Lust hat, eine Wette abzuschließen, aber, denkt er, Wettschulden sind ja bekanntlich Ehrenschulden, und wer weiß, ob ausgerechnet so ein ... Na ja, lassen wir das.

Bob winkt ab, er tritt auf die Terrasse und blickt unbeteiligt auf die imponierende Kulisse von New York – und die Kulisse von New York fällt plötzlich um. Denn jetzt verspürt er einen dumpfen Schmerz am Hals, Bob wird zurückgerissen, hinter ihm steht Harry, hat ihn fest beim Kragen und schreit geradeso, als habe man ihn selber am Schlawittchen: »Du sturer Hund, du Dickschädel, du Jammerlappen, du hast doch nur Angst, daß du erledigt bist, wenn du zurückkommst – Bob Biberti, Alleinunterhalter, ehemals Comedian Harmonists. Und das geschieht dir dann ganz recht, weil du es bist, der Angst um seine Pfründe hat; du hast doch nur dein Bankkonto im Kopf, deine Achtzimmerwohnung, deine Weiber ...«

Harry unterbricht sich zwar noch, doch es ist heraus, heraus und rundherum zu spät, er hat sich, aufgewühlt, wie er nun einmal ist, am Ende doch verraten.

Jetzt macht sich Bob energisch los: »Ah, immer noch, du hast sie immer noch nicht aufgegeben, willst mir einfach nur den Rückweg abschneiden, indem du mich hier unter einem Cowboyhut für alle Ewigkeiten einmottest – wenn du sie nicht bekommst, dann soll ich sie natürlich auch nicht kriegen, ist es das? Dir geht es nämlich weder um die Gruppe noch um die Musik oder die Ursula, und schon gleich gar nicht um die Politik!«

»Mir nicht, Bob, aber denen, du vollkommener Idiot! Oder glaubst du vielleicht, daß ich im Ernst, wie du, nur Ernas wegen unsere Existenz als Gruppe opfern würde?!«

Harry zittert, und Biberti sagt lakonisch: »Doch, das glaub ich, Harry, unbedingt sogar.«

Und Harry weiß, daß er Bob jetzt unbedingt eins in

die Fresse geben muß, auch wenn es eine weite Reise für die kleine Faust, da hoch zu seinem Kinn, wird, immerhin so weit, daß Harry unterwegs an Erna denken kann und daran, daß er ihr diese Revanche schuldig ist, selbst wenn er sie nie wiedersieht – »Gib mir den letzten Abschiedskuß« – die Faust ist auf Bibertis Nase angekommen, schwingt zurück, und jetzt sieht Harry etwas Großes, Helles auf das eigene Gesicht zufliegen, und für einen Augenblick verabschiedet sich Harry selbst.

Als er die Augen wieder öffnet, sieht er Bob, der seine Nase sorgenvoll befühlt und sie mit einem Taschentuch betupft; da kann er fast ein bißchen stolz auf seine Rechte sein, denkt Harry, aber irgendwie kommt ihm sein Ohr so heiß vor, als er hört, wie Bob sagt: »Der vollkommene Idiot bist du, Harry, denn du begreifst nicht das geringste: Ich kann Deutschland nicht verlassen, weil ich meine Mutter nicht verlassen kann. So einfach ist das. Und jetzt mach gefälligst, daß du rauskommst.«

Harry zieht sich langsam hoch und sagt mit schiefem Mund: »Übrigens, der Satz, du würdest deine Mutter lieben, ist inzwischen selbst der einzige, woran zumindest noch Roman bei dir glaubt. Nun ja, den hat er uns voraus – den festen Glauben, meine ich.«

Dann geht er, ohne sich noch einmal umzudrehen, auf die Tür zu, und Biberti knurrt nur angeödet hinterher: »Anlegen Reisegarderobe achtzehn Uhr. Ablegen zwanzig Uhr.«

Verbrechen lohnt sich nicht – schon gar nicht ein Komplott von solcher Schwere, denn am Ende sieht man die Beteiligten mit langen und betretenen Gesichtern stehen, und keiner will dem anderen in die Augen sehen. Von einem Häufchen Unglück kann man jetzt schon kaum mehr sprechen; wer die fünf Verschwörer vor dem Eingang des Hotels erblickt, erkennt sofort den ausgewachsenen Berg, der sich da auf den Weg zum ungeliebten, selbstgefälligen Propheten macht; Bob sitzt wartend und im Kreise seiner Taxifahrer, die verlorenen Schäfchen einzusammeln und der Herde wieder zuzuführen.

Im Foyer sitzt Harry, der geprellte Komplotteur, und sieht sie, einen nach dem anderen, aus ihren Löchern kommen – die Ratten betreten das sinkende Schiff.

Als erster erscheint Ari, nun, das war von vornherein nicht auszuschließen; genausowenig wie die Möglichkeit, daß Ari schnurstracks zu Bob lief und alles brühwarm ausgeplaudert hat, um, bei einem ungewissen Ausgang der Verschwörung, nur nicht zu den Verlierern zu gehören. Bootz schleppt jetzt als nächster sein Gepäck zu einem dieser gelben Wagen, und auch damit hatte Harry rechnen müssen, trotz Ursula und trotz seines Versöhnungsangebotes, das er ihm am Schluß der nächtlichen Besprechung vor den anderen gemacht hat. Auch bei Erwin ist nicht ausgeschlosssen, daß er sich mit Bob noch einmal beraten haben könnte. Ihre Sachen sind in einem Kofferraum verschwunden, und jetzt debattieren sie, wie's scheint, mit Bob, wie lange man noch warten soll. Der hält die Pflasternase in den Wind und blickt sich suchend um, dann auf die Uhr, und schließlich schüttelt er den Kopf.

Im Foyer erscheinen Roman und Collin mit ihren Koffern, Harry hält die Zeitung vor seine zerschrammte Stirn, die Zeitung zittert, raschelt wie ein ganzer Blätterwald. Die beiden kommen auf ihn zu, und Roman sagt: »Wir kommen gerade aus deinem Zimmer, Harry, haben iiberall nach dir gesucht» – und die Verlegenheit ist ohne Grenzen, maßlos, überbordend und liegt wie ein schwerer Schatten auf dem traurigen Gesicht von Roman, »wollten nur die Koffer schon zum Taxi bringen.«

Erich ruckt an seinem Augenglas, dann setzt er sich zu Harry und nimmt ihm die Zeitung aus der Hand.

»Wir müssen jetzt vernünftig sein. Die Argumente leuchten ein; auch Bob will weg aus Deutschland, aber nicht sofort und nicht hierher, in dieses riesige Amerika. Er hat mit mir gesprochen, heute morgen, und ich finde, er hat recht. Wir singen fast nur deutsche Lieder, für ein deutschsprachiges Publikum, und Bob meint, daß wir erst einmal nach Wien gehen sollten, falls wir endgültig verboten würden. Und wenn er dann wieder mal sein Wort nicht hält, gehen wir alleine«, Erich schmunzelt jetzt schon vorsichtig, »in Wien, da finden wir im Ernstfall sicher auch viel leichter einen Baß- und Boßersatz als in New York.«

Er schaut zu Roman, der mit Leichenbittermiene und mit leeren Augen die Hotelhalle vermißt; dann blickt er Harry gerade an.

»Kann sein, er hat uns wieder iiberrumpelt, aber ich vertraue Erich, daß er merkt, ob Bob es ernst meint oder nicht. Man muß ihm Zeit zum Iiberlegen geben, so wie jedem anderen Menschen auch, nicht ewig, aber doch ein biißchen. Und wir selbst könnten dann auch in aller Ruhe unsere Frauen und unser Geld herrausbringen, das ist das Wichtigste. Na, und wenn er uns wieder nur betriigen will, dann hatte e r den besten Einfall u n s e r e s Lebens, und wir steigen ohne ihn ganz einfach in den Zug.«

Harry sitzt in einem Sessel im Foyer und träumt. Im Traum erscheinen Roman und Collin und haben seine

Koffer in der Hand, sie nehmen ihn behutsam in die Mitte und erklären ihm, er müsse, ausnahmsweise einmal, sehr vernünftig sein, der Bob, der habe, ausnahmsweise einmal, einen tollen Plan, und sie, Roman und Collin, sie würden, ausnahmsweise einmal, glauben, daß der Bob es diesmal ehrlich meinen könnte.

Und am Ende dieses Traums denkt Harry noch: In aller Ruhe. Und: Ganz einfach. Und zu guter Letzt denkt Harry: Erna.

Dann wacht er auf und sagt auf einmal, geradeso, als müsse *er* die Zweifel seiner Freunde in den letzten Winkel dieser großen, weiten Welt verbannen: »Sicher, Jungs, es ist bestimmt das beste: fahren wir nach Hause.«

Eine Seefahrt, die ist lustig, und erst recht, wenn sie zu Ende geht. Ein solch Gewimmel möcht ich sehen auf den Landungsbrücken Bremerhavens, denkt Biberti; wo die Lautsprecher die maritime Polka böhmischer Gebirgsbezwinger blasen und die Menschen das Massiv des Ozeanriesen ehrfurchtsvoll an sich vorüberziehen lassen, da ist seine Heimat, da ist Bob zu Haus. Was braucht er Welt, was braucht er Weite – was er braucht, das ist ein Publikum, am besten eines wie da unten, dichtgedrängt und ahnungslos, woher wir kommen und wohin wir gehen. Bob blickt auf die Pier hinunter, sieht sich die Leute an, und er weiß, er ist noch lange nicht am Ende, ganz im Gegenteil, dann geht die Kiste richtig los, und wenn er das Problem gelöst hat und die Jungs tatsächlich zu den Hofräten und in die schwülstigen Kaffeehäuser verschwinden, bitte, sollen sie mit Fiakern um die Burg fahren, sich bestaunen lassen und erzählen, wie sie gerade noch entwichen sind, dann ist halt über allen Kipferl'n Ruh. Für Bob zählen die da unten, ahnungslose, amüsiersüchtige Narren, die nicht wissen müssen, was Septimen, Terzen und das dreigestrichene »G« bedeuten, die den Schlager für das Leben nehmen und das Leben, ab und zu vielleicht, für einen Schlager. Soll sich Harry doch zu Tode sublimieren – eines Tages pfeift der auf dem letzten Loch und denkt, es wäre eine nachgemachte Tuba – Bob ist für die Masse da, Bob will da oben auf der Bühne wie auf einer Brücke stehen, sich beklatschen lassen und es insgeheim genießen, wie er sie am Bändel führt: Ihr naht euch, winkende Gestalten.

Die Comedian Harmonists sind angekommen, schreiten jetzt über das Fallreep, und sie sehen nicht alle glücklich aus, wie es sich für den Ort und für den Anlaß schickt: geschlagen ziehen wir nach Haus, die Frauen fechten's besser aus.

Als erste kommt Chantal herangestürmt, fällt Erich um den Hals, es folgt ein Kuß, der Sittenwächter alarmieren müßte, aber hier ist nur die Hafenpolizei, die beinah von der Pier gewedelt wird, denn eben fliegt der Mädchenschwarm heran, der Ari ausgemacht hat und Sekunden später wie eine schwere Traube an dem dürren Rebstock hängt.

Joseph und Maria stehen am Ufer, doch sie sehen aus, als hätte Mary ihren Roman gerade empfangen und gefragt, ob er nicht irgendwas von einem Kind gehört hätte, das man in einem Stall gefunden haben soll – so keusch, so rein, so innig mutet die Begrüßung nach all diesen Wochen an, und selbst, wenn jetzt auf einmal jemand übers Wasser liefe oder sich das Meer in seiner Mitte teilte – Mary würde Roman in die Augen blicken, geradeso, als wären sie der Ozean, und Roman würde ihre Haare durch die Hände fließen lassen, geradeso, als wären sie ein unbändiger Fluß.

»Schlechte Karten für das Münchener Konzert«, sagt Mary lächelnd und macht sich von Roman frei, »die Leute, Roman, na, du weißt doch ...«, Roman sieht sich nach den Leuten um, die haben scheinbar andere Sorgen. »Ausverkauft«, sagt Mary, »nach zwei Tagen restlos ausverkauft.«

Mary geht auf Harry zu, sie nimmt ihn in die Arme, zieht ihn fest an sich heran: »Na, freust du dich?«

»Was ist das bloß für ’ne Bewegung«, antwortet Harry, »fast zweitausend Leute passen da hinein, die hätten doch den Marsch auf den Konzertsaal einfach untersagen können, fünfzehn Jahre Festungshaft für jeden, der nach einer Karte fragt, und Schluß!«

»Na bitte«, sagt Biberti, der die ganze Zeit die Menschenmenge wie ein Astronom eine noch unbekannte Sternenwolke, weiß der Himmel, wonach, abgesucht hat. »Die hätten beinah nicht auf mich gehört, das mußt du dir mal vorstellen, Mary. Haben wirklich alle Cowboypferde scheu gemacht, total umsonst.«

Fast so umsonst wie Ursulas Bemühen, zu begreifen, daß die Zeit fliegt und die Menschen sicher in ihr landen wollen und Erwin deshalb einsilbig und steif wie ein Lineal vor ihr steht, weil er glaubt, er habe jetzt die Zeichen dieser Zeit verstanden und er müsse nun auf ein Format zusammenschrumpfen, das in sie hineinpaßt.

»Bist du krank? Ist was passiert? Habt ihr euch auf der Überfahrt gestritten – deine Karten waren doch so begeistert.«

»Nein«, sagt Erwin, »es war mehr ein Widerstreit in mir, einen Entschluß zu fassen. Es gab ein paar Tage, da hat Harry uns zum Bleiben überreden wollen, verstehst du?«

»Freilich«, sagt sie und versucht noch einmal, Erwin

zu umarmen, wieder mit nur mäßigem Erfolg. »Ich lese schließlich den ›Beobachter‹, schon, um nicht aufzufallen. Stell dir vor, ich habe manchmal selbst daran gedacht, wie es wohl wäre, wenn ihr in Amerika geblieben wäret.«

»So«, Erwin reißt es fast das Herz in Stücke, »und wie wäre es gewesen? Hättest du diesen geschliffenen Optiker genommen, meine kleine Brillenschlange?«

»Bootz, du bist das alte Scheusal«, sagt sie zärtlich, und nun hat sie ihn im Nacken, und er ist auch nicht mehr ganz so steif, doch um so nachdrücklicher macht er sich von Ursel los.

»Es hat etwas mit uns zu tun, nicht mit Amerika – zumindest nicht so direkt«, sagt Erwin, »ich erkläre dir das später.«

Und dann will er seinen Koffer nehmen und mit ihr zum Ausgang streben, aber Ursula steht plötzlich fassungslos vor ihm, die Rollen sind vertauscht, jetzt sieht s i e steif wie ein Stock aus, so daß Erwin seinen Koffer wieder abstellt und sie in den Arm nimmt. Und was er ihr nun zu sagen hat, ist eigentlich, fürs erste jedenfalls, allein für sie bestimmt – doch alle hören den unterdrückten Aufschrei Ursulas, die sich entsetzt und kreidebleich in Erwins Schultern krallt und schließlich, wie vom Schlag getroffen, reglos stehenbleibt, als der sich abermals von ihr befreit und nun allein zum Taxi geht.

Unendlich traurig scheint das Landleben auf einmal, und selbst Unbeteiligte vergessen einen Augenblick lang ihre Angehörigen, Geliebten, Bräutigame und was sonst noch über Bord gespült wird.

Erna eilt herbei, und Harry rutscht der Koffer aus den Fingern; seine Hand ist also frei und könnte sich entscheiden zwischen einem Flug zu Erna oder einem Sturz in die verbeulte Hosentasche, eine Wahl, die Bob ganz wesentlich erleichtert, der auf Erna zugeht und sie wie ein Schauermann umarmt, daß ringsum nirgendwo ein Mensch mehr glaubt, daß Seemanns Braut die See sei. Schließlich macht sich Erna frei, sie kommt auf Harry zu, die nachgewachsenen Haare flattern wie die Wimpel an den Masten, Harry nimmt die Hand schnell wieder aus der Hosentasche, reicht sie Erna und sagt, um die Aufregung zu unterdrücken, wie beim Krämer um die Ecke: »Hallo, Erna.«

Und die sieht ihn ganz, ganz lange an und sagt, nicht weniger verwirrt: »Willkommen, Harry – schön, euch wieder hier zu haben.«

Und jetzt nimmt sie ihn kurz bei den Ohren, Harry kommt sich vor wie Jahre früher und in einem Strandbad, aber Erna drückt ihm nur verstohlen einen Kuß auf beide Backen, dann geht sie auf die andere Seite. Nein, nicht zu Biberti, Erna geht, fast wie die Heilige Johanna und nicht ohne ihren Unmut zu verbergen, rasch zu Ursula, die immer noch, versteinert und unfähig zu einer Träne, auf demselben Fleck steht. Erna nimmt sie in den Arm, sie streichelt ihr die Wange, flüstert ihr etwas ins Ohr; Ursula zieht die Schultern hoch, und schließlich hakt sie sich bei Erna unter, und so gehen sie auf den Ausgang zu.

Bob blickt vergrämt den beiden hinterher, doch eigentlich ist er nur ärgerlich auf sich, daß er den sicheren Punkt verschenkt hat – wäre leicht gewesen, Harry mit so einer kleinen Geste auszustechen; hätte bloß hinübergehen müssen, ihr mal kurz den Scheitel streicheln und sie drücken können. Und Erna wäre hin, vielleicht sogar ein bißchen eifersüchtig auf die frei gewordene Ursula gewesen, aber – so was steckt nun mal nicht drin in Bob, er ist kein Kavalier, vom alten Schlag sowenig wie vom neuen, nicht zu ändern, Bob, was soll's.

Harry ärgert sich nicht weniger und fast genauso über sich, das heißt: beinah genauso, denn es tut ihm nicht, wie Bob, um irgendeinen Punkt leid, den er gegenüber ihm verloren haben könnte – Harry schämt sich allen Ernstes für die Spezies, ärgert sich, ein Mann zu sein, genauer, so ein Blödmann, also gar kein Mann zu sein; ein Trottel wie Bootz selber, der die Ursula da stehen läßt wie ein Lümmel, der die Dorfstraße entlangkommt, sie mit seinen Blicken auszieht und denkt: Woher kommt die Fremde?

»Oft kopiert und nie erreicht! Einmalig! Gastspiel! Die Comedian Harmonists!« Münchens Litfaßsäulen weisen Ortsunkundige wie Einwohner auf das Ereignis in den Mauern der bewegten Stadt hin. Menschengruppen, die vom Bahnhof in die Maximilianstraße laufen, werden langsam größer und vereinen sich mit anderen, die aus den Seitenstraßen quellen wie der süße Brei – alles zu werden, strömt zuhauf. Auf dem asphaltenen Platz vor dem Theater herrscht ein Volksauflauf wie sonst nur auf der Wies'n, und die Prozession, die zum Konzertsaal zieht, wird immer größer, mächtiger, gefährlicher. Die Menge schiebt sich auf den Eingang des Konzertsaals zu, der Marsch auf Münchens Festhalle gerät zu einem äußerst heiklen Gewimmel, das an Stierkämpfe in der Arena von Sevilla weitaus mehr erinnert als an einen Musentempel, wo sich festlich eingemummte Müßiggänger wieder einmal richtig amüsieren wollen, ohne sich von Shakespeare, Dante oder anderen alten Zauseln malträtieren zu lassen.

Ästhetisch deckt der Garderobier den Varietétisch: hier ein Puderdöschen, da ein Pinselchen, das Schälchen mit der Creme, Eau de Cologne und – vor allem das Pomadennäpfchen nicht vergessen, damit unser Sextett richtig schön brillieren kann.

Die Tür fliegt auf, der ganze Plunder schießt durch die Kabine, Bob wischt mit dem Ärmel noch einmal über den Tisch, dann kracht er einen Brief auf die polierte Marmorplatte.

»Depesche vom Reichskulturkämmerer«, Bob blickt kurz zu Harry, dann reißt er das Schreiben aus dem amtlichen Kuvert. »Hat sich ausgesungen«, flucht er und liest auszugsweise vor.

»... ›mit sofortiger Wirkung untersagt‹ ... dieser Misthund ... ›allerdings bleibt es Ihnen unbenommen, sich nach Zulegung‹ ... die sind total verrückt geworden, so was kann nur ein Gemütskranker verfassen ... ›eines deutschen Namens und mit anderen arischen Musikern‹ ... oh, dieses Schweinevolk, ich könnte sie ...«

Es ist schon fast wieder vorbei, als Bob sich über Harry beugt; der hatte nur die Hand auf den gekrümmten Bauch gepreßt, kurz aufgestöhnt und ist dann, wie ein kleines Kind, vom Stuhl gefallen und hat zu jammern angefangen.

»Harry«, sagt Biberti, »ich weiß, daß es dir und uns jetzt nichts mehr nützt, aber du hattest recht: wir hätten bleiben sollen – bleiben müssen.«

Harry lächelt schief, und Ari kommt herangekrochen und fragt: »Was bedeitet das, Bob? Ist ganz schliimm? Der Harry kann uns doch pletzliich niich verlassen!?«

Harry hebt die Hand, es wirkt beinah tatsächlich so, als wolle er, ein welker Greis, den Angehörigen ein letztes Mal noch übers Haar streichen; er kann schon wieder spöttisch röcheln, richtet sich ein wenig auf und sagt zu Ari: »Das bedeutet, daß wir endgültig verboten sind, mein kleiner Ari, daß es ein für allemal vorbei ist und daß wir uns trennen müssen.«

Und Klein Ari schaut ihn an, er kniet vor Harry, schluckt die Tränen und sieht aus, als hätte ihm gerade jemand seinen Schnurrbart abgenommen.

Es ist die sprichwörtliche Unruhe der Herzen, die sich jetzt im Saal verbreitet, denn das Publikum klatscht längst schon fordernd und energisch, daß die Jungs da hinterm Vorhang sich gefälligst zeigen sollen; es schaukelt sich gerade rhythmisch in die richtige Premierenlaune, um die neuen Lieder ihrer alten Harmonisten, die in den Programmen angekündigt sind, nun endlich selbst zu hören. Allerdings – auch erste Unmutsäußerungen scheinen sich vom Rang her Luft zu machen. Buhrufe ertönen, doch noch klingen sie nur wie verlorene Krähenschreie inmitten eines aufgestiegenen Vogelschwarms.

Mit einem Schlag jedoch verstummen Vogelschwarm und Krähenrufe, beide fallen im vollen Flug vom Bühnenhimmel, denn nicht die Comedian Harmonists erscheinen vor dem Vorhang, sondern ein paar Schulterstücke, die zur Uniform eines Kuriers gehören. Die Epauletten wenden sich nach links und rechts, dann zucken sie und hüpfen von der Bühne, bahnen sich den Weg durchs Publikum, die Sitze hoch, die Reihen fest geschlossen; eine Welle aus bekennendem Ressentiment, gepreßtem Starrsinn und verhaltener Neugier spült sie durch den Saal, und schließlich sind sie durch den Notausgang davongetrieben.

Fast wie ein paar glücklose Ganoven, die nach dem mißlungenen Überfall versuchen, unerkannt und über eine Nebentreppe aus dem Bankgebäude zu entwischen, sehen unsere sechs aus, als sie der Kurier erblickt. Die Hüte ins Gesicht gezogen, noch die Mantelschläge offen, unter denen sie die Taschen an sich pressen, huschen sie in einer Reihe durch den langen

Flur – beinahe wie in ihrem Lied vom »Maskenball im Gänsesestall«.

Immer wieder hören sie die Rufe: »Anfangen, anfangen, aaanfaangen!« Aber auch das eine oder andere »Buh« ist noch dabei, und plötzlich, direkt hinter ihnen und in ihrem Rücken, dieser Schrei: »Halt! Hiergeblieben!«

Atemlos hält der Kurier Collin am Ärmel fest.

»Meine Herren. Sie m ü s s e n heute abend noch einmal auftreten!«

»Sie meinen sicher – abtreten!« sagt Harry. »Wie Sie sehen, sind wir gerade im Begriff, endgültig von der Bühne abzutreten.«

Der Kurier nimmt seine Mütze ab, ein Taschentuch aus seine Hosentasche, wischt den Mützenrand aus und versteht nicht, daß berühmte Leute manchmal mit so wenig Geist gesegnet sind, daß sie die einfachsten Geschichten nicht begreifen.

»Ich habe Ihnen eine Ausnahmegenehmigung zu überbringen, meine Herren, und zwar für diesen Abend. Falls Sie nicht verstehen, Sie dürfen heute noch mal auftreten – ich meine selbstverständlich – müssen heute diese Vorstellung bestreiten!«

Eigentlich macht er gar nicht so einen Unfreundlichen, wenn auch der Eindruck jetzt natürlich so gespalten wie die überbrachte Nachricht selber sein mag, aber Bob denkt unwirsch: Früher wurden solche Boten gleich geköpft, zum mindesten rasiert und ohne Wasser wieder zu den Auftraggebern heimgejagt, und so sagt er unnachgiebig: »Gehen Sie zurück und sagen Sie den Herren da, daß es sich ausgemußt hat. Wer nicht will, der hat schon, bitte sehr, dann nicht, soll'n weiter ihre Liederabende veranstalten, aber dann nicht mit uns.«

Und nun müßten sie wohl einfach weitergehen, den

Kurier Kurier sein und ihn stehen lassen, doch statt dessen lungern sie nun selbst unschlüssig auf dem Flur herum, sehen alle miteinander wie die sieben Zwerge aus, die die sich in einem ihrer engen Stollen festgefahren haben, unfähig, ein Licht zu zünden.

Drinnen ist das Publikum noch uneinsichtiger geworden; es mag allmählich die Verspätung nicht mehr hinnehmen, wird immer heftiger und lauter, und der Kurier spricht plötzlich so, wie sein Gesicht aussieht – ganz freundlich und fast wie ein alt gewordener Garderobier: »Denken Sie doch bitte mal auch an die Zuschauer da drinnen, meine Herren. Halb München hat sich wochenlang auf Sie gefreut.«

Das sagt der nicht, um seinen Hals zu retten, grübelt Harry, der hat wirklich etwas übrig für die Leute, die da drinnen mittlerweile angefangen haben, auf die Sitzlehnen zu trommeln. Vielleicht hat der sogar für uns was über, kann doch sein, denkt er, blickt zu Roman und holt tief Luft.

»Der Herr hat recht: Es ist doch u n s e r Publikum, versteht ihr, es sind unsere Zuschauer und unsere Lieder, es ist unsere Vorstellung, und es ist vorläufig noch unser Abend.«

Er schaut zu Bob, der sieht zu Erwin, der schielt vorsichtig zu Ari, weiter geht's zu Erich. Der Blick geht wie der Plumpser um, bis sich das Kreisspiel schließt und alle Blicke sich wieder auf Harry richten.

Vom Flurende her eilt auf einmal eine zweite Uniform auf die Comedian Harmonists zu, wird unheimlich schnell größer und steht Augenblicke später schon vor ihnen. Ihr Träger ist die helle Aufregung persönlich, und er läßt die sechs befürchten, daß er jederzeit aus seinem strengen Tuch herausspringen und sie zusammenschreien könnte wie ein paar verschlumperte Rekruten.

»Mensch, wo bleiben Sie denn!? Tempo, Tempo, los, los, auf die Bühne, die zertrampeln mir noch das ganze Haus!«

Er macht Anstalten, sie sofort eigenhändig auf die Bühne zu verbringen, schubst jedoch erst einmal den Kurier beiseite, und dann drückt er Harry etwas unsanft in den Rücken und in Richtung Vorhang, so daß der Gelegenheit nimmt, seinen Klassiker für solche unschönen Begegnungen mal wieder an den Mann zu bringen.

»Fassen Sie mich besser nicht an, wissen Sie, der letzte, der das versucht hat, spricht nicht gern darüber, wie es ausgegangen ist.«

Ein erstes Grinsen huscht über Bibertis noch vor kurzem wütendes Gesicht, schwebt schon zu Erwin, treibt zu Erich weiter, fliegt zu Roman, landet zwischendrin bei Ari, hat sich also nicht verschlechtert, unser Plumpser, sondern klammheimlich vom irritierten Blick der Vorrunde zu einem rechtschaffenen Grinsen ausgewachsen, das als Siegerlächeln auf den Zügen Harrys liegenbleibt.

»Geduld ist eine edle Tugend, junger Freund«, sagt Harry nachsichtig zu dem weit Älteren, »und eine Tugend der Bewegung ganz besonders, schon seit ihren ersten Anfängen, das sollten Sie doch vielleicht wissen. Also, einen Augenblick zur inneren Sammlung brauchen wir schon noch – Entschuldigen Sie vielmals.«

Und jetzt schiebt Harry eigenhändig erst einmal die Uniform beiseite und dreht ihr den Rücken zu, und dann hält er den anderen die offene Hand hin. Unter früheren Umständen wär das in jedem Fall die Stunde Bobs gewesen, ihm ein Pfennigstück hineinzulegen, um mit diesem wirklich auf der Hand liegenden Scherz mal wieder vorzuführen, wer von ihnen beiden die Bastion der besten Witze hält; doch jetzt ist Bob der erste, der die Hand von Harry nimmt und seine eigene hineinlegt. Eine nach der anderen Hand folgt Bibertis, schließlich die von Erwin, dessen Ringfinger nun eine tiefe Kerbe ziert.

Und wieder einmal tapst ein halbes Dutzend Pinguine auf die Bühne, wieder einmal lüftet Erwin seinen Frack und nimmt am Flügel Platz, und wieder einmal ist die Perlenkette aufgefädelt, wartet auf ein Zeichen Harrys und beginnt sich langsam einzuschwingen.

Doch die aufgeregte Uniform ist aus dem Schatten ihrer miserablen Vorstellung und aus dem Flur heraus- und vor das Mikrofon getreten, und kein einziges Gesicht im ganzen Saale kann es mit der Wichtigkeit von dem aufnehmen, das da vorn über den Kragenspiegeln thront. Die Augen suchen jetzt auf einem Zettel mühsam einen Halt zu finden, auch die Lippen scheinen willig, der Bedeutung dieses Augenblickes angemessen, sich zu öffnen und ein paar gestanzte Worte auszugeben.

»Meine sehr verehrten Damen, meine Herren! Es ist nur einer einmaligen Ausnahmegenehmigung des Münchner Gauleiters zu danken, daß Sie diesen Auftritt der Comedian Harmonists erleben können. Denn in unserer deutschen Heimat ...«

Harry hat ganz plötzlich einen Schritt nach vorn gemacht und sich unter dem Blick des Publikums von hinten an den Redner herangeschlichen, und auf einmal, zappzarapp, liegt die geschichtsträchtige Rede in den Händen Harrys. Der hält triumphierend das Pamphlet hoch über seinen Kopf, er hüpft und zappelt wie in seinen besten, oder wie Biberti sagen würde, schwächsten Stunden, auf der Bühne und vor ihren

Zuschauern herum, er schnalzt und albert – Harry macht zum letzten Male Mätzchen.

Schließlich weist er seinen Vorredner mit ausgestrecktem Arm und theatralisch von der Bühne, und das Publikum beginnt spontan zu applaudieren und beendet seine Beifallskundgebung nicht vor dem Augenblick, in dem die Uniform hinter dem Vorhang so verschwunden ist, wie sie erschienen war.

Doch dann wird Harry ernst, er hält das Blatt dicht vor die Augen und beginnt zu lesen, und die Zuschauer verharren tonlos auf den Sitzen wie bei einer Totenrede.

»In unserer deutschen Heimat wird dieses Vokalensemble heute abend letztmalig zu hören sein, unwiderruflich, jedenfalls in seiner jetzigen Besetzung. Sicher ist es noch nicht allgemein bekannt, daß diese Gruppe zur Hälfte aus jüdischen Sängern besteht. Wenn Sie vielleicht aufgrund der neuen Umstände noch das Konzert verlassen möchten, haben Sie Gelegenheit dazu und können sich Ihr Geld am Eintrittsschalter holen. Alle eventuellen anderen Einnahmen gehen an das Winterhilfswerk. Vielen Dank. Heil Hitler.«

Im Saal ist es so still, daß man es flattern hört, als Harry jetzt das Blatt ganz einfach auf die Bühne fallen läßt, wo es mit einem leisen Rascheln liegenbleibt. Kein Mucks, kein Pieps, kein Ton – bis sich in einer hinteren Reihe des Parketts ein Mann erhebt, gefolgt von einem zweiten, der im Rang für Unmut sorgt. Buhrufe, erste Pfiffe setzen ein, die sich vermehren, sich allmählich steigern und zu einer Woge werden, deren Wucht die sechs da oben bis ins Allerinnerste erschüttert und beinah begräbt.

Harry hebt die Hand, als wolle er seine Kollegen um den Einsatz bitten, und schaut so lange hinunter in den Saal, bis sich die Woge langsam wieder legt und schließlich abgeebbt ist.

»Meine Damen, meine Herren! Was kümmert es den Mond, wenn ihn der Mops anbellt, was kümmert es ein solches Publikum, wie Sie es sind, wenn sich zwei Herren vor der Zeit verabschieden. Ein Tausendstel von Ihnen sollte ruhig einmal fehlen dürfen, wo wir täglich hören, daß Millionen niemals irren können.«

Grabesstille, nicht ein Räuspern, nicht ein Hüsteln, nicht ein Sitz, der knarren würde, nicht einmal ein Seufzer.

»Dennoch, meine Damen, meine Herren, geht aus alledem hervor, daß wir uns heute leider trennen müssen und daß diese angekündigte Premiere nun ein endgültiger Abschied wird.

Nicht nur von Ihnen, auch von vielen Freunden, Freundinnen, Bekannten, lieben Menschen, die nichts anderes wollen als wir: nur diese kleine Seligkeit, die wir so oft besungen haben, Ihnen, unserem Publikum, ein wenig Freude zu bereiten und nicht ahnend, daß auch noch die letzte, harmloseste Zeile einmal unser Schicksal werden könnte – Ihnen, meine Damen, meine Herren, wünschen wir für alle Zeiten dieses kleine bißchen Glück.«

Und jetzt tritt Harry wieder in die Reihe, zu den anderen zurück, er hebt erneut den Arm, und diesmal bittet er sie wirklich um den Einsatz, um den allerletzten Einsatz. Harry blickt noch einmal in den Saal, wo in den vorderen Reihen nicht nur gutbetuchte Gäste des Konzertes sitzen, sondern auch die »lieben Menschen«, die durch manchen schönen Zufall einst zusammenfanden, gute Jahre miteinander hatten und sich nun zum Teil verlieren werden – oder schon verloren haben, so wie Ursula und Erwin. Harry sieht Chantal und Mary, und natürlich sieht er Erna, die ihre

Hände vors Gesicht genommen hat und in den Sitz gerutscht ist. Schnell ein kurzes Nicken zum Klavierhocker hinüber, Bootz schlägt sanft die ersten Töne an, die andern fallen nacheinander ein, und langsam formen sie den letzten Abschiedskuß, weil man sich heut verlassen muß.

Verdächtig schimmert es im Publikum, das jede dieser ahnungsvollen Zeilen kennt und wenig Hoffnung hat: ein Wiedersehen gibt es nicht, im Leben weniger noch als im Lied. Drum sag ich dir: Auf Wiedersehen, auf Wiedersehen, leb wohl.

Und auch die Jungs da auf der Bühne wissen, dieses Lied hat nichts mehr mit dem Schabernack zu tun, mit dem sie manches Mal die Zuschauer zum besten hielten. Wir haben uns so heiß geliebt, und unser Glück war nie getrübt – doch es war nur geliehen. Und dieses Lied war deshalb immer nur die kummervolle Weise, wo man sich gefunden hat, geliebt und heiß geküßt, von schönen Stunden satt, die man nie mehr vergißt; es war ihr Lied vom Kommen und vom Gehen, vom Sichstreiten und vom Sichversöhnen, vom Zusammenbleiben und vom Auseinandertreiben; dieses alles ist das Lied noch immer, doch seit heute ist es auch das Lied über die bittere Unausweichlichkeit des ewigen Sichfindens, Sichverlierens und Sichniemalswiederfindens.

Es ist vorbei, das Lied ist aus – und unten, im Parkett, da gucken sie, als hätten sie es eben erst erfahren: Gott ist tot. Für einen winzigen Moment zumindest, denn einen Luftzug später lassen sie ihn wieder auferstehen, mächtiger, gewaltiger und donnernder als je und als in allen Überlieferungen, nie zuvor haben sie solchen Jubel, solche Hoch- und Bravorufe, solche Ovationen nach nur einem Lied erfahren; und natürlich niemals früher haben sie so eine traurige Begeisterung, ein solches Tränenmeer, ein so verzweifeltes, zum Finstersten entschlossenes Publikum erlebt, das jetzt geschlossen aufgestanden ist. Der Beifall will nicht enden, und die Männer verbeugen sich, das Publikum erhebt sich abermals. Nun stürmt es nach vorn und will sie noch einmal ganz aus der Nähe sehen, und sogar Ari läßt den Füller stecken – weit ist es gekommen mit dem Glück; doch wenn man wüßt, wo es wohl ist, dann ginge man noch immer in die weite Welt hinein.

Das Ende vom Lied ist das Lied vom Ende – die Märchen sind vorbei, die Messen sind gesungen, und aus jedem ihrer Lieder ist nun unverhofft ein Requiem geworden.

Ein kleiner Mann mit großen Ohren und mit einem leeren Vogelkäfig steigt die Stufen zum Perron herauf wie zum Schafott. Der kleine Mann macht ein Gesicht, als träte er tatsächlich und im nächsten Augenblick vor seinen Hergott; und wie er den Kopf so hängen läßt, die Füße hinterherschleppt und nicht links und rechts zur Seite schaut – das ist ein Trauerspiel, das sich sehr komisch ansieht. Harry bahnt sich seinen Weg durch Koffer, Taschen und die vielen Menschen auf dem Bahnsteig, schiebt ein bißchen hier und stößt ein bißchen da, wird weggeschoben, abgedrängt, so geht es eben zu, wenn einer eine Reise tut und plötzlich spürt: das ganze Leben ist wie eine Bahnstation.

»He, he, nicht so ruppig«, sagt eine bekannte, tiefe Stimme.

Beinah hat er wieder Bob gerammt, wie damals, als er Erna hintergelaufen war und nur noch das entfernte Quietschen der davongefahrenen Tram gehört hatte – das muß so an die tausend Jahre her sein und so weit zurückliegen wie die Geschichte ihrer guten wie auch schlechten Tage, deren letzter langsam in der Dämmerung vergeht.

Harry hebt den Kopf und sieht sie alle beieinander: Erich und Chantal, Mary, Roman, und auch Bootz und Ari stehen ein bißchen unschlüssig herum und wissen mit den leeren Händen nicht wohin. Bob sieht fragend auf den leeren Käfig; Harry hebt ihn in die Höhe und zeigt ihn kurz herum.

»Paganini ist gestorben, gestern morgen. Nun hab ich wirklich niemanden mehr auf dieser Welt ...«

Harrys Stimme bricht ab wie schon am Vortag, als er kaum mehr das »Schalom« herausgebrachte und so den Eltern wenigstens den Tod von Paganini und das Scheitern seiner großen Liebe hat ersparen können.

»Ein Ungliick kommt selten allein«, sagt Ari wie ein glücklicher Kursant, der eben eine neue Redewendung aus dem Wörterbuch geklaubt hat.

Bob denkt, nein, jetzt bitte nicht auch das noch, das hält keiner von uns aus, er muß sofort was Unverfängliches erzählen, etwas vollkommen Entlegenes, am besten Politik und sowas, nichts Privates, sonst fällt hier noch jemand um, und also sagt er: »Lange kann das alles nicht mehr gehen, wirst sehen, Spunt, ein paar Monate, vielleicht auch ein, zwei Jahre, dann sieht schon alles anders aus.« Und dann, um Harry endgültig zu trösten oder wenigstens ein bißchen abzulenken, gibt sich Bob als gutmütiges Trampel: »Wenn wir hier überhaupt je weitersingen dürfen, machen wir mit neuen Leuten nur Verträge für die Tourneen, Konzerte oder ähnliches, verlaß dich drauf, Spunt, das verspricht dir Onkel Robert felsenfest.«

Nur Verträge für Tourneen, Konzerte oder ähnliches, denkt Harry traurig, weiter nichts.

»Du kannst ja ’ne Annonce aufgeben«, sagt er verbittert, aber Bob steht plötzlich wie vom Blitz getroffen vor ihm, reglos starrt er auf die Treppe.

Von dort kommt Erna herangeflogen, atemlos, mit einem kleinen Koffer in der Hand, und bleibt vor ihnen stehen. Sie geht auf Bob zu, zieht ihn fest an sich heran und drückt ihn so, als wollte sie ihn nie mehr loslassen. Harry dreht sich um, hört aber, wie sie sagt: »Es tut mir leid, Bob, weil, du bist ein lieber Kerl, aber seit dem Konzert in München ist mir klar geworden, ich gehör zu Harry.«

Dann gibt sie Bob den letzten Abschiedskuß, und Harry ist nicht sicher, ob er jetzt schon Stimmen hört, die aus dem Himmel, aus dem Lautsprecher oder Gott weiß woher zu seiner armen und geplagten Seele sprechen.

Jemand zupft an seinem Mantel; Harry dreht sich wieder um, sieht Bob noch in der gleichen Haltung wie nur Augenblicke früher, gerade so, als wäre e r der Ausgestoßene, der in erkenntnisbitterer Einsamkeit zurückbleibt. Bob steht unbewegt, ein halbverbrannter Baum, der die Umarmungen der anderen schon nicht mehr fühlt, die sich jetzt nacheinander von ihm verabschieden, bevor noch einmal Ari, Roman, Erich und auch Bootz zum letzten Mal die Hände ineinanderlegen – Lebewohl und gute Reise.

Fassungslos steht Harry nun vor Erna, und statt seinen Käfig fallen zu lassen und sie in den Arm zu nehmen, sagt er wie ein überrumpelter Pennäler vor dem ersten Mal: »Und das Examen, Erna?«

Und Erna geht jetzt auf ihn zu, nimmt ihm den Käfig aus der Hand und setzt ihn auf den Boden, dann streicht sie ihm, wie immer, übers Haar und sagt mit mütterlicher Nachsicht: »Ach, mein kleiner Harry, du wirst es wohl nie verstehen, daß das Leben mehr als eine Prüfung ist.«

Sie gehen zum Wagen, steigen ein. Erna dreht sich noch einmal zu Bob herum; der löst sich allmählich aus der Erstarrung und kommt auf die Tür zu, schnappt sich Harrys schweren Koffer, stellt ihn in den Gang. Dann schmunzelt er schon wieder leicht.

»Paß mal trotzdem gut auf unsere Erna auf, Spunt, daß kein Bösewicht was Ungezogenes zu ihr spricht, ich komme mir das irgendwann mal ansehen – ist ja noch nicht aus der Welt.«

»Nein, Bob«, sagt Erna artig, »Wien ist ja nicht aus der Welt.«

Und Bob und Harry grinsen nun ein allerletztes Mal gemeinsam – sieh dir unsere schlaue Erna an, die kennt die Städte wie das Leben. Sind halt wahre Männer, sitzen schon mit rausgehängten Beinen auf dem Fensterbrett, aber der letzte Witz darf nicht verloren gehen.

»Machs gut – bis bald, Spunt.«

»Klar, bis bald – machs gut , Bob«,

Mein besonderer Dank gilt Klaus Richter
und Joseph Vilsmaier.

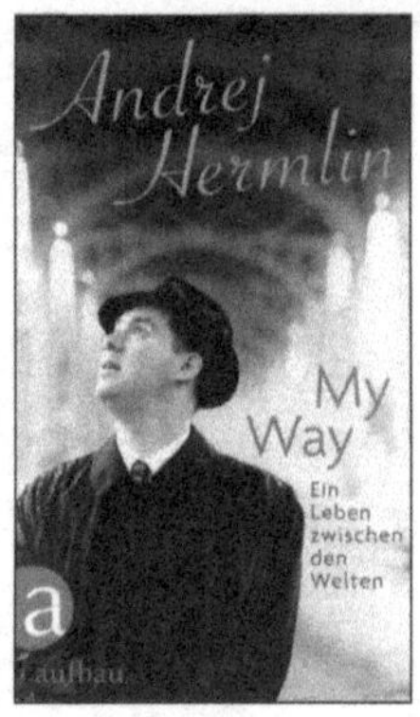

ANDREJ HERMLIN
My Way
Autobiographie
288 Seiten. Gebunden
Mit 35 Abbildungen
ISBN 978-3-351-02726-1
Auch als ebook erhältlich

Von Pankow nach New York

Andrej Hermlin kann als Kind in Begleitung seines prominenten Vaters reisen und sieht die Welt. In der Schule wird er deshalb oft angefeindet. Ein Fluchtpunkt ist für ihn die Musik. Als Vierjähriger hört Andrej Hermlin zum ersten Mal jene Melodien, die ihn fortan nicht mehr loslassen – amerikanischen Swing aus den 30er Jahren. Bereits 1987 gründet er seine erste Band, heute tourt er mit dem berühmten Swing Dance Orchestra weltweit erfolgreich. Seine Autobiographie ist ein Rückblick auf eine ungewöhnliche Kindheit und Jugend in der DDR, eine Reise in die faszinierende Welt des Swing und erzählt von Begegnungen mit Dichtern wie Pablo Neruda, Max Frisch oder Heinrich Böll.

»Der deutsche Botschafter des amerikanischen Swing.« DIE WELT

»Hermlins neue CD beeindruckt sogar amerikanische Kritiker.« DIE ZEIT

Mehr Informationen erhalten Sie unter www.aufbau-verlag.de oder in Ihrer Buchhandlung

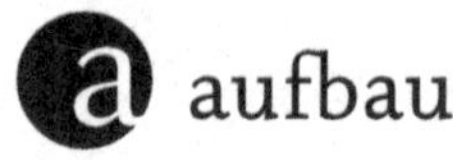